本书是以下两个科研项目的研究成果：

广东省教育科学"十三五"规划2020年度研究项目（德育专项）
——《"八个相统一"视域下新时代高校思想政治理论课改革创新机制研究》(2020JKDY008)；

2020年华南农业大学教育教学研究和改革项目
——《"课程思政"视域下高校思政课教学与创新创业教育协同育人机制研究》(JG20154)

新时代思想政治教育丛书

新时代高校思想政治理论课
教学改革创新机制研究

林晓燕 著

天津出版传媒集团

天津人民出版社

图书在版编目（CIP）数据

新时代高校思想政治理论课教学改革创新机制研究 / 林晓燕著. -- 天津 : 天津人民出版社，2022.6
　（新时代思想政治教育丛书）
　ISBN 978-7-201-18538-5

　Ⅰ. ①新… Ⅱ. ①林… Ⅲ. ①高等学校－思想政治教育－教学改革－研究－中国 Ⅳ. ①G641

　中国版本图书馆 CIP 数据核字(2022)第 093196 号

新时代高校思想政治理论课教学改革创新机制研究
XINSHIDAI GAOXIAO SIXIANG ZHENGZHI LILUNKE JIAOXUE GAIGE CHUANGXIN JIZHI YANJIU

出　　版	天津人民出版社
出 版 人	刘　庆
地　　址	天津市和平区西康路 35 号康岳大厦
邮政编码	300051
邮购电话	(022)23332469
电子信箱	reader@tjrmcbs.com
责任编辑	郭雨莹
装帧设计	汤　磊
印　　刷	天津新华印务有限公司
经　　销	新华书店
开　　本	710 毫米×1000 毫米　1/16
印　　张	19
插　　页	2
字　　数	260 千字
版次印次	2022 年 6 月第 1 版　2022 年 6 月第 1 次印刷
定　　价	89.00 元

前　言

　　高校思想政治理论课作为落实"立德树人"根本任务的关键课程,是对大学生进行思想政治教育的主渠道,是高校党建和思想政治工作的重要组成部分,对于大学生坚定崇高的理想信念,树立正确的世界观、人生观、价值观发挥着十分重要的作用。新时代高校思想政治理论课教学的实效性,事关我国社会主义事业未来合格的建设者和接班人的培养,在我国高等教育中具有特殊的地位和作用。党和国家一直以来都高度重视思想政治理论课建设,作为高校工作者,笔者结合工作实际,对新时代高校思想政治理论课教学改革问题进行研究,探讨如何提高高校思想政治理论课教学成效,构建新时代高校思想政治理论课教学改革创新长效机制,希望能为推动高校思想政治理论课教学改革创新发挥作用。

　　本书从理论和实践层面对高校思想政治理论课教学改革创新课题进行探讨。具体包括绪论、第一章新时代高校思想政治理论课教学改革创新的内涵构成及理论基础、第二章高校思想政治理论课教学改革创新的时代要求、第三章新时代高校思想政治理论课教学现状聚焦、第四章新时代高校思想政治理论课教学改革创新的指导依据和基本原则、第五章新时代高校思想政治理论课教学改革创新的机制构建等内容。

　　本书是笔者主持的两个科研项目的研究成果:广东省教育科学"十三五"规划2020年度研究项目(德育专项)——《"八个相统一"视域下新时代高校思想政治理论课改革创新机制研究》(2020JKDY008)和2020年华南农业大学教育教学研究和改革项目——《"课程思政"视域下高校思政课教学与创新创业教育协同育人机制研究》(JG20154)。笔者结合时代特征和当代大学生特点,通过理论剖析与实证研究,深入阐释高校思想政治理论课教学改革创新的重要性和必要性,调研剖析新时代高校思想政治理论课教学的现状与问题,研究探讨高校思想政治理论课教学改革创新的实施原则与构建机制。

　　新时代高校思想政治理论课教学改革作为一个重要课题还需不断深入探讨,笔者作为一名普通的高校教育工作者,基于知识水平、个人能力等方面程度有限,研究过程中难免存在不足,敬请同行专家与读者批评指正。

林晓燕

2022年3月于广州

目录
CONTENTS

绪 论

党和国家历来十分重视思想政治工作,《关于新时代加强和改进思想政治工作的意见》指出,要"加强学校思想政治工作,加快构建学校思想政治工作体系,实施时代新人培育工程,完善青少年理想信念教育齐抓共管机制,培养德智体美劳全面发展的社会主义建设者和接班人"①。高等教育事关民族振兴、社会进步,对提高大学生综合素质、促进大学生的全面发展、实现中华民族的伟大复兴具有十分重要的意义。

高校思想政治理论课作为高等教育的重要组成部分,对于人才培养、社会进步具有重大的影响。高校思想政治理论课作为培养大学生坚定崇高的理想信念,树立正确的世界观、人生观、价值观以及提高思想道德修养的重要课程,对于先进理论的传播、思想觉悟的启发、理想目标的树立、价值取向的引领起着十分重要的作用。高校思想政治理论课的教育教学事关我国社会主义事业未来合格的建设者和接班人的培养,在我国高等教育中具有特

---

① 中共中央、国务院印发:《关于新时代加强和改进思想政治工作的意见》,http://www.gov.cn/xinwen/2021 - 07/12/content_5624392.htm。

殊的地位和作用。同时,青年大学生作为社会成员的重要组成部分,是国家的希望和民族的未来。习近平总书记在纪念五四运动100周年大会上发表重要讲话,强调"青年是整个社会力量中最积极、最有生气的力量,国家的希望在青年,民族的未来在青年"①。新时代大学生作为中国特色社会主义伟大事业未来的建设者和接班人,是社会主义伟大事业建设的未来主力军,是社会发展过程中不可忽视的重要社会群体,新时代青年大学生思想品德的状况对我国社会的稳定发展有着直接的影响。新时代,高校要进一步加强对青年大学生的教育培养,特别要加强对青年大学生在思想政治方面的教育培养。

党和国家一直以来都高度重视思想政治理论课建设,在发展的不同时期都不断推进对思想政治理论课的改革创新。党和国家在革命、建设、改革开放等不同时期,都对思想政治理论课建设作出了重要部署。从新民主主义革命时期开始到新中国成立后,特别是改革开放以来,党中央先后出台了不少关于学校思想政治工作的文件,对思想政治理论课建设也提出了明确要求,通过各方面政策的制定与实施来不断推动思想政治理论课的改革。同时,党和国家历来也强调高校思想政治理论课课程与教学改革的重要性,十分重视高校思想政治理论课教学的改革创新。

进入新时代,高校思想政治理论课不仅具有特殊的地位和作用,同时还面临着与以往时代不同的机遇和挑战。新时代,党和国家继续强调并重视高校思想政治理论课改革创新的重要性,指出办好高校思想政治理论课的重要性和必要性。中共中央办公厅、国务院办公厅颁布的《关于深化新时代学校思想政治理论课改革创新的若干意见》指出:"办好思政课,要放在世界百年未有之大变局、党和国家事业发展全局中来看待,要从坚持和发展中国

---

① 习近平:《在纪念五四运动100周年大会上的讲话》,《人民日报》,2019年5月1日。

特色社会主义、建设社会主义现代化强国、实现中华民族伟大复兴的高度来对待。思政课建设只能加强、不能削弱，必须切实增强办好思政课的信心，全面提高思政课质量和水平。"①这对于进一步深入贯彻落实习近平新时代中国特色社会主义思想和党的十九大精神，贯彻落实习近平总书记关于教育方面的重要论述，全面贯彻党的教育方针，解决好培养什么人、怎样培养人、为谁培养人这个根本问题起到了十分重要的指引作用。高校要坚持不懈以习近平新时代中国特色社会主义思想铸魂育人，深化新时代学校思想政治理论课改革创新，要根据党和国家的要求，结合时代发展形势，不断加强高校思想政治理论课教学改革，提高思想政治理论课教学实效性。

关于思想政治理论课教学改革创新，当前不少高校作出了努力，也取得了一定的成果，但是部分高校在进行思想政治理论课改革创新的过程中，仍然存在着不少问题，高校思想政治理论课教学实效性还有待进一步提高。因此，对新时代高校思想政治理论课教学改革问题进行研究，探讨如何提高高校思想政治理论课教学成效，研究新时代提升高校思想政治理论课教学成效的有效路径，构建新时代高校思想政治理论课教学改革创新有效机制，具有十分重要的意义。

一、问题的提出

高校思想政治理论课是针对大学生进行系统的思想政治教育，帮助大学生树立正确的世界观、人生观、价值观的主渠道，是培养中国特色社会主义事业的合格建设者和接班人的主课堂，是宣传马克思主义理论的主战场，

---

① 中共中央办公厅、国务院办公厅：《关于深化新时代学校思想政治理论课改革创新的若干意见》，http://www.gov.cn/zhengce/2019-08/14/content_5421252.htm。

是落实"立德树人"根本任务的关键课程。办好高校思想政治理论课,宣传落实好马克思列宁主义、毛泽东思想、中国特色社会主义理论体系、习近平新时代中国特色社会主义思想,才能体现社会主义大学的本质特征,体现党的教育方针,保证党和国家建设事业长远发展。中共中央、国务院印发的《关于新时代加强和改进思想政治工作的意见》指出:"要深入开展思想政治教育。坚持用习近平新时代中国特色社会主义思想武装全党、教育人民,健全用党的创新理论武装全党、教育人民工作体系,增进对习近平新时代中国特色社会主义思想的政治认同、思想认同、理论认同、情感认同。推动理想信念教育常态化制度化,广泛开展中国特色社会主义和中国梦宣传教育,弘扬民族精神和时代精神,加强爱国主义、集体主义、社会主义教育,加强马克思主义唯物论和无神论教育。培育和践行社会主义核心价值观,加强教育引导、实践养成、制度保障,推动社会主义核心价值观融入社会发展和百姓生活。"①新时代,深入开展思想政治教育具有重要性和必要性,应不断加强对习近平新时代中国特色社会主义思想的宣传和学习,推进理想信念教育的常态化制度化。

新时代,做好高校思想政治工作需要提升高校思想政治理论课教学成效,对高校思想政治理论课教学进行改革创新。当前国际国内形势发生的变化与当代大学生的思想特点对新时代高校思想政治理论课提出了新要求,高校思想政治理论课教学改革创新需要结合时代发展情况和大学生特点等因素有针对性地加以推进。改革是顺应历史发展潮流,推动社会发展进步的重要方式,具有现实重要性和历史必然性,时代发展要求改革。改革是中国共产党应对新情况、新挑战,克服前进道路上的各种困难,推进中国

---

① 中共中央、国务院印发:《关于新时代加强和改进思想政治工作的意见》,http://www.gov.cn//xinwen 2021 - 07/12/content_5624392.htm。

特色社会主义事业发展,全面建成小康社会的重大举措,是促进中华民族伟大复兴"中国梦"得以实现的正确抉择。习近平总书记在庆祝改革开放 40 周年大会上发表重要讲话,指出"改革开放 40 年积累的宝贵经验是党和人民弥足珍贵的精神财富,对新时代坚持和发展中国特色社会主义有着极为重要的指导意义,必须倍加珍惜、长期坚持,在实践中不断丰富和发展"①。

当今时代,世界处于"百年未有之大变局",国际国内形势发生了深刻的变化,对党和国家各项事业的发展提出了新要求。新环境、新形势使得当下对于大学生的思想政治教育工作既面临机遇又面临挑战。改革开放以来,时代的发展提高了大学生创新、自强、成才等方面的意识,但西方一些错误思潮与价值观念也对大学生产生了不利影响,因此教育引导大学生树立正确的理想信念和价值观念就显得十分重要和必要。与此同时,当代大学生有其独特的身心特点,比如独立思考能力强、自我意识强、创新思维能力强等,面对问题的时候具有自己的看法。特别在当今信息化网络化的时代,大学生在日常学习生活过程中,会通过网络等各种途径接触大量的信息,接触到社会上各种思潮,思想上容易受到影响。同时,当代大学生具有自己的知识阅历和思考方式,学习知识不再拘泥于传统课堂教学,学习上的自主性也更强,学习的途径也更多。针对新时代发展形势要求和大学生思想的特点,高校思想政治理论课只有通过改革创新教育教学方式方法,才能增强思想政治理论课吸引力,提升高校思想政治理论课教学成效。

首先,经济全球化对高校思想政治理论课具有一定影响。经济全球化是历史发展的潮流,对社会发展起着十分重要而又复杂的作用。经济全球化过程中,各种科学知识得以迅速传播,各国在经济、政治、文化等方面的相互交往相互融合更加迅速,国与国之间的联系越发紧密,各国在发展过程中

---

① 习近平:《在庆祝改革开放 40 周年大会上的讲话》,《人民日报》,2018 年 12 月 19 日。

相互之间的影响程度也越来越高。在经济全球化的时代背景下,我国与世界其他各国的联系和交往也越来越深,西方国家的许多方面都对我国人民的生活产生较大的影响,其中既有有利的方面也有不利的方面。西方国家在带给我们科技经济合作的同时,也不断对我们加强思想的渗透,包括一些错误、腐朽的思想的渗透。

当代大学生作为思维活跃的年青一代,生活于当今时代中深受西方国家发展情况的影响,在平时的学习生活过程中对西方国家的经济、政治、文化等方面都会有所了解和接触。部分大学生在接触西方国家各方面的情况之后,由于看到西方国家在经济发展方面比我国更先进,可能会认同西方国家的一些价值和思想观念,包括一些错误的思想观念,比如西方国家的历史虚无主义、个人主义、拜金主义等。但只有正确的思想才是科学的,才能正确指导人的行为,因此我们必须用正确的思想对大学生进行引导。列宁指出:"物质的抽象、自然规律的抽象、价值的抽象及其他等,一句话,那一切科学的(正确的、郑重的、不是荒唐的)抽象,都更深刻、更正确、更完全地反映着自然。"①经济全球化的过程,加强了国家与国家之间的联系,提供了国家与国家之间交往的机会,这为我国的发展改革提供了机遇和参考;但与此同时,其他国家的一些价值观念也深刻影响着我国人民的思想,大学生作为社会成员的重要组成部分也深受影响。在经济全球化的社会大背景下,大学生容易接触西方国家的各种观念,容易受到西方国家价值观念所影响。

其次,价值多元化对高校思想政治理论课产生了影响。当今时代是价值多元化的时代。生活于价值多元化时代背景下的人们,其思想观念具有多元的现实特征。作为社会群体成员重要组成部分的大学生,其思想也容易受多元社会思潮所影响。马克思、恩格斯指出:"生产的不断变革,一切社

---

① 《列宁全集》(第38卷),人民出版社,1959年,第181页。

会状况不停的动荡,永远的不安定和变动,这就是资产阶级时代不同于过去一切时代的地方。一切固定的僵化的关系以及与之相适应的素被尊崇的观念和见解都被消除了,一切新形成的关系等不到固定下来就陈旧了。一切等级的和固定的东西都烟消云散了,一切神圣的东西都被亵渎了。人们终于不得不用冷静的眼光来看他们的生活地位、他们的相互关系。"①社会生产不断变化发展,社会关系也不断变化发展,人们的价值观念呈现出多元化特点。社会存在决定社会意识,随着社会的变化发展,人与人之间的关系发生了变化,人们的价值观念也发生了较大的变化。

在现代社会中,人们越来越强调自我利益的实现,集体观念相对较弱,对于集体的思考比较少,更多的是关注自我,强调个体利益,更多的时候是把个体放在首位。当今社会是价值多元化的社会,多元的社会思潮对大学生价值观念的形成产生了较大的影响。价值多元化使得大学生对于思想观念正确与否的评判具有多元性,评判的对象、评价的标准都具有多样性。加拿大哲学家查尔斯·泰勒指出:"一个分裂的社会是一个其成员越来越难以将自己与作为一个共同体的政治社会关联起来的社会。这种认同之缺乏可能反映了一种个人利益至上主义的观念,而依此观念,人们终将纯粹工具性地看待社会。"②可见,过多地强调个人利益至上不利于社会的稳定团结。大学生作为社会群体的重要组成部分,有着不同的个体利益需求,在多元价值观念的引领下,大学生自我价值观念的形成容易受到各种观念影响,容易因为受西方各种错误思潮的影响而导致对自身的思想观念形成负面影响。

再次,利益市场化给高校思想政治理论课带来了影响。利益市场化这一现实情况对大学生价值观念的形成存在着较大的影响,影响着大学生的

---

① 《马克思恩格斯选集》(第一卷),人民出版社,2012年,第403~404页。
② [加拿大]查尔斯·泰勒:《现代性之隐忧》,程炼译,中央编译出版社,2001年,第135~136页。

理性认知和自我正确观念的形成。在市场经济为主导的现代社会,人们立足社会集体的角度去看待问题的情况相对较少,更多的是追求自我价值的实现,从自我角度出发去思考和分析问题。在利益市场化的现代社会,社会运作以市场资源配置为主要特征,注重以利益获取为标准来评判问题,社会核心价值体系的影响力比起传统社会弱化了不少。在现代社会中,集体道德观念日益淡薄,更多的是宣扬个人自我价值,强调自我的利益与权利,对生活中事物的评判更多是立足自我利益的获取和自我价值实现的程度。生活在这样的社会背景下,大学生理性认知的形成也受到不少挑战。大学生在思考、解决问题的时候更多会立足自身利益而不是立足国家、集体利益,更多的是从自身的角度去进行思考和评判。利益市场化影响了大学生理性认知的形成,对高校开展思想政治教育工作的开展带来了挑战。

最后,信息化网络化也对高校思想政治理论课产生了影响。传播媒介作为人们生活中的一部分对人们的生活产生着较大的影响。在信息化网络化的新时代,大众传播媒体作为媒介工具在人们的生活中发挥着更加重要的作用,对人们的日常生活产生更加深刻的影响。在信息化网络化时代,除了传统的传播媒体外,微信、微博、QQ 等新媒体成了信息传播的重要工具,这些新媒体成为现代人们生活交往中离不开的重要工具,深刻地影响着人们的日常生活。现代社会,新媒体已经成为现代人们生活不可或缺的一部分,其信息传播影响力远远高于传统媒介的作用。由于现代网络媒体、手机等媒介的普及,微信、微博、QQ 等平台的运用无时不在、无处不有。生活于现代社会中的人们,每天都能够接触到这些新媒体,接触来自四面八方的信息。美国学者凯尔纳指出,"媒介文化"的广泛使用,"意味着我们的文化是一种媒体文化,说明媒体已经拓殖了文化,表明媒体是文化的发行和散播的基本载体,揭示了大众传播的媒体已经排挤掉了诸如书籍或口语等这样旧的文化模式,证明我们是生活在一个由媒体主宰了休闲和文化的世界里。

因而,媒体文化是新时代社会中的文化的主导性形式和场所"①。英国学者约翰·汤普森也指出了媒体的重要作用:"媒体便利跨越时空的互动、影响各人用来代理他人的方式、影响个人对他人作出回应的方式以及影响个人在接收过程中行动和互动的方式。"②

　　当今时代是信息化网络化的新时代,大众传媒深入社会大众当中,深刻影响人们生活的方方面面。同时,大众传媒作为一种公共管理的重要媒介,是人们接收和反馈信息的重要载体,在政治调控、舆论导向等方面起着重要作用。在信息化网络化的新时代,大学生作为社会成员的重要组成部分也深受大众传媒的影响,大学生价值观念的形成也受到大众传媒的制约,大学生的思想容易受各种思潮影响而波动。"在全球互联网时代,网络信息中的政治文化渗透不断冲击着青少年的世界观和人生观。青少年鉴别'精华'和'糟粕'的思维能力尚未完全成熟,思想观念正处于可塑期。他们深受全球网络传媒的影响,同时又受到不同社会群体或种族文化思想的影响。"③信息时代的大众传媒更多的是体现其工具性的一面,因为大众传媒作为一种传播工具具有商业化的特点,有时候还存在低俗化取向等问题,这些都对大学生正确思想认知的形成具有不利影响。同时,大众传媒具有传播速度快、传播渠道广等特点,其传播过程中的一些负面信息或不正确观念会影响大学生正确思想观念的形成。

　　在市场经济条件下,大众传媒更多的是去满足社会大众多样多变的各种需求,更多的是传递易变、流动的信息,一些传播媒介在主流价值引导的关注度方面存在不足。"在廉价的纸张、印刷、普及识字、交流便捷的时代,

---

　　① ［美］道格拉斯·凯尔纳:《媒体文化——介于现代与后现代之间的文化研究、认同性与政治》,丁宁译,商务印书馆,2004 年,第 61 页。
　　② ［英］约翰·B. 汤普森:《意识形态与现代化》,高铦等译,译林出版社,2005 年,第 248 页。
　　③ 马文琴:《全球化时代青少年国家认同教育研究》,中华书局,2017 年,第 74 页。

会出现各种意识形态,争取我们的认同。创造和宣传这些意识形态的,往往是一些比民族主义预言家们有更高的文化水平和宣传才能的人。"①在市场化时代,大众传媒更多的是关注各种新奇信息,有些网络媒体存在缺少对主流信息的传播的情况,不重视对主流意识形态的传播,这都不利于对大学生教育引导的开展。英国民族学家安东尼·史密斯在关于民族问题的研究中也提道:"新的大众传播系统——广播、电视、录像、个人电脑,也促使小得很多的社会政治群体、族裔与语言共同体,在反对民族国家和更大范围的洲际或全球化的过程中,去建立并维持其密集的社会和文化网络。"②安东尼·史密斯指出了大众传播系统在促使社会团体反对民族国家方面的影响。在信息化网络化时代,一些负面信息也会通过大众传媒的传播影响大学生正确思想观念的形成。受各种因素影响,高校对大学生进行思想政治教育、引导大学生树立正确思想观念具有一定难度。

高校思想政治理论课作为培养大学生理想信念的重要课程,在党和国家的重视下,不断进行着改革创新,也取得了不少的成效,但是在适应新时代变化的过程中还存在不少需要提升改进的地方。面对新时代新形势,面对当代大学生群体,高校对于大学生的思想政治教育也要不断地改革创新以适应新形势、新情况。高校要立足时代发展要求和当代大学生实际,结合当下思想政治理论课教学存在的问题,有针对性地进行改革创新,不断提升教学成效。新时代高校思想政治理论课教学的改革创新,对于提高高校思想政治理论课建设成效、提升高校德育水平、落实"立德树人"根本任务具有十分重要的意义。

2019 年 3 月 18 日,习近平总书记在学校思想政治理论课教师座谈会上

① [英]厄内斯特·盖尔纳:《民族与民族主义》,韩红译,中央编译出版社,2002 年,第 165 页。
② [英]安东尼·D. 史密斯:《全球化时代的民族与民族主义》,龚维斌、良警宇译,中央编译出版社,2002 年,第 18 页。

发表重要讲话,指出要推动思想政治理论课改革创新,不断增强思想政治理论课的思想性、理论性和亲和力、针对性,提出学校思想政治理论课改革创新要深刻把握"八个相统一",即必须坚持政治性和学理性相统一、价值性和知识性相统一、建设性和批判性相统一、理论性和实践性相统一、统一性和多样性相统一、主导性和主体性相统一、灌输性和启发性相统一、显性教育和隐性教育相统一。①《新时代高等学校思想政治理论课教师队伍建设规定》(教育部令第 46 号)指出,"思想政治理论课是高等学校落实立德树人根本任务的关键课程";"思想政治理论课教师应当深化教学改革创新",要按照"八个相统一"要求,全面提高思想政治理论课质量和水平。②习近平总书记提出的"八个相统一"体现了新时代思想政治理论课改革创新的新要求、新特点,为新时代高校思想政治理论课改革创新提供了根本遵循。另外,习近平总书记在全国高校思想政治工作会议上也指出,高校思想政治理论课要"坚持在改进中加强,提升思想政治教育亲和力和针对性,满足大学生成长发展需求和期待,其他各门课都要守好一段渠、种好责任田,使各类课程与思想政治理论课同向同行,形成协同效应"③。新时代高校思想政治理论课改革创新要以"八个相统一"为遵循,发挥各育人载体的协同育人作用,结合时代特点和大学生实际进行改革创新,构建高校思想政治理论课改革创新机制,提高高校思想政治理论课教学实效性。

笔者立足新时代发展特征和当代大学生思想实际开展研究,结合当前高校思想政治理论课教学现状,探讨高校思想政治理论课教学实效性提升有效路径,构建高校思想政治理论改革创新机制,具有较强的理论和现实

---

① 参见《习近平总书记主持召开学校思想政治理论课教师座谈会强调:用新时代中国特色社会主义思想铸魂育人　贯彻党的教育方针落实立德树人根本任务》,《人民日报》,2019 年 3 月 19 日。

② 参见《新时代高等学校思想政治理论课教师队伍建设规定》(中华人民共和国教育部令第 46 号),http://www.moe.gov.cn/srcsite/A02/s5911/moe_621/202002/t20200207_418877.html。

③ 习近平:《在全国高校思想政治工作会议上讲话》,《人民日报》,2016 年 12 月 9 日。

意义。

第一,从理论方面来看,本研究具有以下三个方面的意义和价值:其一,本研究总结了高校思想政治理论课建设经验,构建高校思想政治理论课教学改革创新机制,深化高校德育理论内涵和高校思想政治教育工作研究,加强高校德育工作理论研究;其二,本研究创新高校思想政治理论课教学改革有效机制,拓宽了研究思路,为高校思想政治理论课建设提供全面系统的理论框架,丰富高校思想政治理论课建设理论内容;其三,本研究探索新时代高校思想政治理论课教学改革创新模式,建立高校思想政治理论课改革创新长效机制,有利于推动高校思想政治理论课教学改革研究。

第二,从现实方面来看,本研究具有以下三个方面的意义和价值:其一,本研究有利于创新高校思想政治理论课教学改革路径,提高高校思想政治理论课育人效能;其二,本研究提出了高校思想政治理论课教学成效提升有效策略,有利于增强大学生思想政治理论课获得感,有利于提高高校思想政治理论课教学实效性;其三,本研究加强了高校思想政治理论课改革创新,提升了高校德育成效,推动了高校思想政治工作的深入开展。

二、国内外研究述评

在开展本研究的过程中,笔者对国内外相关研究进行了研读梳理。经过对相关文献资料的收集和研读,综观学界的研究情况,当前学界关于"高校思想政治理论课"这一命题的相关研究中,学者们从不同的角度进行探讨,已经取得了一定的研究成果。国外学者的研究主要集中在各国如何进行国民的思想政治教育和相关思想政治教育课程等方面;国内学者的研究则集中在高校思想政治教育、高校思想政治理论课教学模式、高校思想政治理论课师资队伍建设、高校思想政治理论课改革创新路径等方面。这些研究成果是本研究的前提基础,为本研究的深入开展提供了宝贵的参考材料。

（一）国外思政教育述介

国外关于本话题的相关研究中,学者们主要集中在国外整体国民的思想政治教育、国外学校的思想政治教育等方面。总体而言,关于思想政治教育工作,国外很多国家都十分重视并且一直在严抓,只是不同的国家叫法或做法不尽相同。学者们的研究主要集中在以下方面:

1.关于国民思想政治教育的研究

自人类社会发展以来,各个国家都有开展对于国民的思想政治教育工作,只是相关工作的叫法不尽相同。总体而言,各国都会通过各种方法来加强对国民的思想、道德观念等方面的教育。关于思想政治教育工作的开展,各个国家有不同的特点和方法。

美国重视公民的思想政治教育,具有确立思想政治教育的战略地位、创新教育方法、形成教育合力、创建良好的社会环境及与宗教结合等经验。其中在确立思想政治教育的战略地位方面,主要是通过专门成立教育协会（NEA）、社会研究委员会、制定法律或纲领性文件、强制开设相关课程来确立。在创新思想政治教育方法方面,主要是突出隐性教育、重视个性化教育。在形成思想政治教育合力方面,美国重视整合学校、家庭、社会等各种社会力量形成思想政治教育的合力,政府通过成立专门机构、建立一系列的制度对社会力量的合作加以保证。在优化思想政治教育环境方面,美国注重通过体现"美国精神"的文化载体营造"美国主义"的宏观情境使人潜移默化地受其影响,建造众多服务优良的教育场所,各种博物馆、纪念堂、历史遗址、名人故居,同时注重校园环境育人功能,塑造校园文化,重视在校风、学风、学校历史、校园建筑、校园活动等方面体现学校的核心精神和教育理念,渗透美国价值观念,给学生以润物无声、风以化人的影响。在实现思想政治教育与宗教的结合方面,注重发挥宗教在思想政治教育中的积极作用,极力向民众进行基督教伦理的说教和灌输,并采取措施加以保障。比如通过立法,使宗教获得在教育体系中的合法地位;让宗教进课堂。同时,美国十分重视教会、家庭、社会等各种力量在宗教教育中的作用,政府积极支持修建教堂,美国有30多万个基督教教堂、犹太教会堂、清真寺及其他宗教活动场所,支持教会兴办学校、医疗机构、慈善机构及现代媒体节目等公共福利事业,在全社会营造浓厚的宗教教育氛围,形成立体式、多渠道的教育网络,充分发挥宗教在整合社会公民思想方面的作用。①

英国是一个有着深厚宗教历史文化传统的资本主义国家,十分重视对公民的教育。英国的公民教育与我国的思想政治教育发挥着同样的功能,都是培养符合社会发展所需要的公民的实践活动。英国的公民教育已经形成了自己独具特色的内容,具有很强的代表性。英国学校的道德教育历史悠久,在其发展的历史中经历了宗教教育、绅士教育、公民教育三次主题的嬗变,三次主题的嬗变反映了不同历史时期英国社会政治、经济、文化发展的状况。在这过程中,英国道德教育凸显出其贯彻始终的宗教性、传统与现代相结合的灵活性等特点。②

德国以州为单位设置多个"政治教育中心"来开展思想政治教育,并在《联邦德国教育总法》规定:"培养大学生在一个自由、民主和福利的法律社会中……对自己的行为责任感。"③德国通过政治教育中心和学校来开展对国民的思想政治教育,培养国民的道德观念。

俄罗斯经历了沙皇俄国、社会主义苏联时期、俄罗斯三个历史阶段,其思想政治教育在不同阶段有不同的特点。当前,俄罗斯十分重视对国民的

---

① 参见张华:《美国思想政治教育的主要经验及对中国的启示》,《高教学刊》,2015年第9期。
② 参见张嵘:《英国学校道德教育主题的嬗变》,《学术论坛》,2014年第3期。
③ 国家教育发展研究中心编:《发达国家教育改革的动向和趋势》,人民教育出版社,1996年,第323页。

思想政治教育。2000 年普京提出了"俄罗斯新思想",2012 年倡导"新型爱国主义",这些都是对国民思想政治教育重视的体现。自此之后,爱国主义被视为国家发展的一面旗帜重新被摆到了俄罗斯国家教育的核心位置,一系列切合俄罗斯本国实际的爱国主义教育新理论、新举措纷纷涌现并付诸实践,一整套崭新的爱国主义教育模式得以重构。普京时期,俄罗斯的爱国主义教育模式具有以下特点:

第一,坚持国家主导,完善顶层设计。以国家为主导,从国家顶层设计入手,通过制定国家层面的政策规划,分步骤、分阶段依法推进爱国主义教育,是当今俄罗斯爱国主义教育的一大特色。

第二,依托军事教育,凸显教育优势。开展军事爱国主义教育是苏联时期的优良传统,也是当前俄罗斯爱国主义教育的主攻方向。作为军事大国,普京政府十分重视全民国防意识的培养。俄联邦政府及高校投入大量精力用于开展大学生军事爱国主义教育。一方面,普京政府通过制定有关军事爱国主义的法律法规,确保有法可依。另一方面,针对国内外为纳粹平反的另类声音,俄军通过举办研讨会、辩论会,出版书籍,开办新闻机构等途径,有说服力地宣传苏联军民在粉碎法西斯暴政过程中所作出的贡献,以切实维护国际社会广泛认可的有关卫国战争的历史结论。同时,以重要历史事件为契机,开展军事爱国主义教育。

第三,借助青年政治组织,拓展教育载体。青年历来都是俄罗斯爱国主义教育的重点对象,而青年组织更是实施"新型爱国主义"教育的重要抓手。俄罗斯政府十分重视青年政治组织的发展,将其作为延伸爱国主义教育的重要组织。

第四,探索多样方式,确保教育效果。"俄罗斯新思想"指出,爱国主义教育可以采用各种能够确保教育效果的具体途径和手段。其中,借助各种媒体开展爱国主义教育是一大亮点,包括在国家电视台开辟了一个专门播放爱国主义教育栏目的电视频道、拍摄放映爱国主义题材电影等。同时,修改旧版教科书也是拓展爱国主义教育路径的创新之举,在高校学生教育中强化爱国主义教材的普及。在开展爱国主义教育的过程中,除常规的灌输式教育方式外,实践体验式教育方式也被俄政府广泛地应用。俄罗斯每年都会举办上百场爱国主义教育活动,其中包括历史知识竞赛、演讲比赛、博物馆和纪念馆集体参观等。坐落在莫斯科胜利广场上的卫国战争纪念馆每月都设有对外开放日,供学生免费参观;特列季亚科夫画廊等博物馆也会定期免费开放,让学生近距离感受祖国曾经的辉煌与荣耀,激发他们的爱国热情。①

新加坡十分重视对国民的思想政治教育,其教育思想内涵极为丰富。新加坡没有明确提出过"思想政治教育"这个概念,而是称为"道德教育"。新加坡通过多种渠道,开展了大量卓有成效的、实质性的思想政治教育工作,具体体现为以下方面:

第一,政府高度重视思想政治教育。把道德教育放在首位,重视加强对青少年道德素养的培养;注重强化国民意识教育,要求国民对国家有归属感和认同感;注重对青少年从小就进行培养。

第二,思想政治教育注重从国情出发。新加坡是一个典型的移民国家,种族比较复杂,民族宗教信仰颇多。鉴于此,新加坡的道德教育采取兼容并包、"扬弃"的态度。一方面,强化儒家传统道德教育,并在中学推出"儒家伦理"课程。另一方面,引入西方国家德育的先进理念,如价值澄清法、道德认知发展理念等。

第三,注重在社会实践方法上的创新。一方面,对青少年思想政治教育

---

① 参见李培晓、林丽敏:《俄罗斯新型爱国主义教育模式及其启示——基于普京"俄罗斯新思想"的视角》,《中国青年研究》,2013 年第 4 期。

实施真实教育的方法。新加坡学校灌输的内容全是社会上真实且可行的，社会上遵循的"真、善、美"标准与学校德育灌输的内容是相一致的，惩奖标准也一致。另一方面，要求青少年的思想政治教育必须与社会实践相结合。新加坡教育部规定：青少年学生必须选择参加一定的课外服务实践活动。学校把道德教育与道德实践相结合，政府也经常举办"睦邻周""礼貌周""国民意识周"等活动。丰富多彩的课外活动，避免了空洞的说教，增加了理论与实践结合的重要环节，不仅提高了学生的综合素质，还极大地提升了青少年思想政治教育的实效性。[①]

2. 关于学校思想政治教育的研究

各个国家在开展对国民的思想政治教育工作的过程中，都十分重视学校对学生的思想政治教育。虽然不同国家的做法不一样，但都希望通过学校思想政治教育的开展来实现国家对学生的思想政治教育。

美国在开展学校思想政治教育的过程中，十分注重政治环境建设，注重隐性的思想政治教育，注重通过环境育人，开展隐性教育。在美国没有"思想政治教育"的说法，但美国要求每一所学校都实行品德教育。比如华盛顿的每一栋建筑物都有关于本国价值观念的思想政治道德教育宣传，通过建筑物的展现来对国民进行思想政治教育。同时，美国十分重视实践在思想政治教育中起到的作用，重视通过实践发挥教育的作用。21 世纪以来，美国学校道德教育发展逐渐从"理论牵引"转向了"实践驱动"，对新品格教育的质疑和批评日渐激烈，对道德发展的非理性因素更加关注，更加注重道德教育的问题导向、项目拉动、分类施策，形成了三条发展进路。第一条进路是从道德认知到情感能力培养的发展，主要体现为基于道德认知发展的建构主义理论和实践饱受质疑，道德教育立足点从道德认知转向情感培养。第

---

① 　参见靳义亭：《新加坡青少年思想政治教育的经验及启示》，《思想教育研究》，2015 年第 5 期。

二条进路是从消极惩罚到积极行为支持的发展,将道德教育的着力点从结果式消极惩罚转向预防式的积极行为支持,侧重帮助大学生养成积极正向的行为习惯。第三条进路是从个体道德到社会关系修复的发展,将道德教育的落脚点从单纯的个体道德养成转向了社会关系修复,注重在司法范畴之外寻求教育干预之道。①

在开展学校思想政治教育的过程中,美国相继成立了"品德教育联合会""重视品德同盟会",把品德教育看作是解决国民品性危机的最重要的方法之一,要求在每一所学校都实行品德教育。② 美国高校是以国家的名义确定大学思想政治教育的中心内容,在实施思想政治教育的过程中主要包括三个方面:对美国精神的塑造、对美国的价值观念的弘扬、对爱国主义热情的培养。要求在学校教学计划中必须保证一定的政治科目,有的甚至把政治科目的学分作为考核学生是否能取得学位的依据。③ 美国是政治文化多元化的自由化国家,各校的思想政治教育课体现出自主和多样化的特点。高校一般设有三至五门政治理论课,如"西方文明史""美国与世界"等,还开设几门思想品德课,如"法律基础""职业道德"等。美国高校非常注重通过课程来实施道德教育,正式课程必须讲授基本的道德准则,教以正义、宗教和自由。为了使大学生认识国内外的意识形态和价值观念,培养批判性思维能力,还开设别国政治、法制类选修课。美国思想政治教育在课堂教学方面的特点是:第一,开设名称、内容繁杂的思想政治教育类课程,直接对大学生进行道德教育。第二,把思想政治教育内容渗透到各科教学之中。一是通过开设哲学、宗教、历史、地理、伦理学等人文社会科学课程,使学生在学习中获得大量道德知识,提高道德判断能力,培养学生的国民精神,树立民

---

① 参见韩丽颖:《美国学校道德教育的发展进路》,《教育研究》,2020 年第 2 期。
② 参见李义军:《国外学校思想政治教育现状分析及启示》,《国外理论动态》,2008 年第 9 期。
③ 参见陈立思主编:《当代世界的思想政治教育》,中国人民大学出版社,1999 年,第 55 页。

族自尊心和自信心。二是寓道德教育于专业教育之中。美国高校把政治课与专业课、思想政治教育课与人文素质教育、传授科学知识与培养道德素养结合起来,并注重实效性。①

1988年,英国颁布的《国家课程》把培养"有德行、智慧、礼仪和学问"的绅士作为教育的出发点,在政府规定普通学校八项基本目标中,有四项是思想政治教育目标。英国学校既开设了与思想政治教育内容直接相关的课程,又要求将思想政治教育内容渗透于其他各门课程和学科教育之中,二者相互补充与结合。②英国高校十分注重通过隐性德育的途径致力于学生思想品德和人格素质的培养,并且收到了良好的成效。英国高校隐性德育的主要途径包括以下四个方面:

第一,课堂教学渗透。英国高校重视引导和鼓励教师在课堂教学中渗透德育内容。在日常的教育教学中,教师注重通过专业知识教学渗透德育,既讲授与专业相关的政治、文化知识,又介绍公民权利与义务、传统文化特色等,从而培养学生的民族意识、公民意识、文化意识等。教师通过精心组织课堂讨论、课堂展示等教学活动渗透德育,既解决教学问题,又引导学生从这类教学活动中学习交往技能、关注个体存在、领悟传统价值、认识传统文化等。教师还通过自身治学态度、思想作风、言谈举止、形象仪表、个性特点等给学生以良好的道德示范。

第二,校园文化熏陶。英国高校普遍致力于营造一种潜在的、弥漫于整个校园并凸显学校风范的精神氛围,使置身其中的学生自然地感受学校精神文化对自己心灵的净化和情感的熏陶。如学生会、大学工程社团、大学马术俱乐部等各种类型的社团组织,可以培养学生自我管理、自我调控、与人交往的能力;各种学术性、娱乐性、服务性、体育性、联谊性、综合性的校园文

---

①② 参见李祖超:《"五国"高校思想政治教育比较分析》,《黑龙江高教研究》,2008年第4期。

化活动,为学生探索自己的能力,树立正确的思想情感,发展自信心、公平感、责任感,提供了良好的氛围。

第三,学生事务引领。英国高校普遍存在学术导师、就业顾问、宗教服务人员、宿舍管理人员等群体负责管理学生日常事务,对学生进行思想引导。其中,学生导师不仅负责解答学术问题,而且负责在课外与学生进行深入交流,关注学生在人际交往、代际沟通、心理调适等方面的困惑,帮助学生形成符合英国主流社会所期望的品质结构。就业顾问通过组织生涯规划课堂、快速咨询、个性指导等方式对学生进行针对性的职业指导和专业化的心理支持。宗教服务人员通过为学生提供生活便利服务、交流娱乐场所等形式,将宗教伦理道德教育蕴含在具体化的生活场景中,使学生产生、固化一定的宗教信仰。宿舍管理人员通过为学生创造一个整洁的空间、和谐的住宿环境,促进学生良好行为习惯和道德品质的养成。

第四,社会活动锻炼。英国高校鼓励学生广泛参与各类社会服务活动和社会政治活动,其中志愿者服务最为常见。这些社会活动给大学生提供了大量的德育实践机会,有助于学生深入了解生活中关于环境保护、动物保护、历史文化艺术遗产保护等现实问题,增加他们对社会结构和发展的认知,形成正确的个人价值观念,获得自我实现和被人认可的满足感。

英国高校隐性德育具有以下四个方面的特点:

第一,隐性德育内容的阶级性。英国高校德育内容具有明显的阶级性,如在中世纪,英国学校基本是在教会的控制之下,基督教是居于统治地位的意识形态。为了维护教皇的统治地位,学校主要的教育内容就是宗教教育,学生的基本学习任务就是信仰宗教、服务宗教。英国发生资产阶级革命后,教会屈从于资产阶级政权,学校德育内容的侧重点转向道德教育和公民教育,此时所重视的道德元素、所持有的道德标准有所改变,但是德育内容阶级性的特点一如既往,仍然是按照英国主流社会和统治阶级的要求,有计划、系统地强化学生对主流意识形态的认同,以维护英国资产阶级统治。只是在教学的方法上更强调"去意识形态"的中立化。

第二,隐性德育过程的情感性。课堂教学德育渗透过程中,教师较多使用体谅关心式教学方法,通过让学生学习体谅关心他人,发展利他主义精神,有效地避免因强制、显性灌输而导致的学生逆反心理。课堂之外的学生事务更是注重以学生为中心,为学生提供良好的学习、工作和生活上的服务,让学生真切地感受到学校的民主平等和关心关爱。

第三,隐性德育途径的多样性。英国高校隐性德育紧扣社会发展,根据学生及德育内容的不同特点,开拓了多种多样的隐性德育途径,如课堂教学渗透、校园文化熏陶、校园事务引领、社会活动锻炼等。课堂教学渗透把德育内容广泛地渗透进各科专业课程的课堂教学之中,把专业知识学习、道德判断能力培养有机结合。校园文化熏陶充分发挥大学校园环境这一隐性课程作用,依托当地文化的人文底蕴,培养学生参与意识、群体意识,以及协调能力、合作能力等。校园事务融入了多个校园服务机构,共同承担起对学生实施德育的职能,多角度强化高校德育的效果。各类社会活动为学生提供了多样的道德实践机会。这些不同类型的隐性德育途径通过语言、交往、规则、合同、社团、组织等直接或间接地告诉学生如何成为一个英国主流社会所需要的懂德性、讲礼仪、有风度的人。

第四,隐性德育方法的生活性。英国高校隐性德育重视生活化教学场景的设计。教学场景以现实为题材,可能是校园生活或者家庭生活片段,也可能是政党生活或者是宗教团体生活片段。针对这些运用到隐性德育之中的各种场所、各种人员、各类事件,教师鼓励学生参与讨论,分享自己的意见。这种生活化的教育方式让学生更加易于接受,更有利于学生从生活中的困惑、疑虑及矛盾等中解脱出来,养成良好的行为习惯。①

　　日本一直都把教育作为立国之本,十分重视对国民的思想政治教育。日本对青少年进行的思想政治教育的主要内容有爱国主义教育、集团主义教育、人生观教育、个性教育和民主主义教育。途径主要包括:第一,重视家庭教育在整个思想政治教育中的基础性作用,同时重视学校与学生家庭之间的沟通与合作。在日本的家庭里,孩子的父母以言传身教的方式对青少年进行教育,学校则对家长的教育行为进行适当的引导,帮助家长掌握科学的思想政治教育方法,敦促家长投入一定的时间和精力来关心孩子的思想与道德品质。第二,发挥学校在思想政治教育中的主导性作用。在日本的学校里,思想道德课程的形式多样,有政治课、道德课和学科教学课等。日本的学校还很重视组织学生开展课外活动,重视学校校风的建设。第三,充分利用各种社会资源,将思想政治教育渗透到学生参与社会活动的各个方面。日本重视博物馆、图书馆、社区、公园等公共资源在思想政治教育中的作用,经常通过举办学习班、讲座和展览、开展丰富多彩的社区活动等形式来对青少年进行教育。②

　　日本高校思想政治教育是日本学校思想政治教育的一个重要方面,日本十分重视高校思想政治教育工作的开展。日本高校思想政治教育主要通过课堂讲授、课程讨论、讲座、实习等环节和过程来完成。同时,在专门课程中渗透思想政治教育,在各种活动中渗透思想政治教育也是对思想政治教育实施途径的补充。日本通过专门课程教学来加强思想政治教育的实施,在开展专业课程教学过程中,普遍采用小组研究和讨论的授课形式来进行思想政治教育,并且将实习、考察、调研等实践活动与课程关联起来,将相关

---

　　① 参见宁曼荣:《英国高校隐性德育的特点及启示》,《学校党建与思想教育》,2017 年第 3 期。
　　② 参见邹洁、王顺辉:《日本青少年思想政治教育的经验及其启示》,《教育探索》,2013 年第 8 期。

实践活动作为学生毕业必修的课程,作为学生是否取得学分学位的依据。另外,开设主题讲座也是日本高校思想政治教育实施的重要方式。围绕相关主题,邀请社会各界人士来学校开展演讲、座谈等,通过各界人士的现身说法来实现对学生的思想政治教育。① 20 世纪 90 年代,日本颁布有关法规,进一步要求加强思想政治教育的科目和内容,大学要开设必修课,学生必须获得这方面的基本学分。人文、社科课程的设置既考虑扩大知识面,进行跨学科研究,又带有政治思想灌输的性质。日本各高校都开设了许多有关思想政治教育的课程。②

在法国,公民与道德教育是培养合格公民、维护共和国价值的重要载体。为保障教育过程的连续性和融合性,法国将大学生学习的"共同基础"、心理逻辑和学科知识相统一,建立起一体化的公民道德课程培养结构、教学目标与课程内容。法国以拓展教学手段、提升教师教学能力、完善评估方式、丰富校外活动等为抓手,确保公民道德课程一体化的有效实施和高质量推进。这种课程发展模式反映出法国以顶层制度设计为目标引领,以立体化、跨学科课程为教学推进,以完善过程性评价将教书和育人相结合,以课堂外力量支持社会环境建设,进而实现德育渐进式、沉浸式、融合式和互动式发展的特色。③ 1977 年,法国教育部在《法国教育体制改革》中指出,教育的最终目的在于培养自由社会的公民。法国统一的教育计划规定,公民思想品德教育始终是学校一项"不能回避"和"义不容辞"的任务,法国在学校开设了"共和国公民的伦理与道德课程",其目标"在于使每个人获得自由和负有责任,在于培养集体观念,使每个公民成为有教养的人"④。法国学校公

---

① 参见倪愫襄:《日本高校思想政治教育实施简介》,《学校党建与思想教育》,2012 年第 7 期。
② 参见李祖超:《"五国"高校思想政治教育比较分析》,《黑龙江高教研究》,2008 年第 4 期。
③ 参见张梦琦、高萌:《法国公民与道德教育课程一体化:理念、框架与实践路径》,《比较教育研究》,2020 年第 11 期。
④ 李义军:《国外学校思想政治教育现状分析及启示》,《国外理论动态》,2008 年第 9 期。

民教育的内容主要包括:使学生熟知法兰西民族和国家的历史,了解法国民主政治制度,明晰公民的义务和权利。专门课程和生活化教学是法国学校公民教育一大特色,公民教育被渗透进学生的班级生活和学校生活,各学科以及所有教师加入全员全方位的公民教育。①

德国高校对大学生的思想道德教育主要是通过伦理学、神学、教育学、法学之类的课程来进行。医学、药学、法律、教育等专业的学生,需要通过国家考试,根据国家的要求,考试必须包含本行业规章和职业道德等方面的内容。在德国高校,政治学、法学、社会学等不仅是人文社会科学类专业必修基础课程,也是理工科的专业必修课。德国高校没有专门的思想政治教育课程,主要是通过学科和专业来渗透。② 德国高校思想政治教育的主要方法包括宗教化教育法、大众传媒化教育法以及社会化教育法三个方面:

第一,宗教化教育法。德国是一个多教派并存的国家,为确保宗教教育的便利,德国国立学校通常都是根据不同教派设立的。而在日常的教育教学过程中,德国非常注重宗教教育与德育的结合,通过把思想政治教育与宗教教育相融合,使公民的宗教信仰逐步转化为对政府的认同。因此,开设宗教课程至今依然是德国高校实施思想政治教育工作的主要途径。第二,大众传媒化教育法。德国的大众传媒业发展极其迅速,尤其是新闻媒体和互联网非常发达。因此,利用先进的大众传媒业是德国高校开展思想政治教育的主要方法,特别是高校十分重视校园网络文化建设,时刻通过网络向学生灌输资本主义的自由、民主、宗教信条等内容。当前大众传媒已成为德国高校实施思想政治教育的主要途径之一。第三,社会化教育法。德国的高校在思想政治教育教学中,并没有专门设置相应的教育课程。而是将思想

---

① 参见舒璐璐、王浬:《法国学校公民教育及其对我国思想政治教育工作的启示》,《国外理论动态》,2017 年第 10 期。

② 参见李祖超:《"五国"高校思想政治教育比较分析》,《黑龙江高教研究》,2008 年第 4 期。

政治教育的内容融合在其他专业课程中,从而达到思想政治教育的目的。他们还利用社会团体、公共机构对学生进行思想政治教育渗透,而这些社会团体和公共机构主要的任务就是对国民进行民主政治教育和思想道德教育。①

德国学校开展政治教育的目标,是通过运用多种教育手段、采取多样化的教育途径,促进青少年政治认知能力的发展和政治品格的形成,从而有效参与社会政治生活,最终完成自身的政治社会化。其中,"政治认知"和"政治参与"是德国学校政治教育目标的两个关键词,前者是后者的基础,后者又以前者的发展为前提,两者既是青少年政治社会化的实现基础,又是其实现社会化的根本途径。由于为实现其政治教育目标,德国学校非常重视各种政治知识的灌输和政治技能的培养;通过社会政治实践,实现政治知识的内化,即"知行合一",从而促进学生政治能力的提升和政治品格的形成。②

俄罗斯高校思想政治理论课程内容涉及经济教育、道德教育、法治教育、爱国主义教育等方面,凸显了人本化、全方位化、学科化等趋势,目标是"造就独立的、自由的、有文化的、有道德的人,使之意识到对家庭、社会和国家的责任;尊重他们的权利和自由;遵守宪法和法律;人与人之间、各国人民之间,以及不同人种、民族、宗教和社会群体之间能相互谅解与合作"③。

(二)国内研究现状述评

1. 关于高校思想政治教育的研究

关于高校思想政治教育的研究,我国学者主要从时代发展背景、教育队伍建设、教育路径选择等方面进行探讨。学者杨昌华指出,随着中国特色社

---

① 参见张华:《中德高校思想政治教育方法的比较研究》,《新西部》,2012 年第 9 期。
② 参见吕新云、张社强:《美国、德国学校政治教育比较及借鉴》,《思想教育研究》,2009 年第 8 期。
③ 刘振天:《试析当前俄罗斯教育改革的总体态势》,《外国教育研究》,1995 年第 2 期。

会主义进入新时代,高校思想政治教育也进入了一个新的场域,从而推动着高校思想政治教育问题域的深化,与此同时,高校思想政治教育的价值体系和价值系统也出现一定的结构调整和内部优化。为有效应对新时代背景下高校思想政治教育场域、问题域和价值域等方面的变化,我们应当以推进思想政治教育思维方式转型、话语体系创新和思想政治理论课课程改革为抓手,因事而化、因时而进、因势而新,推动高校思想政治教育实践域转换,从而实现高校思想政治教育与新时代同频共振,推动高校思想政治教育不断发展。① 学者许在华认为,新时代如何提高高校思想政治教育的效能,是高校思想政治教育工作者共同面临的现实问题。以高校思想政治教育效能优化为核心论题,通过基础内容分析,以目标、困境、整体效能优化为逻辑展开,提出新时代高校大学生思想政治教育要实现帮助大学生在认清形势中把握大势、在站稳立场中增强自信、在加强教育中正确引导的目标,审视目前高校思想政治教育效能发挥存在的障碍,提出高校思想政治教育效能优化路径,以期有效提升高校思想政治教育效果。②

学者陈元、黄秋生从风险治理的角度研究得出,新时代高校思想政治教育治理的风险评估工作由风险识别、风险分析、危机评价三个单元构成。其中,风险识别指通过发现风险项目、辨认危害要素,强化人们对高校思想政治教育治理风险的感知力;风险分析指在寻找风险点、追溯风险源的过程中,准确定位高校思想政治教育治理风险的诱因;危机评价指通过划分风险等级,确立防控措施的先后次序。③ 学者熊皇、许艳艳从新媒体时代背景出

---

① 参见杨昌华:《试论新时代高校思想政治教育的"四域"转换》,《思想教育研究》,2021 年第 4 期。

② 参见许在华:《时代高校思想政治教育效能优化研究》,《学校党建与思想教育》,2021 年第 9 期。

③ 参见陈元、黄秋生:《新时代高校思想政治教育治理风险评估》,《学校党建与思想教育》,2021 年第 8 期。

发,认为高校思想政治教育改革创新应注重转变教育思路、强化跨界思维及尊重大学生主体地位,借助各类新媒体平台,使用有效传播手段及教育方式开展思想政治教育,全力构造体系化、动态化和开放化的整体系统。①

学者何跃、甘荣丽结合大数据时代背景,通过研究指出,高校思想政治教育以培养人为目的,在高等教育中担任着塑造与引导青年大学生价值观的重任,在培养时代新人中发挥着关键作用。伴随大数据时代的到来,信息网络的普及革新了高校思想政治教育教学的方法和内容,但其在促进高校思想政治教育现代化的同时,也由于网络空间的匿名性、自由性与开放性特征,产生了大量附加在大数据传达信息上的错误的或偏离期望值的且干扰信息正常传播、减弱信息传递效果的"数据噪音"。夹杂在高校思想政治教育教学过程中的有害与无效的"数据噪音",影响了高校思想政治教育育人功能的有效发挥。它挑战了高校思想政治教育的话语权,降低或弱化了思想政治教育的影响力与吸引力,一定程度上混淆或模糊了部分高校大学生的主流意识形态价值观。高校思想政治教育要想有效发挥其育人功能,必须警惕和防范"数据噪音"的干扰,从制度、管理、服务等多方面入手,通过弘扬社会主流意识占领意识形态主阵地、推进精品思想政治理论课建设,提高思想政治教育吸引力,加强法律法规引导,规范网民网络空间行为,提高教师信息素养,建设专业教师队伍、数据管理中心,加强校园网络安全管理等举措,有效识别、排除、隔离"数据噪音",努力将"数据噪音"排除、隔离于思想政治理论课教学场域之外,不断提升高校思想政治教育的针对性、目的性、有效性。②

---

① 参见熊皇、许艳艳:《新媒体时代思想政治教育如何改革创新》,《中国高等教育》,2021 年第2 期。

② 参见何跃、甘荣丽:《"数据噪音"的挑战与高校思想政治教育的应对策略》,《广西社会科学》,2021 年第 3 期。

  学者谷松岭、熊琳立足当下形势特点,通过研究得出,目前我国正处于社会转型期,这对高校思想政治教育提出了新的要求,高校思想政治教育的改革已经刻不容缓。高校思想政治教育改革是全面和系统的工程,必须先理清教育生态环境的关系,找出现行教育生态环境中存在的问题,并提出相应的解决措施,方能完成时代所赋予的使命。① 学者李东坡、郭佳琪从红色文化入手进行研究,指出红色文化是中国特色社会主义文化的重要组成部分,在新时代具有强大的政治引领性、理论指导性和现实针对性。通过对红色文化自信的科学内涵以及红色文化思想政治教育的理论基础和实践特质的深刻解读,进一步挖掘红色文化思想政治教育的时代意义,指出红色文化基因在思想引领、建设引导、文化传承、历史弘扬等方面的重要作用,要加强红色文化在品牌建设、传播载体、精神作风、合作机制等方面的作用,发挥红色文化在武装头脑、指导实践和推动思想政治教育工作的创造性转化和创新性发展中的重要作用。②

  学者于瑜从中华优秀传统文化入手来研究高校思想政治教育话语权,通过研究认为,中华优秀传统文化蕴含着丰富的民族精神、人文思想以及立德树人的资源,传承和弘扬中华优秀传统文化有利于增强高校思想政治教育话语权。要从组织实施和条件保障两方面加强中华优秀传统文化对高校思想政治教育的指导,从理论、践行和创新三个方面全面深入地挖掘中华优秀传统文化资源,从明确使命和责任担当两个方面提升高校思想政治教育的育人引导力。③ 学者何为、赵新国立足思想政治教育工作队伍建设,通过

---

① 参见谷松岭、熊琳:《高校思想政治教育生态环境问题及应对》,《学校党建与思想教育》,2019 年第 12 期。

② 参见李东坡、郭佳琪:《红色文化基因融入思想政治教育意蕴》,《毛泽东思想研究》,2019 年第 9 期。

③ 参见于瑜:《以中华优秀传统文化提升高校思想政治教育话语权研究》,《学校党建与思想教育》,2020 年第 12 期。

研究认为,创造清朗的网络空间、占领和巩固网络舆论阵地和推动思想政治理论课创新是新时代赋予高校网络思想政治教育的新的工作要求。面对新要求,高校网络思想政治教育队伍建设目前存在网络素养有待提高、队伍配置有待优化、队伍管理缺乏制度保障的问题。为了跟上新形势,适应新要求,高校应从提升网络思想政治教育队伍的综合素质、打造复合型网络思想政治教育团队、完善高校网络思想政治教育队伍制度建设三个方面着手,加强队伍建设。①

学者黄建军、赵倩倩从显性教育和隐性教育的角度出发,通过研究认为,在高校思想政治教育中,显性教育和隐性教育是相互对应的两种重要的教育形式。显性教育因其参与主体地位的主次性、教育内容的计划性和系统性、教育方式的直接性与公开性而具有惊涛拍岸的声势;隐性教育则因其参与主体的相对平等性、教育场域的开放性、教育方式的渗透性和潜隐性而具有润物无声的效果。事实上,在高校思想政治教育中,显性教育和隐性教育是辩证统一、同向同行的,这既是由理论层面规范性决定的,又是现实层面的必要性所赋予的。从理论层面来看,高校思想政治教育中的显性教育与隐性教育既具有目标上的同构性,也具有功能上的互补性。在现实层面上,高校思想政治教育显性教育与隐性教育却存在一定的结构失衡,使得显性教育与隐性教育具有现实中的必要性。在教育教学实践中,要以加强思想政治理论课隐性教育与显性教育之统一、思政课程与"课程思政"之统一和课程育人与文化育人之统一为抓手,推动高校思想政治教育显性教育与隐性教育统一发展、同向同行。②

---

① 参见何为、赵新国:《新时代高校网络思想政治教育队伍建设》,《广西社会科学》,2019 年第 9 期。

② 参见黄建军、赵倩倩:《高校思想政治教育显性教育和隐性教育相统一的内在逻辑与路径优化》,《思想教育研究》,2020 年第 11 期。

学者邓卓明研究认为,党和国家始终高度重视思想政治教育工作,持续推进思想政治教育工作守正创新,这既是满足党和国家对思想政治教育工作需求和期待的重要路径,也是思想政治教育学科自身发展的客观需要。随着高等教育的发展,高校思想政治教育工作对于落实立德树人根本任务,满足党和国家发展需要以及大学生成长发展需求的重要性愈益凸显。[①]学者谭霞、戴建忠研究了区块链技术在高校思想政治教育领域中的应用,指出区块链技术是以点对点传输、分布式记账、交互式加密、时间序列证明等为主要特征的数据库技术,"去中心化""不可篡改""易于追溯"和"可编程智能合约"是区块链技术的主要优势。伴随着大数据技术的飞速发展,区块链技术逐渐走进了我们的视野,融入社会生活。目前,区块链技术已经对高校思想政治教育理念、思想政治教育方法和思想政治教育学科建设等产生了深刻影响。将区块链技术应用到高校思想政治教育领域具有较大的优势,有助于解决高校思想政治教育"主体性和主导性博弈"的逻辑悖论问题、"教育目标与教育形式"的背反问题、"成绩评价体系"的科学化问题。推进区块链技术在高校思想政治教育领域的应用,必须加强相关领域的政策研究;加强区块链保密技术的研究,促进高校思想政治教育安全体系的建设;加快区块数据产权制度的研究,为高校思想政治教育提供牢固的制度保障;大力开展"智慧思政"建设,构筑高校思想政治教育区块链新模式。[②]

学者于红艳能过研究重大疫情背景下高校开展思想政治教育的三重辩证维度,指出问题导向和辩证思维是马克思主义重要的世界观和方法论。高校应充分挖掘新冠肺炎疫情思想政治教育元素,注重把握三重辩证维度:

---

① 参见邓卓明:《推进高校思想政治教育守正创新的重要探索——评〈高校思想政治教育工作质量评价研究〉》,《思想教育研究》,2021 年第 2 期。

② 参见谭霞、戴建忠:《区块链技术在高校思想政治教育领域中的应用研究》,《理论导刊》,2020 年第 12 期。

把握心理健康干预的感性与理性之维,处理好表层应激障碍缓解与深层理性思维塑造的辩证统一;把握引导认知取向的建设性与批判性之维,处理好正向舆情引导与负面信息回应的辩证统一;把握主导价值共识的普遍性与特殊性之维,处理好时代精神导向的普遍性与个体思想政治需要特殊性的辩证统一。① 学者李瑞奇通过研究认为,新时代高校思想政治教育须契合于新时代社会主要矛盾的转化。从审美视域探究高校思想政治教育政策的改进着力,以新时代人民对美好生活的需要为考察背景,以系统性思维检视相关文件中隐含的审美因子,以主渠道、主阵地同向同行作为话语场景,试将审美合力凝练为导向于理论内容供给的说服力、旨向于主体情感认同的感染力、偏向于德育对象需求的亲和力、趋向于方法因时创新的吸引力四个方面,并从提出依据、基本内涵、运行要素等维度探讨高校思想政治教育审美合力的应然与必然,以期裨益新时代高校思想政治教育的生命力和有效性。②

学者桑华月从微观叙事视域下对高校思想政治教育有效性进行研究,指出高校思想政治教育建立在传统的宏大叙事基础上,社会主义宏大叙事的有效建构,必须着眼于内容、过程和结果的有效性。在内容上,宏大叙事和微观叙事将长期并存,宏大叙事需要更新和重构,不可遮蔽微观叙事;在过程上,微观叙事建构并反思宏大叙事,以个体心声唱响国家话语;在结果上,宏大叙事和微观叙事相辅相成,社会主义主流意识形态和个体日常生活交织互生。高校思想政治教育工作者要用日常生活叙事、个体生命叙事和差异多元叙事,构建理性王国、国家话语和重叠共识,高扬新时代中国特色

---

① 参见于红艳:《重大疫情背景下高校开展思想政治教育的三重辩证维度》,《学校党建与思想教育》,2020 年第 8 期。

② 参见李瑞奇:《新时代高校思想政治教育审美合力研究》,《思想政治教育研究》,2019 年第 6 期。

社会主义宏大叙事,进而实现思想政治教育的有效性。①

学者孙铭涛、宋晓东结合科学知识图谱的方法对高校网络舆情管理研究进行计量分析与评价,通过研究指出,随着互联网的高速发展,高校网络舆情管理已经逐渐成为高等教育学、新闻传播学、情报学等学科研究的热点问题。为了促进我国高校网络舆情管理知识增长,提升研究的深度,明确下一步的研究方向,有必要对现有研究的发展脉络进行梳理、总结。以 2008至 2017 年中文核心期刊数据库和 CSSCI 数据库收录的 307 篇文献为样本,采用文献计量学分析方法,利用 Cite Space 软件绘制高校网络舆情管理的知识图谱,得出了时段内研究的热点问题和前沿演进趋势。结果表明,高校网络舆情的思想政治教育功能研究和舆情引导研究是领域内关注的热点问题,舆论领袖发现和管理研究则是核心问题,同时也发现了高校网络舆情管理研究的前沿演进趋势经历了三个阶段,即基础理论研究阶段、功能研究阶段和舆情引导研究阶段。②

2. 关于高校思想政治理论课课程建设的研究

关于高校思想政治理论课课程建设,国内学者从不同的角度展开探讨,有的结合新时代要求去研究,有的通过总结历来思想政治理论课建设经验来分析,也有的从慕课建设、教师队伍、各课程协同运作等角度来探讨。学者李一杨研究指出,"双一流"建设是我国教育发展的重要战略,对于提升我国高等教育综合实力与国家整体实力具有重要意义。而高校思想政治理论课课程建设是这一战略推进与实现的基础,因为只有思想坚定及价值观正确,才能避免"误入歧途",才能建设出具有中国特色的"双一流"大学。提出

---

① 参见桑华月:《微观叙事视域下高校思想政治教育有效性研究》,《黑龙江高教研究》,2019年第 10 期。

② 参见孙铭涛、宋晓东:《高校网络舆情管理研究的计量分析与评价——基于科学知识图谱的方法》,《湖南社会科学》,2019 年第 5 期。

"双一流"背景下思想政治理论课课程建设路径可包括以下四个方面:第一,以教材建设为基础推动理论课程创新;第二,积极推进教学方法创新;第三,加强教师队伍建设,形成理论课程建设主导力量;第四,健全管理体制。思想政治理论课程建设是一项整体工程,需要多个部门"联合行动"才能收到成效。①

　　学者王达品认为,高校党委、马克思主义学院和思想政治理论课教师作为思想政治理论课建设的领导者、组织者、实施者,要在不同层面发挥主体作用,承担起主体责任,三者互为支撑、相互促进,共同服务于思想政治理论课教学,服务于大学生成长成才,这是办好思想政治理论课的基础保障。新时代提高思想政治理论课建设质量,必须明确学校党委主体作用,强化思想政治理论课建设的规划指导和全面保障;发挥马克思主义学院主体作用,做好思想政治理论课日常性建设;强化教师主体作用,以责任担当与改革创新提升思想政治理论课建设质量,形成工作合力。② 学者刘丽敏、郝丽媛在"金课"的视阈中探讨高校思想政治理论课的慕课教学改革,指出近几年慕课在中国高等教育界逐渐流行开来,思想政治理论课的慕课教学改革也随之兴起。当前,思想政治理论课的慕课体系已初步建立,其以信息技术的优势极大地弥补了传统思想政治理论课教学的局限与不足。但是,当前的思想政治理论课慕课仍然存在质量不高、互动不强等诸多亟须改进的问题,需要对照教育部"金课"的要求和标准,不断改进和深化。③

　　学者王军从思想政治理论课教师的角度进行研究,认为习近平总书记

　　① 参见李一杨:《"双一流"背景下思政理论课程建设路径——评〈高校思想政治理论课程建设研究〉》,《中国高校科技》,2021 年第 6 期。

　　② 参见王达品:《发挥三个层面"主体"作用 着力提升高校思想政治理论课建设质量》,《思想政治理论课教学》,2020 年第 12 期。

　　③ 参见刘丽敏、郝丽媛:《"金课"视阈下高校思想政治理论课的慕课教学改革及其深化》,《学校党建与思想教育》,2019 年第 4 期。

在学校思想政治理论课教师座谈会上强调"让有信仰的人讲信仰",指明了加强和改进高校思想政治理论课建设的努力方向。一要强化选聘培养,让思想政治理论课教师队伍有信仰;二要严格内容规范,让思想政治理论课教学切实讲信仰;三要优化评价体系,让思想政治理论课教师专心树信仰。[①]学者佘双好、张琪如从课程评价的角度来探讨高校思想政治理论课课程建设问题,研究了评价体系的特点及改革路径,指出高校思想政治理论课课程评价是对其作为一类课程或某门具体课程的价值的认识和评估过程。思想政治理论课作为以显性方式直接设立的落实立德树人根本任务的关键课程,具有更为明显的意识形态性和价值性、多重教育过程特性、实践指向性、鲜明导向性等特征。我国高校思想政治理论课课程评价有一个发展的过程,目前还存在课程评价范围局限于教学评价、评价目标偏重总结性评价、评价主体相对单一、评价标准相对模糊以及评价方法相对简单等问题。高校思想政治理论课课程评价改革和发展应坚持"科学有效,改进结果评价,强化过程评价,探索增值评价,健全综合评价"的原则,更新课程评价观念,强化过程评价,突出评价主体作用,倡导多元评价,推进课程评价改革和发展。[②]

学者许泽辉、蒋红群则研究了新中国成立以来高校思想政治理论课课程体系建设的历史演进与基本经验,指出高校思想政治理论课在20世纪70年发展中经历了"五二方案""六一方案""八六式两课""九八式两课"以及"05方案"等。高校思想政治理论课课程体系在演进的过程中表现出了从模

[①] 参见王军:《高校思想政治理论课建设"让有信仰的人讲信仰"的三重意蕴》,《北京教育》(德育),2019年第11期。

[②] 参见佘双好、张琪如:《高校思想政治理论课课程评价的特点及改革路径》,《思想理论教育》,2021年第3期。

仿到自主、从单一到多元、从频繁变动到稳定发展的特征。① 学者曾维华、王云兰立足新时代高校思想政治理论课的使命与责任来研究高校思想政治理论课课程建设，认为立德树人作为新时代我国高校人才培养目标的根本之所在，也是我国大学办学治校的核心使命。立德树人的目的在于培养学生践行社会主义核心价值观，使其成为担当起民族复兴大任的时代新人。高校立德树人任务的达成在于思想政治理论课，高校思想政治理论课是培养担当新时代民族复兴与国家振兴的时代新人的课程主渠道，立德树人是新时代高校思想政治理论课所需要承担的德育使命，也是其所需要肩负的责任。②

学者江颉、李春萌、姚高翔研究了高校思想政治理论课精品在线开放课程资源共享的架构，论述了高校思想政治理论课精品在线开放课程共享体系构建的重要性，针对高校思想政治理论课精品在线开放课程缺少优质资源、优质资源未能共享、缺少评价和监督机制、资源利用率低等问题，提出建立完善的思想政治理论课精品在线开放课程资源共享网站的动态监督控制体系、转变构建观念提升资源共享意识、加强思想政治理论课精品在线开放课程的宣传工作、保证课程资源达到"优质"的相关要求、营造有利于提高思想政治理论课精品在线开放课程建设水平以及更新资源的环境等措施，从而推动思想政治理论课教学水平的不断提高。③

学者崔三常、庞立昕通过研究认为，习近平总书记在坚持马克思主义哲学辩证法的基础上创新了解决思想政治理论课建设所存在问题和矛盾的方

---

① 参见许泽辉、蒋红群：《高校思想政治理论课课程体系建设的历史演进与基本经验》，《教育观察》，2020 年第 12 期。
② 参见曾维华、王云兰：《立德树人：新时代高校思想政治理论课的使命与责任》，《学术探索》，2021 年第 2 期。
③ 参见江颉、李春萌、姚高翔：《略论高校思想政治理论课精品在线开放课程资源共享的架构》，《广西教育》，2019 年第 1 期。

法论,指出新时代高校思想政治理论课建设的方法创新要从以下方面努力:一是确立思想政治理论课各种属性在共同目标基础上的高度统一关系;二是以命运共同体视角处理思想政治理论课建设的各种矛盾关系;三是以生命共同体的思维促进思想政治理论课各体系的有机统一;四是坚持整体性思维整合思想政治理论课建设各种力量。文章基于习近平总书记重要论述,分析了新时代高校思想政治理论课建设的方法创新。①

学者张宗峰、刘明越对新中国成立以来高校思想政治理论课建设的历史演进与创新进行研究,指出新中国成立以来高校思想政治理论课在实践中不断探索,历经筹备及创立,初步探索,破坏和冲击,恢复与重建,改革、规范、稳定,守正创新等建设发展阶段,发生了许多深刻的变化。在课程设置上,经历了高校政治课、高校马列主义课、"高校两课"最后到高校思想政治理论课的演进过程;在课程建设上,经历了由不成熟、不规范到比较成熟、规范,再到在改进中加强的演进过程。虽然曾经出现过挫折,但总体上保持着不断拓展和深化的势头,改革开放尤其是党的十八大以来,更是取得了显著成绩。②

学者汪四红从话语权的角度对新中国成立70周年高校思想政治理论课话语权发展规律进行研究,指出新中国成立70年来我国高校思想政治理论课话语权的发展规律呈现出四大特征:话语权地位在不同时期与当时的政治生态环境总相关;话语权内容在不同时期总是反映当时国家领导人重要理论成果;话语权精神内核总是离不开马克思主义中国化的核心命题;话语权发展趋势最终是强化思想政治理论课在国家政治生活中的重要性。对提

---

① 参见崔三常、庞立昕:《新时代高校思想政治理论课建设的方法创新》,《黑龙江教育》(高教研究与评估),2021年第2期。
② 参见张宗峰、刘明越:《新中国成立以来高校思想政治理论课建设的历史演进与创新》,《思想政治课研究》,2021年第1期。

高新时代思想政治理论课话语权启迪有三:必须继续强化以马克思主义理论为指导;必须持续创新思想政治理论课课程建设方式;必须强化党对高校思想政治工作的科学领导。① 学者冯刚、高静毅通过研究新时代高校思想政治理论课建设发展的四个重要问题,指出新时代高校思想政治理论课建设需要进一步把握规律、明确着力方向和工作重点。思想政治理论课要在深化内容建设、激发教师创造活力、把握教育对象思想特点和需求、改进教育教学方法四个方面进一步深化改革,充分发挥好"主渠道"作用,增强思想政治教育的亲和力和针对性,增强教育教学效果,不断满足学生成长发展的需求和期待。②

学者韩俊探讨了新时代高校思想政治理论课建设的守正与创新,指出自党的十八大以来,高校思想政治理论课进入了全新的发展阶段。近年来党中央高度重视思想政治理论课建设,习近平总书记对思想政治教育工作做出了重要指示,中共中央办公厅、国务院办公厅、中宣部、教育部出台了多个文件,媒体也越来越多地关注思想政治理论课。教育部提出努力打造思政"金课",力争把思想政治理论课建设成有虚有实、有棱有角、有情有义、有滋有味,学生真心喜欢、终身受益、毕生难忘的课程。在学校思想政治理论课教师座谈会上,习近平总书记对思想政治理论课建设给予充分肯定,对课程改革创新提出了新要求。高校必须坚持不懈推动新时代高校思想政治理论课建设,处理好形式与内容、教学与科研、结果与过程这几对关系。在课程建设中,注重课程教材、教师队伍、教学方式、教学管理。按照习近平总书

---

① 参见汪四红:《中华人民共和国成立 70 周年高校思想政治理论课话语权发展规律研究》,《文山学院学报》,2021 年第 2 期。

② 参见冯刚、高静毅:《新时代高校思想政治理论课建设发展的四个重要问题》,《学校党建与思想教育》,2018 年第 8 期。

记要求,将八个相统一作为课程建设的新要求、新方向。[①]

学者赵静以协同视域对高校思想政治理论课建设进行研究,指出协同推进高校思想政治理论课建设是思想政治理论课改革创新的重要举措,要实现大中小学思想政治理论课的系统化、体系化,在充分挖掘和实现学校各类课程、各项工作、各个领域的育人功能,构筑多维并进、互补互动、综合融通的协同育人格局。目前协同推进思想政治理论课建设的良好局面和强大育人合力尚未形成,从理念、主体、目标、载体、体制机制等方面形成育人合力和协同效应,共同推进思想政治理论课建设,其中理念协同和主体协同是重要前提,目标协同和载体协同是有效路径,体制机制协同是根本保障。[②]

学者李永进结合 5G 时代背景对高校思想政治理论课的创新建设进行研究,指出 5G 具有超高传输速度、超低网络时延、超强设备性能等技术特征,不仅会对人类生产方式、生活方式、思维方式、学习方式产生极大影响,也将推动高校思想政治理论课教学内容、教学方法、教学理念的创新变革。5G 将在资源协同共享、虚拟仿真教学、思政智慧课堂、人工智能考核等方面,丰富和拓展新时代高校思政课建设路径,提升思想政治理论课铸魂育人的实效性。在 5G 时代,要进一步坚持高校思想政治理论课的主渠道地位,更好坚持和发挥思想政治理论课教师主导性,还需坚持内容为王、以理服人。[③]

3. 关于高校思想政治理论课教学模式的研究

关于高校思想政治理论课教学模式的研究,我国学者主要从课堂教学和实践教学的角度,结合教师和大学生的特点,对不同的教学模式的构建进

---

① 参见韩俊:《新时代高校思想政治理论课建设的守正与创新》,《思想政治课研究》,2019 年第 6 期。

② 参见赵静:《协同推进高校思想政治理论课建设研究》,《思想理论教育导刊》,2019 年第 9 期。

③ 参见李永进:《论 5G 时代高校思想政治理论课的创新建设》,《思想理论教育导刊》,2020 年第 7 期。

行研究。

　　学者黄昭彦通过对"金课"进行研究,阐述了"金课"的概念,通过推进师资队伍的培养、制定教学大纲核准和教案评价制度、线上资源的建设和共享、考核评价体系的多元化等措施搭建新时代高校思政混合式"金课"的基础,详细分析了"八个统一"推进思政混合式"金课"教学内容和方法研究的策略及措施。指出要通过践行"八个统一"理论,加快用信息技术改造思政课传统教学、提高教学水平的进程。① 学者李海霞通过研究认为,高校思想政治理论课"课程育人"模式研究与实践是深入贯彻落实党的十九大精神和全国高校思想政治工作会议精神的重要探索,是提升思想政治理论课教学质量的重要手段,也是新时代背景下高校思想政治理论课教育教学改革创新的关键,从培育课程育人意识、击破课程育人困境、创造课程育人条件、打造课程育人结构、完善课程育人评价模式五维视角构建高校思想政治理论课"课程育人"模式,打造思想政治理论课"课程育人"的新格局。②

　　学者王喜满、黎亚茹结合辽宁大学思想政治理论课教学现状,通过研究指出,"三三制"实践教学模式是辽宁大学思想政治理论课实践教学的一个重要探索。它通过在课堂实践中采取"3 + 自选"教学法、课外实践采取"三结合"教学法、实践考核中采取"三位一体"评价法,有效地实现了思政理论和实践的结合、思政课内与课外的结合、思政教师和大学生双重积极性的结合,对推进高校思政课改革具有重要借鉴意义。③ 学者邹慧、黄河立足分课堂研究,指出分课堂教学模式将课堂复归于大学生,让大学生在体验中享受

---

① 参见黄昭彦:《"八个统一"推进新时代高校思政混合式"金课"教学模式研究》,《高教学刊》,2021 年第 31 期。

② 参见李海霞:《高校思想政治理论课程五维育人模式构建研究》,《大学教育》,2021 年第 7 期。

③ 参见王喜满、黎亚茹:《高校思想政治理论课"三三制"实践教学模式探索——以辽宁大学思政课改革为例》,《思想政治教育研究》,2020 年第 10 期。

学习权利、承担学习责任,对提升高校思政课实效性具有借鉴意义。将对分课堂教学模式引入高校思政课,应重在提升大学生主体意识,增强情感认同;转变教育理念,提升运用能力;完善教学管理制度,保障教学改革顺利推进。①

学者范玉鹏、曹璐从教育赋权理论的视角进行建构高校思政课教学范式的研究,认为教育赋权给予教育弱势群体更多的教育权利,挖掘与激发教育弱势群体个体潜能。在高校思政课教学中融入教育赋权理论有利于提高思政课教学的参与度,提升思政课教学的实效性,推动思政课教学的范式转换,优化思政课教学的评价方法。教育赋权理论融入高校思政教学需从制度赋权、机制赋权、角色赋权、技术赋权等方面着手,以解决高校思政课"教"与"学"相分离的问题,让大学生在思政课学习过程中真正乐学、好学并从中受益。② 学者袁德栋从实践教学模式的角度进行研究,指出新形势下,高校思政教育工作者应当革新思想观念,创新教学管理模式。首先,要明确确立实践教学目标,提高思想认识。有别于高校专业课实践教学目标,高校思政教育实践教学目标在于培养大学生自主思考、理论联系实际的能力,进一步帮助大学生树立正确的价值观念,使其形成健全的人格。其次,要强化实践教学组织管理,创新实践教学理念。实践教学管理模式创新,确保思政教育实践教学的有序开展,必须构建完善的制度。高校应当优化实践教学管理机制,做到权责分明,设置配套组织机构,完善管理制度。③

学者魏志祥提出"情投意合"教学法,指出"情投意合"教学法以高校思

---

① 参见邹慧、黄河:《高校思政课对分课堂教学模式探赜》,《学校党建与思想教育》,2021 年第 4 期。

② 参见范玉鹏、曹璐:《基于教育赋权理论建构高校思政课教学范式》,《郑州大学学报》(哲学社会科学版),2021 年第 3 期。

③ 参见袁德栋:《实践教学管理模式的创新对于高校思政教育的影响——评〈高校思想政治理论课实践教学创新研究〉》,《领导科学》,2019 年第 1 期。

想政治理论课教学改革为契机，以提升思想政治理论课育人效果为旨归，植根于马克思主义认识论、掌握学习理论、心理学的知情意信行等理论基础，由情、投、意、合分别构成其逻辑体系的出发点、切入点、核心点与落脚点。要更好地实施"情投意合"教学法，对思想政治理论课教师提出更高层次的具体要求，即必须具备扎实的马克思主义理论功底、高尚的人格魅力、强烈的教育情怀以及良好的语言功底和情感表达能力等职业素养。[①] 学者何小英、黄心怡结合"互联网＋"背景来研究社会主义核心价值观融入高校思想政治理论课教学新模式，指出互联网技术日新月异，给人们的生活和学习带来了巨大的变化，给高校思想政治理论课的教学也带来了机遇和挑战。应用技术在有效提升高校思政课教育教学质量的同时也给高校思政课提出了新的挑战。在"互联网＋"背景下，社会主义核心价值观融入高校思想政治理论教学改革要构建新的教学模式，培育大学生社会主义核心价值观要做到全员参与、全面和全程的融入，让社会主义核心价值观在思想政治理论课教学中发挥互联网的传播优势，同时使高校思政课散发出鲜活的生命力，引导大学生成长成才，成为中国特色社会主义事业的可靠接班人和合格建设者。[②]

学者刘经纬、林美群立足"三个导向"理念对高校思想政治理论课混合式教学设计与质量保障进行研究，认为伴随着新媒体技术的迅猛发展，努力推进高校思想政治理论课与新媒体技术的融合已成为一项重要课题。探索基于"素养导向""问题导向""合作导向"的高校思想政治理论课混合式教学，有利于提升高校思想政治理论课的教学质量，有利于实现高校思想政治

---

① 参见魏志祥：《高校思想政治理论课"情投意合"教学法探微——兼论高校思想政治理论课教师职业素养》，《思想理论教育导刊》，2019 年第 12 期。

② 参见何小英、黄心怡：《"互联网＋"背景下社会主义核心价值观融入高校思想政治理论课教学新模式探析》，《高教学刊》，2021 年第 9 期。

理论课教学的高效供给,有利于达成高校思想政治理论课的教学目标,为推动高校思想政治理论课教学改革提供有益的借鉴与参考。① 学者厉晓妮、林海燕从"问题导向"角度对高校思政课教学模式进行研究,认为高校思想政治理论课的"问题导向"教学从本质上讲是一种教学方法,但更是一种思维方式,内含着发现问题—提出问题—分析问题—研究问题—解决问题的严密逻辑过程。在实施过程中,既要遵循价值性、引领性、实效性和一致性的原则和要求,又要遵循教育教学的基本规律,从课堂与课外、教师与学生、理论与实践等不同维度进行结构性思考,将课堂教学设计、学生主动参与和实践验证比较相结合,最终将教学要求内化为学生的价值与思想认同。②

学者梁红秀对高校思政课线上线下的教学衔接进行研究,指出教学衔接的科学性和有效性是制约高校思政课线上线下混合式教学模式改革创新成效的关键环节。高校思政课应贯彻"八个相统一"教学要求,推动线上教学与线下教学衔接。做好高校思政课线上线下教学衔接,需要充分调动高校思政课教学体系的整体力量。教师要充分发挥线上线下衔接的关键作用;国家、地区及各高校要创新教师队伍建设机制、评价机制、联动机制,为推进科学有效的高校思政课线上线下教学衔接提供持续动力和制度保障。③学者陈慧女结合移动互联网技术,对互联网应用于高校思想政治理论课教学设计进行探索与思考,通过研究指出,移动互联网技术应用于高校思想政治理论课教学设计,是信息化时代高校思想政治理论课依据教学大环境的变化所做出的主动应对,对于增强高校思想政治理论课堂教学的时代感和

---

① 参见刘经纬、林美群:《基于"三个导向"理念的高校思想政治理论课混合式教学设计与质量保障研究》,《黑龙江高教研究》,2021 年第 3 期。

② 参见厉晓妮、林海燕:《高校思政课"问题导向"教学模式研究》,《学校党建与思想教育》,2020 年第 11 期。

③ 参见梁红秀:《高校思政课线上线下教学衔接研究》,《学校党建与思想教育》,2020 年第 9 期。

吸引力,提升高校思想政治理论课教学的亲和力和针对性,实现高校思想理论课程教学"因材施教"和"教学互长",都具有重要意义。根据高校思想政治理论课的教学过程的完整性和系统性,移动应用载体融入高校思想政治理论课教学设计的方案应当融入教学的全过程。这一过程具体涵盖课堂导入、新课教授、自主领悟、巩固总结以及课堂管理,通过使用异步或同步的学习和交流工具,突破传统思想政治理论课堂的时空限制,为学生进行交互式学习提供了一条有效途径。①

　　学者吴玲研究了思政课体验式教学应把握的几对关系,认为体验式教学注重学生的主体体验和实践探索,具有开放性、能动性、自主性、启发性等特征,是提升高校思想政治理论课教学有效性的重要教学模式。为进一步提高体验式教学的针对性和实效性,增强体验式教学的说服力和感染力,必须把握好主流意识形态教育与学生情感教育相统一的关系,把握好教师主导作用发挥与学生主体地位体现相统一的关系,把握好外在实践体验与内在学习需求相统一的关系。② 学者岳金霞研究了新时代高校思想政治理论课"三三三"教学模式设计,认为新时代高校思想政治理论课"三三三"教学模式设计包括课堂教学、网络教学、实践教学三个方面。课堂教学采取"三导"模式,即"导读—导图—导论";网络教学设置"三微"模块,即"微课—微评—微试";实践教学采取项目化管理,构建"三全"模型,即"全员—全程—全方位"。这些教学环节是根据新时代高校思想政治理论课教学工作基本要求和新时代新青年的新特点而展开的。"三三三"教学模式旨在增强教师

---

① 参见陈慧女:《移动互联网技术应用于高校思想政治理论课教学设计的探索与思考》,《思想理论教育导刊》,2019 年第 12 期。
② 参见吴玲:《思政课体验式教学应把握好几对关系》,《学校党建与思想教育》,2019 年第 10 期。

的学习性教学、学生的研究性学习和师生的开放性互动,实现教学相长。①

学者陈仁涛以"毛泽东思想和中国特色社会主义理论体系概论"课程为例,对高校思想政治理论课理论教学与实践教学互动机制的构建进行研究,指出科学把握理论教学与实践教学的互动逻辑、实现理论教学与实践教学的良性互动对于讲好思想政治理论课、提升思想政治理论课教学质量至关重要。思想政治理论课理论教学与实践教学的互动机制,意指其理论教学与实践教学在具体的课程教学过程中所发生的互动关系及其运行机理,它集中地体现在教学内容的内在互释性、教学功能的优势互补性、教学模式的交替共振性三个方面。教学实践表明,高校思想政治理论课理论教学与实践教学互动机制的有效运转离不开具体的课程教学过程,并通过理论教学的认知引领与实践教学的行为养成之间的相互转化加以实现。要实现思想政治理论课理论教学与实践教学的良性互动,必须做到"知行合一",确立思想政治理论课整体性教学观、精心设计教学专题、提升教师综合素质、优化教学评估制度。②

4.关于高校思想政治理论课师资队伍建设的研究

关于高校思想政治理论课师资队伍建设,国内学者主要立足高校思想政治理论课教师的重要作用,从情怀培养、素质提升等方面来研究,指出高校思想政治理论课师资队伍建设要注重提高高校思想政治理论课教师的思想品德、教学技巧、科研能力等多方面的综合素质。

学者谢辉通过研究指出,加强新时代高校思想政治理论课教师队伍建设,要强化政治意识,让有信仰的人讲信仰;提升科研能力,发挥科研对教学

---

① 参见岳金霞:《新时代高校思想政治理论课"三三三"教学模式设计》,《山西高等学校社会科学学报》,2019 年第 9 期。

② 参见陈仁涛:《高校思想政治理论课理论教学与实践教学互动机制的构建——以"毛泽东思想和中国特色社会主义理论体系概论"课程为例》,《高等农业教育》,2018 年第 2 期。

的促进作用;重视实践环节,深入实际调查研究;推动教学改革,发挥大学生的主动性和创造性;加强师德建设,营造风清气正的育人环境;关心教师成长,尊重教师的主体地位。① 学者田霞、王敏从高校思想政治理论课教师理想信念培养的角度出发,认为高校思想政治理论课教师作为思想政治教育工作的主要承担者,肩负着为社会主义现代化建设培养全面发展合格人才的重要责任,他们的信仰与信念价值导向作用鲜明,直接关系高校思想政治理论课的成效,关系大学生理想信念的培养,更关系高校的社会主义办学方向。高校思想政治理论课教师要潜心问道,深入学习马克思主义以坚定科学的信仰;强化自觉,在中国特色社会主义共同理想的指引下积极传道;矢志不渝,追求共产主义远大理想。②

　　学者韩美群、周小芹从高校思想政治理论课教师教学与科研综合能力提升的角度进行研究,认为高校思想政治理论课教师肩负着铸魂育人、立德树人的崇高使命,是思想政治教育主渠道的中坚力量。当前高校思想政治理论课教师队伍建设中存在诸多问题和困境,其中如何处理好教学与科研的关系是一个重要的基础性问题。指出教学是科研的"隐形动力",科研是教学的"源头活水",必须结合新阶段新特征和新要求,从思想理念、行为过程、体制机制等层面,全方位推进高校思想政治理论课教师教学与科研综合能力的提升。③ 学者于安龙立足高校思想政治理论课教师社会实践研修,指出社会实践研修是高校思想政治理论课教学活动的有效延展,是思想政治理论课教师自我提高的重要途径,有利于开阔教师视野、促进教师成长,积

---

　　① 参见谢辉:《加强新时代高校思想政治理论课教师队伍建设》,《中国高等教育》,2019 年第13 期。
　　② 参见田霞、王敏:《高校思想政治理论课教师坚定理想信念的三个着力点》,《思想理论教育导刊》,2019 年第 11 期。
　　③ 参见韩美群、周小芹:《高校思想政治理论课教师教学与科研综合能力提升:逻辑、问题和路径》,《思想教育研究》,2021 年第 2 期。

累教学素材、丰富教学资源,促进相互交流、推动队伍建设,传承地方文化、推动校地合作。进一步推进高校思想政治理论课教师社会实践研修的发展,必须总结成功经验,挖掘先进典型,建立长效机制。具体而言,要减少无序化,推进规范化;杜绝形式化,倡导实效化;反对庸俗化,打造精品化社会实践研修活动。①

陈伟宏认为,办好思想政治理论课关键在教师,思想政治理论课教师承担着塑造时代新人的重任,思想政治理论课能否取得好的教学效果,从根本上说取决于思想政治理论课教师的职业素养。思想政治理论课教师要从三个方面加强自身素养:其一是政治素养,要通过强化自身的政治信仰提升"政治要强""情怀要深"的政治素养;其二是专业素养,要通过扩展自身的专业知识夯实"思维要新""视野要广"的专业素养;其三是道德素养,要通过提高自身的德性塑造"自律要严""人格要正"的道德素养。② 学者黄蓉生、谢忱研究指出,立足"两个一百年"奋斗目标的历史交汇点,高校思想政治理论课教师面临新的发展机遇和挑战。依照首要岗位职责,高校思想政治理论课教师肩负着改革创新使命;对标"六个要"准则,高校思想政治理论课教师应持续提升自身素养。③

学者张国臣研究认为,思想政治理论课作用不可替代,思想政治理论课教师队伍责任重大。打造可信、可敬、可靠的高校思想政治理论课教师队伍,是全面贯彻党的教育方针的必然逻辑,是把握人才培养方向、落实立德树人根本任务的必然选择。对标新时代要求,着力推进思想政治理论课教

---

① 参见于安龙:《高校思想政治理论课教师社会实践研修的价值意蕴与实践理路》,《思想理论教育》,2021 年第 5 期。

② 参见陈伟宏:《论新时代高校思想政治理论课教师的素养》,《思想理论教育》,2019 年第 12 期。

③ 参见黄蓉生、谢忱:《新时代加强高校思想政治理论课教师队伍建设的根本遵循》,《思想教育研究》,2021 年第 2 期。

师队伍建设,就是要强化党的领导、转变思想观念、把握教育规律、强化改革提升,最终形成有效合力。① 学者苏玉波、潘思雨从高校思想政治教育课教师的"情怀"角度进行研究,指出高校思想政治教育是铸魂育人的工作,人文关怀是思想政治教育事业发展的内在动力,这决定了高校思想政治理论课教师必须做到"情怀要深"。具体而言,高校思想政治理论课教师"情怀"的核心包括家国情怀、传道情怀和仁爱情怀三个方面。情怀作为高校思想政治理论课教师的重要素养,影响其责任意识和使命担当的强化、自信力的提升及亲和力的增强。为此,高校思想政治理论课教师要厚植家国情怀,坚守爱国主义精神之魂;树立传道情怀,筑牢马克思主义信仰之基;培育仁爱情怀,把稳以大学生为中心思想之舵,真正做到以教书育人、立德树人为使命,以培养大学生、锻炼大学生为己任,以此提升情怀素养。②

学者徐兴林对民办高校的思想政治理论课教师进行研究,指出新时代对教师的核心素养提出了新的更高要求。民办应用型高校思政课教师提升政治素养、学识素养、职业素养和科研素养这四种核心素养,对于促进自身职业发展和全面提升人才培养质量具有重要作用。提升民办应用型高校思政课教师的核心素养需要四方发力:国家层面,为思政课教师核心素养提升提供政策法规保障;社会层面,为思政课教师核心素养提升提供支持帮助;民办应用型高校层面,为思政课教师核心素养提升提供指导服务;思政课教师层面,以生为本,在学习与实践中提升核心素养。③ 学者胡白云对高校思想政治理论课教师讲好中国故事的基本要求进行研究,指出学习习近平总

① 参见张国臣:《打造可信、可敬、可靠的高校思想政治理论课教师队伍》,《学校党建与思想教育》,2020 年第 10 期。

② 参见苏玉波、潘思雨:《高校思想政治理论课教师"情怀要深"的时代内涵及培育路径》,《思想教育研究》,2021 年第 5 期。

③ 参见徐兴林:《新时代民办应用型高校思想政治理论课教师核心素养提升研究》,《教育与职业》,2020 年第 7 期。

书记关于讲好中国故事的重要论述,通过讲好中国故事提升课堂教学的亲和力是高校思想政治理论课改革创新的必然要求。讲好中国故事需要高校思想政治理论课教师遵循科学的原则并不断创新教学方法,恪守讲好中国故事的基本要求:一是强化讲好中国故事的基本素养,包括育人初心、理论底气和能力自信;二是坚持讲好中国故事的基本原则,即横向比较与纵向比较相统一、社会价值与个人价值相统一、知识传授与文化传承相统一、共性与个性相统一;三是掌握讲好中国故事的精准策略,做到精选故事引兴趣、巧设疑问激好奇、妙用语言讲故事、擅用理论解疑惑。①

学者王岩立足加强高校思想政治理论课青年教师培养问题,通过研究认为,加强青年教师培养是提升思想政治理论课师资队伍质量的关键,关乎思想政治教育改革创新的整体进程。作为高校教师队伍的生力军和后备军,思政课青年教师是决定高校思想政治教育未来发展的关键因素。在当前各高校思想政治理论课教师队伍快速扩充时期,面对政治素养有待提升、综合素养发展不均、职业发展相对受限等队伍建设问题,高校应从坚持政治引领、优化管理体制、强化职业培训、整合内外资源、加强师德建设等方面出发,提高思政课青年教师培养的针对性、有效性,培养具有坚定的理想信念、过硬的教学能力和良好的品行修养的青年教师,为高校思想政治理论教育事业的发展提供不竭动力。② 学者黄广友、薛明骥通过研究高校思想政治理论课教师队伍后备人才培养问题,指出高校思想政治理论课教师队伍后备人才的培养,是构建新时代高校思想政治工作体系和加强马克思主义理论学科建设的一项重要任务。对这一人才群体的培养,要瞄准作为未来思想

---

① 参见胡白云:《高校思想政治理论课教师讲好中国故事的基本要求》,《思想理论教育导刊》,2021 年第 4 期。

② 参见王岩:《关于加强高校思想政治理论课青年教师培养的思考》,《思想理论教育》,2020 年第 10 期。

政治理论课教师的职业素养和马克思主义理论教学研究者的目标,构建既重视政治素质又重视专业修养,既注重本硕博贯通培养又注重分阶段塑造,既重视理论培育又强调实践锻炼,既加强外部条件保障又注重激发内生动力的后备人才培育机制,为高校思想政治理论课建设培养一支数量充足、结构合理、素质优良的后备人才队伍。①

学者柳礼泉、杨葵探讨了高校思想政治理论课教师教学科研一体化问题,认为教学科研一体化是新时代高校思想政治理论课教师的职责所在与使命要求。教学是一种学术类型,学术本身也是一种教学研究。坚持教学科研一体化事关高校思想政治理论课教师的职业发展,必须要把握好在科研中提升教学质量、在教学中提高科研水平的辩证关系。遵循和实践"教学出题目、科研做文章、成果上课堂"的路径,做到教学问题学术化与科研成果教学化,才能实现高校思想政治理论课教师教学科研一体化。②学者郝文斌、黄嘉富研究了高校思想政治理论课教师考核评价内在矛盾问题,指出思想政治理论课教师考核评价主要存在科学研究评价与课堂教学评价、工具性评价与价值性评价、基础研究评价与应用研究评价、个人业绩评价与团队建设评价四对矛盾。其中,思想政治理论课教师科学研究评价与课堂教学评价是主要矛盾,制约着另外三对矛盾。要正确认识和分析思想政治理论课教师考核评价存在的矛盾,推动由矛盾向统一转化,既是完善思想政治理论课教师评价机制的要求,更是为了发挥科研和教学协同育人的作用。③

---

① 参见黄广友、薛明骥:《高校思想政治理论课教师队伍后备人才培养若干问题论析》,《思想理论教育》,2020 年第 9 期。

② 参见柳礼泉、杨葵:《高校思想政治理论课教师教学科研一体化论析》,《马克思主义理论学科研究》(双月刊),2019 年第 6 期。

③ 参见郝文斌、黄嘉富:《高校思想政治理论课教师考核评价内在矛盾的辩证分析》,《思想理论教育》,2019 年第 9 期。

5.关于高校思想政治理论课改革创新路径的研究

关于高校思想政治理论课改革创新路径,国内学者从不同的角度进行了探讨,结合时代发展要求,从体制机制构建、方式方法创新等角度提出了改革创新的路径。

学者王易研究指出,全面推动高校思想政治理论课改革创新既是新形势下党和国家事业发展的战略要求,也是新起点上高校思想政治理论课自身发展的现实需要。推进高校思想政治理论课改革创新既要善于从党对思想政治工作的高度重视、中国特色社会主义的显著成就、中国特色社会主义文化的繁荣发展、课程建设的长期实践和成功经验中提振底气和信心,也要敢于直面国际国内形势的新变化、课程建设发展的新要求、教师队伍建设的新进展、协同发展的新局面。全面推动高校思想政治理论课改革创新要在建立健全体制机制、加强课程建设学理支撑、打造教育教学鲜明特色、完善培养教师队伍等方面全面发力。[①] 学者张楠立足"四史"来开展研究,指出思想政治理论课是高校开展"四史"学习教育的主渠道。加强"四史"学习教育与高校思想政治理论课教学的深度融合,要紧紧围绕课程标准和特点,聚焦教材重难点、社会热点和大学生关注点,创新显性教育与隐性教育相统一的形式和平台,探索推进差异化融合、针对性融合和多样态融合的实践路径。这不仅有助于进一步增强思想政治理论课教学的政治高度、时代广度、历史厚度、思想深度和情感温度,而且对于大学生传承革命精神、打牢理想信念的根基具有重要的现实意义。[②]

学者魏圆圆从协同育人的角度研究高校思想政治理论课与青年马克思

---

① 参见王易:《高校思想政治理论改革创新的多维解读》,《马克思主义理论学科研究》(双月刊),2020年第5期。

② 参见张楠:《"四史"学习教育与高校思想政治理论课教学改革深度融合的探索》,《思想教育研究》,2021年第3期。

主义社团的关系,指出高校思想政治理论课与青年马克思主义社团是高校思想政治教育的两个重要方面。思想政治理论课是主渠道,青年马克思主义社团是重要阵地,在马克思主义思想的指导下,实现二者的协同育人具有注重整合各种教育资源与教育力量、协同各方以形成强大合力、促进人的全面发展等意义,是新形势下加强和改进高校思想政治教育的重要课题。① 学者李娟通过研究认为,思想政治教育具有政治性与学理性的双重属性,政治性是学理性发展的政治保障,学理性是政治性实现的理论基础。目前高校思想政治理论课教学常常把政治性同学理性对立起来或割裂开来,影响思想政治教育目标的实现。高校要加强思想政治理论课教学改革创新,必需实现政治性与学理性相统一,充分发挥高校思政课教师的关键性作用。②

学者王东从劳动教育的角度进行研究,指出劳动教育融入高校思想政治理论课是高校落实立德树人根本任务、培养德智体美劳全面发展的社会主义建设者和接班人的内在要求。新时代推动两者融合发展,必须以强化劳动育人的价值引领力、彰显劳动价值的思想阐释力以及提升劳动教育在思想政治理论课课堂上的实用力为基本内容,深刻阐明劳动教育融入高校思想政治理论课的价值内涵、理论逻辑和实践要求,这对于培养担当民族复兴大任的时代新人具有重要意义。③ 学者彭雪容从媒体时代背景出发进行研究,指出全媒体时代是个大趋势。全媒体不断发展为新时代高校思想政治理论课改革创新提供了重要的技术支持和保障,也不可避免地带来了挑战和问题。全媒体时代,高校思想政治理论课教学要深刻认识这些机遇与

① 参见魏圆圆:《高校思想政治理论课与青年马克思主义社团协同育人关系研究》,《黑龙江高教研究》,2020 年第 11 期。
② 参见李娟:《坚持高校思想政治理论课政治性和学理性的统一》,《中国高等教育》,2020 年第 21 期。
③ 参见王东:《劳动教育融入高校思想政治理论课全过程的三重向度》,《思想教育研究》,2021 年第 4 期。

挑战,并在创新教学理念、优化教学内容供给、更新教学话语体系、创新教学方式等方面下功夫,利用好全媒体的优势,切实提高思政课铸魂育人实效。①

学者陆巧玲、李传兵通过研究大数据与高校思想政治理论课的耦合发展,指出随着信息技术的飞速发展,大数据将触角延伸到高校的每个角落,推动着教育变革,催生出数据化和智能化的高校思想政治理论课思维范式。守正创新、融合发展是大数据时代高校思想政治理论课的新要求,是实现其创新性发展和适应性发展的有效出路。构建个性化教学体系、革新评价方式与教学方式是高校思想政治理论课改革创新的现实需要。大数据自身所具备的特征与高校思想政治理论课的创新发展需求高度契合,这为两者的融合提供了可行性。应通过整合并分析数据、量化数据以及利用大数据交互技术,实现大数据与高校思想政治理论课的进一步融合,促进高校思想政治理论课更加人本化、更具可持续发展动能。②

学者刘晓玲、彭子轩从"供给侧"的角度出发来研究,提出高校思想政治理论课供给侧改革是增强大学生获得感的现实需要,是提升教师整体素质的内在要求,也是提高教学实效性的必然选择。为此,可以从供给主体、需求主体、供给体系三个构成要素之间的矛盾运动中把握高校思想政治理论课供给侧改革的内生动力。随着时代的发展和环境的变化,必须转变理念、构建框架、盘活资源、创新方式,改变传统的供给思路、供给内容和供给方法,系统提升高校思想政治理论课的供给水平。③ 学者李大健、汤瑶、邓红梅从思想政治教育科研成果对于高校思想政治理论课教学的作用出发来研

---

① 参见彭雪容:《全媒体时代高校思想政治理论课教学的优化路径》,《高教学刊》,2021 年第 9 期。

② 参见陆巧玲、李传兵:《协同增效:大数据与高校思想政治理论课的耦合发展》,《学校党建与思想教育》,2021 年第 9 期。

③ 参见刘晓玲、彭子轩:《新时代高校思想政治理论课供给侧改革的实践路径》,《高校辅导员》,2021 年第 2 期。

究,指出高校在将思想政治教育科研成果应用于思想政治理论课教学的过程中,应以"应用"催生思想政治理论课教学的应时力、导向力和矫正力,从而强化教学旨向;应做到"权变性"与"体系性"兼具、"时代性"与"新颖性"兼具,从而活化教学内容;应聚焦"学理性"突出问题导向、聚焦"研究性"革新教学方法,从而助推教学研究。①

学者朱小曼从新发展理念的角度出发来研究,指出"创新、协调、绿色、开放、共享"的新发展理念,是适应经济发展新常态、引领全面建成小康社会的"指挥棒",是指导中国发展实践的核心理念。它的提出同样为新时代高校思想政治理论课科学发展提供了一个全新的视角。以新发展理念推进思想政治理论课改革创新的关键在于:坚持创新发展,为思想政治理论课提供根本动力;促进协调发展,为思想政治理论课营造有序氛围;把牢绿色发展,为思想政治理论课融入生态文明理念;厚植开放发展,为思想政治理论课拓展广阔空间;推进共享发展,为思想政治理论课树立价值坐标。② 学者刘兴平从"知信行统一"视域研究高校思想政治理论课的维度与实践方略,通过研究认为,做好高校思想政治工作,必须发挥思想政治理论课课堂教学的主渠道作用,不断提升思想政治理论课的实效性。在提升思想政治理论课实效性的目标下,"知信行统一"可以成为思想政治理论课的目标理念、过程规律和实践模式。为此,从层次性、主体性、相互转化和生活世界等几个维度开展建设,以充分调动教师、学生和马克思主义学院等在提升思想政治理论课实效性中的主体作用,不断破解思想政治理论课的实践难题,把思想政治

---

① 参见李大健、汤瑶、邓红梅:《以思想政治教育科研成果赋能高校思想政治理论课教学》,《思想教育研究》,2021 年第 2 期。
② 参见朱小曼:《以新发展理念推进高校思想政治理论课改革创新》,《思想理论教育导刊》,2020 年第 11 期。

理论课做细、做精、做实,努力打造"知信行统一"的思想政治理论课育人格局。①

学者盛佳伟结合北京科技大学思想政治工作实践对新时代高校思想政治理论课改革创新进行研究,指出思想政治教育工作是一项系统性工程。目前,高校思想政治教育工作在一定程度上存在日常思想政治教育工作与思想政治理论课"两张皮"的现象。通过北京科技大学思想政治工作实践的分析可以得出,围绕新时期大学生思想政治教育改革要求,通过辅导员和思想政治理论课教师两支队伍协同联动,在推进日常思想政治教育主阵地与思想政治理论课课堂教学主渠道同频共振上下功夫,这对实现大学生思想政治教育工作改革创新、提升思想政治理论课铸魂育人实效性具有促进作用。② 学者张秀荣、张诗豪对新时代高校思想政治理论课教学方法改革创新的动因与路径进行探讨,指出新时代高校思想政治理论课教学方法改革创新的动因包含基于马克思主义中国化理论成果不断创新的学理动因、教学对象年年不同的内在动因、教学环境面临挑战的现实动因、习近平新时代中国特色社会主义思想"三进"要求的实践动因,这是当前高校思想政治理论课教学的核心任务。高校思想政治理论课教学改进创新要采取"三进"视角下的线上线下混合式教学模式、拉康主体间性视角下的师生合作教学方式、关键能力培育视角下的"三三制"教学模式。③

学者傅江浩、赵浦帆探究了高校思想政治理论课教学媒体技术融合改革创新问题,认为信息时代的瞬息万变带动着教育的不断革新,新媒体和新

① 参见刘兴平:《"知信行统一"视域下高校思想政治理论课的维度与实践方略》,《学术论坛》,2020 年第 6 期。

② 参见盛佳伟:《坚持"三个推动"助力新时代高校思想政治理论课改革创新——基于北京科技大学思想政治工作实践的思考》,《思想教育研究》,2020 年第 9 期。

③ 参见张秀荣、张诗豪:《新时代高校思想政治理论课教学方法改革创新的动因与路径》,《学校党建与思想教育》,2020 年第 3 期。

技术融入高校思想政治理论课教学改革呈现出"辅助式、混合式、嵌入式"融合等多种表现形式,效果非常明显。高校思想政治理论课教学改革融合过程中对新媒体和新技术运用的"认同度、达成度、协同度"等方面还有待提升,需要从顶层设计、队伍建设、数据共享三个方面积极构建其深度融合的运行保障机制。① 学者李秀秀、王东维从审美化的视域研究新时代高校思想政治理论课实效性提升路径,认为审美化是彰显高校思想政治理论课吸引力的动力源泉、增强大学生思想政治理论课接受度的情感基础、提升大学生思想政治理论课获得感的重要前提和实现高校思想政治理论课实效性的必然要求。然而,目前高校思想政治理论课教学过程中美的特质没有充分展现出来。新时代高校思想政治理论课应顺应大学生对美好思想政治教育的诉求,把握好"供给"与"需求"的动态平衡,积极推进思想政治理论课内容之美与形式之美的统一:一是提高思想政治理论课教师的审美素养,充分展现教师的人格之美;二是提升大学生审美能力,引导大学生正确认知思想政治理论课本质之美;三是加强马克思主义学科支撑,深入挖掘思想政治理论课教学内容之美;四是坚持显性教育与隐性教育的统一,彰显思想政治理论课教学艺术之美。②

综观以上研究,国内外学者在思想政治教育、高校思想政治理论课等方面均开展了相关的研究并取得了一定的成果,具有较大的借鉴和参考意义,为本研究提供了良好的理论基础,有利于本研究的深入开展。

---

① 参见傅江浩、赵浦帆:《高校思政课教学媒体技术融合改革创新》,《湖北社会科学》,2019 年第 12 期。

② 参见李秀秀、王东维:《新时代高校思想政治理论课审美化的实现路径》,《毛泽东思想研究》,2019 年第 11 期。

三、研究目标与内容

(一)研究目标

笔者旨在结合当今全面深化改革的社会背景、当代大学生身心思想实际特点,以及当前广东高校思想政治理论课教学现状,综合运用政治学、教育学、社会学、心理学等多学科知识,研究新时代高校思想政治理论课教学如何有效地进行改革创新这一问题。笔者深入高校开展实证调查,全面调查当前广东高校思想政治理论课教学现状,深入剖析新时代高校思想政治理论课教学实效性提升的发生机制、影响因素、实现路径等问题,提出新时代高校思想政治理论课教学改革创新路径,构建新时代高校思想政治理论课教学改革创新机制,促进高校思想政治理论课教学实效性不断提升,从而推动我国社会主义事业未来合格的建设者和接班人培养,进一步落实"立德树人"根本任务,为实现中华民族伟大复兴"中国梦"发挥积极作用。具体目标包括以下四个方面:

第一,探索新时代高校思想政治理论课教学的基本规律。高校思想政治理论课是提高大学生思想道德素质的重要途径,是落实"立德树人"根本任务的关键课程,对于大学生思想道德的形成具有重要的作用。面对新形势新情况,党中央对高校思想政治理论课也不断提出新要求,指出在加强和改进高校思想政治理论课教学时要遵循教学规律,充分发挥思想政治理论课育人作用。本书旨在通过理论研究与实证调研,详细剖析新时代高校思想政治理论课教学现状特点,通过理论与实际的结合,综合运用多种方法进行全面剖析,从而把握高校思想政治理论课教学的规律性。同时,在把握规律的基础上进一步科学地进行高校思想政治理论课教学改革,促进高校思想政治理论课教学成效不断提升。

第二，明确新时代高校思想政治理论课教学改革创新的时代要求。高校思想政治理论课教学改革创新要从实际出发、与时俱进，要结合时代发展形势来开展。只有结合时代特征和当代大学生特点有针对性地进行，高校思想政治理论课教学改革创新才能真正取得成效。新时代有新情况新特点，作为高校思想政治工作的重要组成部分，高校思想政治理论课教学要"因事而化、因时而进、因势而新"。新时代高校思想政治理论课教学面临着新的机遇和新的挑战，高校思想政治理论课改革创新要结合新时代的实际要求来进行。本书旨在通过研究探索高校思想政治理论课教学改革的时代背景，明确高校思想政治理论课教学改革创新的时代要求，分析新的时代面临的具体的新机遇和新挑战，把握时代对高校思想政治理论课教学改革创新的要求。只有在顺应历史潮流和现实情况的前提下进行改革，高校思想政治理论课教学的改革创新才能有针对性和实效性，才能切实提升思想政治理论课教学成效。

第三，探讨新时代高校思想政治理论课教学改革创新的有效路径。高校思想政治理论课教学成效对于人才培养目标的实现起着十分重要的作用，而当前高校思想政治理论课教学成效并不明显，有些高校在开展思想政治理论课教学改革的过程中虽然取得了一些成效，但是也仍存在着不少问题，高校思想政治理论课教学成效不明显。笔者通过调查研究、深入剖析来探讨新时代高校思想政治理论课教学改革创新的有效路径，提出开展高校思想政治理论课教学的有效策略，同时在高校开展思想政治理论课教学的过程中加以实施，并切实提升高校思想政治理论课的教学实效性。本书旨在结合当前高校思想政治理论课教学过程中存在的问题和不足，通过研究来提出高校思想政治理论课教学改革创新的有效路径，从而增强高校思想政治理论课教学效果，提高大学生"获得感"。新时代，高校要坚持与时俱进、勇于创新，运用有效的路径有针对性地对思想政治理论课教学进行改革创新。

第四,构建新时代高校思想政治理论课教学改革创新的有效机制。高校思想政治理论课是落实"立德树人"根本任务的关键课程,科学的体制机制是高校思想政治理论课教学得以有效开展的重要保障,也是高校思想政治理论课教学改革创新得以深入进行的重要保障,是促进高校思想政治理论课教学改革持续化、规范化、科学化的必然要求。本书旨在通过调查研究,构建高校思想政治理论课教学改革创新长效机制,提升高校思想政治理论课建设成效,提高高校党建与思想政治工作水平。

(二)研究内容

本书围绕新时代高校思想政治理论课教学改革现状和当代大学生特点,结合新时代发展的新形势新要求,注重理论与实践的结合,在相关学科理论掌握的基础上深入开展调查研究,主要研究新时代高校思想政治理论课教学改革创新的内涵构成及理论基础、高校思想政治理论课教学改革创新的时代要求、高校思想政治理论课教学的现状、高校思想政治理论课教学改革创新的指导依据和基本原则,以及高校思想政治理论课教学改革创新的机制构建等方面内容,具体研究内容如下:

第一,研究新时代高校思想政治理论课教学改革创新的内涵构成及理论基础。第一章的主要内容是针对研究对象进行理论阐释。一方面,对高校思想政治理论课教学改革相关概念进行理论阐释,包括对教学模式、高校思想政治理论课教学模式、高校思想政治理论课教学实效性等概念的内涵的厘清。在此基础上,进一步阐明新时代高校思想政治理论课教学改革创新的内涵,包括组成要素、特点、功能、影响因素等方面。另一方面,对高校思想政治理论课教学改革的理论基础进行详细剖析。研究高校思想政治理论课教学改革创新,把握好改革创新的理论基础具有重要性和必要性,因此对高校思想政治理论课改革创新的理论基础进行梳理阐述是本书的重要内容之一。通过研究,高校思想政治理论课改革创新相关理论包括马克思主义人的本质理论、马克思主义人的全面发展理论、社会学符号互动理论、主体间性理论、社会群体心理认同理论、习近平总书记关于青年教育的重要论述等方面。第一章主要对相关理论丰富的内涵进行阐释,并在此基础上进一步剖析相关理论与高校思想政治理论课教学改革创新的关系,阐明高校思想政治理论课教学改革创新的理论基础。

第二,探讨新时代高校思想政治理论课教学改革创新的时代要求。新时代有新特点新要求,高校思想政治理论课教学改革创新也被赋予了时代新要求。第二章的主要内容是探讨新时代高校思想政治理论课教学改革创新面临的新机遇和新挑战,明确高校思想政治理论课教学改革创新的重要性和必要性。其中,关于新时代高校思想政治理论课教学改革创新面临的机遇方面,主要从党和国家的高度重视、社会的快速发展以及高等教育的改革发展等几个方面展开阐述。关于新时代高校思想政治理论课教学改革创新面临的挑战方面,主要从经济全球化、市场经济的特点、价值多元化、信息化网络化、大学生成长的新变化等几个方面展开阐述。剖析新时代对高校思想政治理论课教学改革创新提出的新要求,研究高校思想政治教学改革创新对于稳定社会主义意识形态局势、加强高校思想政治理论课建设和促进新时代人才培养等方面的重要意义。

第三,聚焦新时代高校思想政治理论课教学的现状特点。第三章主要内容是对调查研究的高校思想政治理论课教学情况进行现状剖析。笔者针对已经开展的实证研究情况,结合实证调研结果详细剖析当前高校思想政治理论课教学存在的问题和特点,分析高校思想政治理论课教学改革创新现状的整体特点、具体表现、存在问题,剖析问题产生的原因,并在此基础上对高校思想政治理论课教学改革创新现状进行基本判断和思考。在科学设计调查问卷的基础上采取问卷调查和个案访谈相结合的方式进行调研。在此基础上,运用马克思主义理论、社会学、传播学、心理学等相关学科对调查结果进行深入分析,全面剖析新时代高校思想政治理论课教学现状并就其特点状况进行判断,深入剖析影响高校思想政治理论课教学成效的原因。

第四,分析新时代高校思想政治理论课教学改革创新的指导依据和基本原则。新时代高校思想政治理论课教学的改革创新需要依据一定的思想和原则来进行,这是把握正确教学方向、尊重科学教育规律的基本要求。第四章的主要内容是研究新时代高校思想政治理论课改革创新所要坚持的指导依据和所要遵循的基本原则,详细阐述了新时代构建高校思想政治理论课教学改革创新机制的指导依据和基本原则两个方面的内容。其中,指导依据方面主要从新时代高校思想政治理论课的课程性质、重要功能和基本特点等几个方面来进行分析,基本原则方面主要从对党的领导的坚持、对思想政治教育相关规律的把握、对"八个相统一"要求的遵循等几个方面来进行论述。

第五,构建新时代高校思想政治理论课教学改革创新机制。第五章的主要内容是在前面四个章节研究的基础上,结合新时代要求和当代大学生特点,研究分析高校思想政治理论课教学改革创新的基本思路、保障机制和实现路径。关于基本思路方面,主要从教学改革方向的把握、教学改革目标的明确方面来阐述新时代高校思想政治理论课教学改革创新的基本遵循,从明确功能定位和做好内容规划来明确新时代高校思想政治理论课教学改革创新的定位规划。关于保障机制方面,主要从领导组织保障、师资队伍保障、物质条件保障等几个方面进行剖析。关于实现路径方面,主要从环境营造、话语建构、师资队伍素质提升、内容体系优化、教学方法创新、教学评价方式改革等方面进行研究。

四、研究方法与创新点

笔者在开展研究的过程中,注重综合采纳多种研究方法来开展,研究方法具有多样性和科学性:一方面注重对相关理论的剖析,注重理论剖析的全面性和深入性;另一方面注重在实践中加以探讨,注重将理论研究与实际调研结合起来,结合现实情况进行探讨分析。同时,笔者也注重结合新时代发展形势和大学生特点,围绕新时代大学生特点,注重理论与实践相结合对"新时代高校思想政治理论课教学改革创新"命题进行深入探讨,研究上具有一定的创新性。

（一）研究方法

笔者在开展研究的过程中,主要是采取理论与实际相结合的方式,在研究方法的选择上,一方面注重对相关理论的剖析,另一方面注重在实践中加以探讨,具体研究方法包括以下三种:

（1）文献研究法。本研究通过对国内外学者们在课题相关研究的著作、译著、论文等成果的研究,收集并整理与本研究相关的文献和资料,研读并剖析与本选题相关的研究成果,对高校思想政治理论课教学的相关理论成果进行学习借鉴,对国内外学界中相关研究成果进行收集和分析。通过结合相关文献资料,从中梳理出研究脉络,奠定好本研究进一步深入开展的相关理论基础。在广泛搜集国内外相关文献的基础上,依据相关文献研究来阐述高校思想政治理论课教学改革的基础理论,同时设计好调查问卷进行调研,最终提出对策建议。

（2）多学科剖析法。本研究主要结合马克思主义理论、社会学、教育学和传播学等与高校思想政治理论课教学相关的学科理论研究,采取多学科理论综合分析法进行分析。在对相关学科理论进行全面梳理的基础上,进一步提出高校思想政治理论课教学改革这一研究课题,分析已有的相关研究成果,进而结合实证研究剖析新时代高校思想政治理论课教学的现状、影响因素和成效提升的有效路径等内容,探讨增进新时代高校思想政治理论课教学成效的有效策略,构建新时代高校思想政治教育教学改革创新机制,将相关学科的理论综合运用到本研究中来。

(3)实证研究法。本研究通过实证调查,科学选取广东省各大类型的高校大学生作为调查研究对象,调查地区包含珠三角、粤东、粤西等地区,调查高校涵盖重点院校和普通本科高校。调查过程中,将问卷调查与个案访谈相结合,调查当前高校思想政治理论课教学现状,了解目前高校大学生的思想政治理论课"获得感"程度,分析影响高校思想政治理论课改革创新成效的因素并对本研究方案提出建设性意见,探索在思想政治理论课教学过程中如何更好地提升教学成效,提升高校德育工作水平。

(二)研究创新点

笔者在开展研究的过程中,注重结合新时代发展形势提出的新要求,围绕当代大学生思想特点,注重理论与实践相结合,综合多种分析方法对"新时代高校思想政治理论课教学改革创新"这一命题进行深入探讨,研究上具有一定的创新性,具体体现为:

(1)研究视角新。本研究立足"八个相统一"要求,从高校思想政治理论课教学的改革创新问题出发来进行研究。研究过程中注重结合高校思想政治理论课改革创新现状和当代大学生思想特点,构建新时代高校思想政治理论课改革创新机制。

(2)研究内容新。本研究结合新时代特征,注重把握新时代高校思想政治理论课改革创新的基本着力点,同时也注重深入高校开展调查研究,了解新时代高校思想政治理论课教学现状,进行新时代高校思想政治理论课改革创新机制实施的试点评估并加以推广。

（3）研究方法新。本研究依据马克思主义理论、教育学、社会学、心理学、传播学等多学科理论，综合采用文献研究法、多学科分析法以及实证研究法等方法，从理论与实践的角度对新时代高校思想政治理论课改革创新机制进行研究。

第一章　新时代高校思想政治理论课教学改革创新的内涵构成及理论基础

第一节　新时代高校思想政治理论课教学改革创新的内涵构成

　　要进行新时代高校思想政治理论课教学改革创新的研究,首先需要对新时代高校思想政治理论课教学改革创新的内涵构成进行清晰界定,这是开展本研究的题中之义。本节就学术界关于教学模式、高校思想政治理论课教学模式、高校思想政治理论课教学实效性等相关研究成果进行梳理,并在此基础上对新时代高校思想政治理论课教学改革创新的内涵构成进行剖析,厘清新时代高校思想政治理论课教学改革创新的内涵构成问题,为研究的进一步开展提供思想指导。在相关理论研究的基础上,笔者对新时代高校思想政治理论课教学改革创新的内涵构成进行了详细阐述。

一、教学模式的内涵

要了解新时代高校思想政治理论课教学改革,需要首先厘清"教学模式"的内涵,而了解"模式"的内涵,是理解"教学模式"的内涵的前提。"模式"一词英语为"model",是"样式""范式"的意思,来源于拉丁文"modulus",指的是"某种事物的标准形式或时人可以照着做的标准样式"①。国外学者也对"模式"这一概念作了研究并给予了相应解释。英国传播学家丹尼斯·麦奎尔从社会学的角度进行研究,认为模式是"用图像形式对某一客观现象进行有意简化的描述。每个模式试图表明的是任何结构或过程的主要组成部分以及这些部分之间的相互关系"②。美国学者托马斯·库恩从自然科学的角度研究,指出模式是"普遍公认的科学成就,这种成就能够在短期内为实践者提供模型问题和解答"③。我国学者钟志贤通过研究认为:"所谓模式是依据一定的理论基础表征活动和过程的一种模型或形式。一种模式蕴含着一定的理论倾向,代表某种活动结构或过程的范例,一般通过数学、图文或文字的形式,以一种简洁的形式再现活动的结构和操作程序。"④

可见,对于"模式"内涵的研究,国内外学者有了一定的研究成果并给予了一定的定义。随着社会的发展,"模式"的概念也应用于政治、经济、文化等各领域。结合以上对于"模式"的相关定义可以得出,模式是一种在对研究对象进行理论概括,并在此基础上形成的一种反映研究对象、能得以被推

---

① 中国社会科学院语言研究所词典编辑室:《现代汉语词典》,商务印书局,2010 年,第 961 页。

② [英]丹尼斯·麦奎尔:《大众传播模式论》,祝建华译,上海译文出版社,2008 年,第 2 页。

③ [美]托马斯·库恩:《科学革命的结构》,金吾伦、胡新和译,北京大学出版社,2003 年,第 6 页。

④ 钟志贤:《大学模式革新:教学设计视域》,教育科学出版社,2008 年,第 89～90 页。

广运用的可模仿、可再生的样式。可见,"模式"具有理论联系实践的特点,是理论概括与实践运用的结合。这就要求我们要创立模式并加以推广,同时也要与时俱进不断对既有模式进行改革创新以适应实践的需要。

关于"教学模式",国内外学者也展开了探讨并形成了相关研究成果。西方学者夸美纽斯、杜威、赫尔巴特等都开展过相关研究,我国古代教育家孔子也进行了探讨。其中,夸美纽斯的《大教学论》的出版是现代教学模式出现的标志,赫尔巴特的《普通教育学》则真正把教学模式化,提出了教学形式"四阶段论",后面又创立了"五段教授法"。学者乔伊斯和韦尔指出:"教学模式是一种可以用来设置课程(诸学科的长期教程)、设计教学材料、指导课堂和其他场合的教学计划和类型。"[①]学者乔伊斯和韦尔的提法标志着教学模式研究已经发展成为一种系统的教学理论。关于"教学模式"思想,我国古代教育家孔子提出学、思、习、行等几个方面是教学活动的重要表现因素。从此以后,学界对于教学模式的关注与研究越来越多,不同学者在研究过程中形成了不同的观点。总结起来,关于"教学模式"的研究,学者们的观点主要集中在以下三个方面:

第一,教学模式是一种教学过程。持有这种观点的学者们将教学模式归属于教学程序的范畴,将教学模式等同于教学过程。学者吴立岗通过研究提出,"教学模式是依据教学思想和教学规律而形成的在教学过程中必须遵循的比较稳固的教学程序及其方法的策略体系,包括教学过程中诸要素的组合方式、教学程序及其相对应的策略"[②]。《教育大辞典》中指出,"教学模式是在一定思想或教学理论指导下建立起来的、较为稳定的教学活动结构框架和活动程序"[③]。

---

① 丁证霖等编译:《当代西方教学模式》,山西教育出版社,1991 年,第 1 页。
② 吴立岗:《教学的原理、模式和活动》,广西教育出版社,1998 年,第 179 页。
③ 顾明远主编:《教育大辞典》,上海教育出版社,1997 年,第 4 页。

第二，教学模式是一种结构组成。持有这种观点的学者们将教学模式归属于结构论的范畴。学者赖志奎通过研究认为，"教学模式是指在一定的教学思想或理论指导下，设计和组织教学而在实践中建立起来的各种类型教学活动的基本结构，它以简化的形式稳定地表现出来"①。

第三，教学模式是一种教学方法。持有这种观点的学者们将教学模式归属于教学方法的范畴，将教学模式等同于教学方法、教学策略。美国学者保罗（Polo D. Eggen）等人认为，"所谓教学模式，就是为完成特定的教学目标而设计的具有规定性的教学策略"②。

结合学者们的各种观点，关于"教学模式"的内涵可定义如下：教学模式是遵循某种教学思想和教学理论，并在此基础上，结合教学目标和教学任务，根据教学规律和大学生特点，依靠教育教学平台，按照一定的教学活动程序，在教学实践中形成的比较稳定的、系统的、可参照的一种教学行为范式。教学模式随着教学实际情况和大学生的特点变化而变化，需要不断进行改革创新。

二、高校思想政治理论课教学模式的内涵

明确高校思想政治理论课教学模式的内涵，是开展高校思想政治理论课教学改革创新的题中之义。学界对高校思想政治理论课教学模式内涵进行了研究，也形成了一些观点。综观学界相关研究成果，学者们大多数是从教学模式的角度来定义高校思想政治理论课教学模式的内涵。有学者从教学目标的角度出发，指出高校思想政治理论课教学模式是依据现代思想政

---

① 赖志奎：《现代教学论》，浙江教育出版社，1998 年，第 108 页。
② ［美］保罗·D. 埃金、唐纳德·P. 考切克、罗伯特·J. 哈德：《课堂教学策略》，王维城等译，教育科学出版社，1990 年，第 11 页。

治理论课理论和实践,促进教育双方自我教育、自我管理、自我发展,以增强和发挥人的能动性为导向的理论模型和实践范式。有学者从教学过程的角度出发,通过研究认为,高校思想政治理论课教学模式是"思想政治教育工作者基于一定的思政教育和教学理念,在一定的思政教育教学目标引领下,整合教学资源,按照教学程序开展教学活动的循环范式"①。有学者从教学方法的角度出发,研究指出高校思想政治理论课教学模式是"思想政治课教学的一般操作样式"②,也有学者研究认为高校思想政治理论课教学模式是"以大学生为主体,以学科知识为背景,以案例材料为依据,以多媒体技术为手段,以素质能力的培养为目的"的一种模式。③

总体而言,学者们对于高校思想政治理论课教学模式从不同角度进行了探讨,结合学者们的相关观点,笔者认为,高校思想政治理论课教学模式的定义可以从广义和狭义的角度来理解。从广义的角度而言,高校思想政治理论课教学模式包括课堂教学模式,也包括课堂之外的实践教学、网络教学等模式,是大思政教学模式的结合。从狭义的角度而言,高校思想政治理论课教学模式主要是指高校思想政治理论课课堂教学模式,是指教师依据一定的教学思想和教学理念,围绕教学目标和教学任务,按照一定的教学程序来开展课堂教学活动,对大学生进行马克思主义理论和中国特色社会主义理论体系教育的一种教学范式。因此,高校思想政治理论课教学模式就是指在一定的教学思想或教学理论的指导下,教育者和受教育者、教学环境和教学资源等因素按照一定的教学程序、围绕一定的教学目标进行整合、互动,从而达到教学目标和完成教学任务的一种教学行为范式。

---

① 吕春燕:《民办高校思想政治理论课教学模式改革探讨》,《经济研究导刊》,2012 年第34 期。

② 张志荣、薛忠义:《试析高校思想政治理论课教学模式的整体框架》,《黑龙江高教研究》,2013 年第 4 期。

③ 参见姜冰:《试论高校思想政治理论课课堂教学的基本模式》,《思想政治教育研究》,2006 年第 5 期。

由于高校思想政治理论课主要在于宣传马克思主义理论和中国特色社会主义理论体系等相关内容,旨在培养大学生树立正确的思想道德观念,因此高校思想政治理论课教学模式除了具备一般教学模式的特点,也具备思想政治理论课独特学科特征。高校思想政治理论课教学模式的建构和运用受到思想政治教育学科教学规律的制约,其中包括双向互动规律、内化外化规律、实践认识规律等。高校思想政治理论课教学模式的构建与运用,能够促进知识向思想转化、思想向行为转化,能够使得大学生真正将马克思主义理论和中国特色社会主义理论体系作为生活、学习的指导,树立正确的价值观,不断提升自身综合素质并在行动中加以践行。

三、高校思想政治理论课教学实效性的内涵

高校思想政治理论课改革创新的目的是提升高校思想政治理论课的教学实效性。厘清高校思想政治理论课教学实效性内涵,才能更好地开展高校思想政治理论课教学改革创新。张耀灿、郑永廷等学者通过研究指出:"思想政治教育的实效性,主要指方法的可操作性,实践的可行性,产生良好结果的可靠性。"①由此我们可以得出,高校思想政治理论课教学实效性指的是在高校开展思想政治教育理论课教学活动的过程中,高校思想政治理论课的教学方法具有可操作性,教学实践具有可行性,通过高校思想政治理论课教学取得良好的教学成效。

因此,笔者认为高校思想政治理论课教学实效性的内涵可以进行界定如下:在党和国家的宏观规划下,高校思想政治教育工作者结合教学目标,运用灵活可行的教学方法对大学生进行马克思主义相关理论的教育,完成

---

① 张耀灿、郑永廷等:《现代思想政治教育学》,人民出版社,2006年,第134～137页。

规划的教学目标和既定的教学任务,增强大学生的"获得感",使得大学生掌握理论知识并将把所学知识入脑入心,树立正确的思想道德观念,同时也学以致用,将所学知识运用到自身的学习、生活中去,真正达到通过思想政治理论课教学使得学生"学于心,践于行",使得学生提升自身思想道德素养并将所学所思切实运用到实践中去。因此,探讨高校思想政治理论课教学实效性就研究高校思想政治理论课教学是否切实取得了良好的教学效果,即探讨通过高校思想政治理论课教学活动的开展,教师的教学方法等方面是否科学可行,大学生对马克思主义相关理论是否入脑入心并学以致用。

关于高校思想政治理论课教学实效性的研究,需要明确以下两个方面问题:第一,教师所运用的教学方法是否有效。比如教师的课堂教学、课外实践、网络讲授等教学方法是否适当有效。在开展思想政治理论课教学的过程中,教师所采用的教学方法是否灵活、是否容易被大学生所接受,通过教学方法的实施是否让大学生成功地接收、掌握课程知识,这是影响高校思想政治理论课教学效果的重要问题。第二,大学生所学习的课堂知识是否入脑入心并学以致用。其一,通过高校思想政治理论课教学活动的开展,大学生是否对所学知识真信真用,这是衡量高校思想政治理论课教学成效的重要方面。大学生是否真正理解、掌握并接纳马克思主义理论相关知识,这是衡量高校思想政治理论课教学成效的指标之一。高校思想政治理论课教学,首先要让大学生能够理解并接纳马克思主义理论相关知识,让大学生做到"真信真懂",这是大学生"学以致用"的前提。其二,高校思想政治理论课的教学,不仅仅是要大学生掌握马克思主义理论相关知识,还要求大学生将所学知识内化于心、外化于行,将所学所思应用到实际行动中去。高校思想政治理论课教学的目标是落实"立德树人"根本任务,教育大学生运用所学的马克思主义理论相关知识去武装头脑并内化于心提升自身的思想素质,外化于行养成良好的道德品质和行为习惯,教育学生将所学的知识作为行为的向导,切实运用到工作和生活中去。衡量高校思想政治理论课教学成效的高低,必须分析大学生在学习之后的行为表现,大学生学习后的行为表现是衡量教学成效的重要方面。

高校思想政治理论课教学的实效性,衡量的是通过高校思想政治理论课教学活动的开展,是否完成了高校思想政治理论教育的目标和任务,是否培养了大学生的正确思想观念,是否对其思维方式与行为方式产生深远的影响。这种实际效果可体现在两个方面:第一,课堂教育上,教师的知识传授得到大学生的积极回应和配合。课堂上,高校思想政治理论课受到大学生们的喜爱,大学生有学习热情并积极参与课堂相关教学活动,通过课堂学习较好地掌握相关知识;在听讲后能真正理解和掌握课堂所学知识,对于课堂老师所教授的知识能够学懂弄通。第二,课后表现上,大学生将课堂知识"内化于心"并"外化于行"。具体表现为大学生在课堂学习结束后,能够真正理解马克思主义相关理论,树立了正确的思想观念,并学以致用,用先进的理论指导自身的学习、生活,切实将"学懂弄通"的知识在行动中"做实"。

毛主席曾指出:"我们的任务是过河,但没有桥或没有船就不能过。不解决桥和船的问题,过河只是一句空话。不解决问题,任务也只是瞎说一顿。"①可见,要达成一定的目标完成一定的任务,就需要一定的条件,只有创设一定的条件,才能完成一定的目标。对于面临的问题、任务,我们要创造条件来解决问题,完成任务。高校思想政治理论课教学实效性的提升,要求我们对高校思想政治理论课教学进行改革创新,建立和不断改革教学模式以适应新时代要求。

---

① 《毛泽东选集》(第三卷),人民出版社,1991 年,第 1005 页。

四、新时代高校思想政治理论课教学改革创新的内涵

新时代高校思想政治理论课教学创新研究的就是在新时代新形势下，如何通过改革创新来提升高校思想政治理论课的教学成效。在以上相关定义研究的基础上，探讨新时代高校思想政治课教学改革创新，可以从以下四个方面来理解。

1. 新时代高校思想政治理论课教学改革创新的要素

高校思想政治理论课教学改革创新的过程，也是多因素共同作用的过程，多方面因素对高校思想政治理论课都产生着影响。只有综合考虑各个因素的影响，高校思想政治理论课教学改革才能得以顺利进行。开展高校思想政治理论课教学改革创新，需要考虑的因素主要包括以下方面：

第一，改革创新指导理论。科学的理论指导是进行高校思想政治理论课教学改革创新的前提保障。改革创新科学、合理，提升教学成效，首先要有科学的理论进行指导，这是高校思想政治理论课进行改革创新的前提。没有科学的理论作为指导，高校思想政治理论课教学改革创新就没有了根基，没有了方向。一般而言，高校要进行思想政治理论课教学改革创新，首先要结合党和国家相关理论政策，按照党和国家的规划目标，同时运用教育学、心理学、社会学等方面的理论，科学做好规划，构建合理的教学模式，从而有效地开展教学活动提高教学成效，才能达到改革创新的目的。

第二，改革创新成效目标。改革创新成效目标是指通过教学改革创新所能达到的教学成效的设想和期望。改革创新成效目标是高校思想政治理论课教学改革创新的核心因素，明确的、科学的改革创新成效目标是改革创新取得成效的关键点。没有明确、科学的教学成效目标，高校思想政治理论课教学改革创新就失去了方向，失去了衡量标准，难以取得好的成效。教学

的改革创新都是为了提升教学成效,达到某种教学效果。因此,明确改革创新目标是高校思想政治理论课教学改革的重要环节。科学的改革创新成效目标有利于指引高校思想政治理论课进行教学改革,有利于推动高校思想政治理论课教学改革顺利进行。

第三,改革创新实施条件。改革创新的实施条件是高校思想政治理论课教学改革创新得以运行的必要因素。只有具备了所需要的特定条件,高校思想政治理论课教学改革创新才能顺利实施,才能完成既定的教学任务,达到既定的教学目标。高校思想政治理论课教学改革创新的实施条件包括客观条件也包括主观条件。其中,客观条件主要指的是教学环境、教学资源、教学对象、教学方法等方面;主观条件主要指的是教学态度、教学情感等方面。在教学模式运作的过程中,要充分协调发挥主客观条件的作用,综合运用各方面条件来开展改革创新,这样才能取得成效。学者吴文侃通过研究指出:"有利的条件能使大多数大学生很好地进行学习,并能从学习中获得满足。"①可见,有利的条件是高校思想政治理论课教学改革创新得以运作、取得成效的重要因素,能够为大学生的学习创设良好的环境,能够提升大学生的"获得感"。只有具备了相应的所需条件,高校思想政治理论课教学改革创新才能得以有效进行。

第四,改革创新运作程序。改革创新运作程序是高校思想政治理论课教学改革创新得以实施的必要环节。改革创新运作程序也即改革创新实施策略,改革创新具体操作的方法和实施过程,是教学模式的具体操作步骤。高校思想政治理论课教学改革创新主要是对思想政治理论课教学模式的改革创新,并通过思想政治理论课教学活动来实现。而就高校思想政治理论课教学模式而言,教学模式都是通过不同的教学环节来组成,通过教学程序

---

① 吴文侃:《当代国外教学论流派》,福建教育出版社,1990年,第248页。

来体现。教学程序既具有稳定性又具有灵活性。一方面,教学程序规定了教学活动的具体实施程序和操作方法,具有相对稳定性。另一方面,由于教学过程各因素不同,教学程序也具有灵活性,要因时而异、因人而异,高校思想政治理论课教师在教学活动过程中要结合不同的教学环境、教学对象而适时改变教学程序,具体的设计程序要结合具体的教学实际适时调整。

第五,改革创新评价体系。改革创新评价体系是高校思想政治理论课教学改革创新的重要构成部分,是对教学改革的监督与反馈。改革创新评价体系是依据一定的标准对改革创新成效的评判,是高校思想政治理论课通过教学改革创新而完成教学目标情况的考量和评价,是对教学改革创新是否科学合理、是否完成既定教学目标进行的满意度反映。高校进行思想政治理论课教学改革创新,需要通过评价体系来衡量改革创新的效果,并结合评价情况不断调整和优化教学活动,从而达到最满意的教学效果。由于高校思想政治理论课教学改革创新主要是通过教学模式的改革创新来实现,而不同的教学模式都有自身既定的教学目标和教学任务,其实施条件和教学程序也各不相同,因此对于高校思想政治理论课教学改革创新的评价标准与方式也不一样。进行评价的过程中,要建立科学的评价体系,注重评价体系的科学性和合理性,同时要结合具体的教学模式选取具体的评价标准来开展。

2.新时代高校思想政治理论课教学改革创新的特点

新时代高校思想政治理论课教学改革创新具有一定的特点,一方面,高校思想政治理论课教学作为一般课堂教学的类型之一,具备一般课堂教学的特点。另一方面,作为思想政治理论课,基于其课程自身特殊性,高校思想政治理论课教学具有自身的特点。新时代高校思想政治理论课教学改革创新以高校思想政治理论课教学为对象,具有以下特点:

第一,改革创新具有目标指向性。任何一种教学模式都是依据一定的教学思想或教学目标而构建,都是围绕着一定的教学目标、教学任务,通过特定的实施条件和教学范围来开展具体的教学活动。高校思想政治理论课教学改革创新作为针对高校思想政治理论课教学模式的改革创新,除了具有一般教学改革的特点,更加具有自身目标指向性的特点。高校思想政治理论课教学主要是对大学生开展马克思主义相关理论的教学,目的在于培养大学生树立正确的思想道德观念。高校思想政治理论课教学改革创新主要是针对当下高校思想政治理论课教学存在的问题进行的改革创新,旨在通过改革创新提高教学成效,落实"立德树人"任务,按照党和国家人才培养要求做好对大学生思想道德观念的教育引导。因此,新时代高校思想政治理论课教学改革创新要注重明确改革创新目标,按照正确的改革方向来进行改革创新。

第二,改革创新具有时代时效性。新时代高校思想政治理论课教学改革创新,是针对时代要求而进行的改革创新。新时代具有新情况新特点,对高校思想政治理论课教学也提出了新要求。高校思想政治理论课教学成效的提升,需要高校进行思想政治理论课教学改革创新。在改革创新过程中,新的教学模式的构建要结合时代要求来思考,要结合时代发展形势来开展。同时,高校思想政治理论课教学模式的运作受到各种主观条件和客观条件的制约,而主客观条件会随时现实情况的变化而变化,在具体实施过程中会受到教学环境、教学条件、教学内容、大学生特点等各种因素的影响。因此,高校在进行思想政治理论课教学改革创新过程中,要结合时代变化和教学实际来适时调整相关策略,需要根据实际情况在教学实践中灵活运用已有教学模式,适时调整实施方案,从而才能取得相应的教学成效,达到改革创新的目标。

第三,改革创新具有整体完整性。高校思想政治理论课教学改革创新主要是指针对高校思想政治理论课教学模式的改革创新。高校思想政治理论课教学模式有着既定的教学目标,是教学理念和教学实践的统一体,具有整体性特点,包含着一整套完整的教学结构、运作条件和操作程序,这些因素相互作用、有机统一。在思想政治理论课教学活动开展的过程中,教师按照这个完整的教学程序来达到相应的教学目标。新时代,在高校开展思想政治理论课教学改革创新的过程中,教师要注重把握改革创新的教学模式整体完整性,从而发挥有机整体的作用,取得更好的教学效果。

第四,改革创新具有现实操作性。高校思想政治理论课教学改革创新的过程也是高校思想政治理论课教学模式改革创新的过程。一般而言,教学模式是对教学实践活动的概括,是教学思想或教学理论的具体化、可操作化的体现,教学模式来源于教学实践也作用于教学实践。通过改革创新的高校思想政治理论课教学模式规定了思想政治理论课教师的教学程序和教学行为,通过教学实践活动得以体现,具有可操作性。只有具有可操作性的改革创新,才是具有实质意义的改革创新,改革创新的目的也是推动教学实践的开展。高校思想政治理论课教学改革创新这一特点也要求在改革创新过程中,高校要注重把握其现实操作性,从而才能切实提高教学成效,达到预期教学目标。

3.新时代高校思想政治理论课教学改革创新的功能

第一,新时代高校思想政治理论课教学改革创新具有示范引导的功能。新时代高校思想政治理论课教学的改革创新,构建了切合时代需求和大学生特点的新时代高校思想政治理论课教学模式,作为一种范式具有较为完备的理论运用于实践的操作程序,对于具体的教学活动的开展有着完整的教学程序和构想。通过教学改革创新,高校思想政治理论课教师在规范的思想政治理论课教学模式的指导下,能够更加明确思想政治理论课教学规范与做法,较快地掌握教学技巧,减少对教学活动的盲目探索,从而更好地开展教学实践活动。

第二,新时代高校思想政治理论课教学改革创新具有诊断调节的功能。高校思想政治理论课教学改革创新教学模式需要通过教学实践活动来实施,并在实践中得以检验。在进行改革创新实践活动的过程中,教师可以通过教学模式发现教学活动中存在的问题,并对存在的问题进行分析和解决,从而不断改进教学活动,促进教学活动规范化。同时,高校思想政治理论课教学模式揭示了思想政治理论课教学活动规律性,而具体的思想政治理论课教学模式需要具备相应的主客观条件才能得以实施。因此,高校思想政治理论课改革创新的教学模式可以帮助高校思想政治理论课教师在教学活动开展的过程中对教学过程进行控制和调节,发现教学过程中存在的问题并针对所发现的问题去寻找解决问题的办法,从而更好地开展教学活动,提高教学成效。

第三,新时代高校思想政治理论课教学改革创新具有优化提升的功能。通过高校思想政治理论课教学改革创新构建高校思想政治理论课教学模式,而高校思想政治理论课教学模式的运用能够有效地促进教学活动不断优化,成为一个有机的系统。高校思想政治理论课教学模式具有灵活性,在高校思想政治理论课教学活动开展过程中,教学目标与教学条件、教学程序等因素要相互适应。一旦教学目标发生变化,教学活动中的其他因素就要相应改进,教学模式就要相应创新。只有适应了教学目标的教学模式才是有效的教学模式,才能促进教学改革,取得教学成效。因此,通过高校思想政治理论课教学模式的改革创新,能够促进整个教学系统的改进与优化。

4. 新时代高校思想政治理论课教学改革创新的影响因素

新时代高校思想政治理论课教学改革创新的目的是提高高校思想政治理论课教学实效性。改革创新这一过程受到多种因素的影响。高校思想政治理论课教学的过程,主要包括以下几个方面要素:高校思想政治理论课教育者——教师、高校思想政治理论课受教育者——大学生、高校思想政治理论课教育载体、高校思想政治理论课教育环境等,这些因素都影响着高校思想政治理论课教学的改革创新,影响着高校思想政治理论课的教学实效性。具体体现如下:

第一,教育者——高校思想政治理论课教师。教师作为教学过程中的教育者,是新时代高校思想政治理论课教学改革创新的重要影响因素。在开展思想政治教育的过程中,教师作为教育者既是理论的掌握者又是理论的传播者,是思想政治教育开展的主导者,是思想政治理论课教学的主要实施者。因此,在思想政治理论课教学中,高校思想政治理论课教师作为整个思想政治理论课教学过程的主导者,能否发挥好其主导作用,将对高校思想政治理论课教学实效性有着深刻影响,是思想政治理论课教学改革创新的重要影响因素。高校思想政治理论课教师能否发挥好主导作用,主要是看其是否具备完整的思想政治理论课教师基本素质,包括思想政治素质、知识能力素质、身体心理素质、教学教育魅力等多个方面的素质。作为教育者,高校思想政治理论课教师只有不断提升自身的综合素质,才能促使高校思想政治理论课教学改革创新得以顺利实行,才能促进思想政治理论课教学实效性的提升。

第二,受教育者——新时代大学生。大学生作为高校思想政治理论课的教育对象,也是高校思想政治理论课教学改革创新的重要影响因素。新时代大学生具有自身的思想特点,具有能动性、自主性和创造性等性格思想特征。新时代大学生在自我思维方式、品德习惯的形成,在思想政治理论课教学过程的参与、相关知识的学习等方面均具有能动性、自主性,而且在思考问题的过程中具有创新性特点。这就要求高校思想政治理论课教师在面对不同的大学生时必须要做到因材施教,针对不同的教育对象有针对性地采用不同教学方法,这样才能调动大学生在思想政治理论课上的能动性。同时,新时代大学生作为一个独立的个体具有自主性,具有自我教育的能力。因此,高校思想政治理论课教师要注重发挥好大学生的自主性,重视大学生在学习过程中的主体性地位,使其自主能力的发挥与思想政治理论课教学过程相适应,树立明确的思想政治理论课学习目标和积极的学习态度,从而增强大学生的思想政治理论课学习效果。新时代高校思想政治理论课教学改革创新要求把握新时代大学生特点,把握大学生作为受教育者的主体性作用,要善于在教学过程中分析把握好大学生的心理特点,针对大学生的特点来设计和落实思想政治理论课教学。

第三,教育载体。高校思想政治理论课教育载体作为高校思想政治理论课教育者与大学生的联系纽带,是高校思想政治理论课教学改革创新的重要条件,教育载体对于提升高校思想政治理论课教学实效性起到很关键的作用。高校思想政治理论课教育载体主要包含了课堂教育载体和课外教育载体两个方面。其中,课堂教育载体主要指的是在思想政治理论课课堂教学中所运用的教材、教具、课堂教学活动等方面因素,课外教育载体主要指课外实践活动、校园文化、家庭文化、社会文化、传媒载体等方面因素。新时代高校思想政治理论课教学改革创新需要注重发挥课堂内外教育载体的作用,才能提升高校思想政治理论课教学的实效性,完成教学改革创新目标。

第四,教育环境。高校思想政治理论课教育环境是高校思想政治理论课教学得以正常开展的必要条件,没有教育环境,教学活动也无从开展,教育环境对高校思想政治理论课教学实效性的影响不容忽视。高校思想政治理论课教学改革创新必须充分发挥思想政治理论课教育环境的作用,教育环境是影响改革创新成效的重要方面。学者沈国权通过研究指出:"思想政治教育环境是经过主观调控和创造而形成的,保证思想政治教育顺利开展的环境条件。"①高校思想政治理论课的教育环境主要包括了校园环境、家庭环境、社会环境、网络环境等几个方面,这些因素都对高校思想政治理论课教学成效具有较大的影响。大学生平时的学习生活都离不开这些环境,这些环境影响着大学生的思维方式与行为习惯,影响着大学生的认识内容与认识活动。具体而言,高校校园环境作为大学生参与思想政治理论课学习和个人生活的环境,是大学生接受系统教育的过程中接触最多的环境,对大学生具有重要的导向作用,良好的校园环境有利于大学生的成长成才。同时,家庭环境作为大学生出生与成长的原生环境,家庭环境的氛围、家人的言行举止等方面都对大学生思想品德的形成具有深远持久的影响。而社会环境是大学生平时生活所处的宏观大环境,社会环境的好坏对大学生的影响也十分重大,社会风气的好坏则会影响大学生的思想品德的形成。另外,新时代是网络化信息化时代,网络环境是大学生日常学习、生活过程中所必然接触到的环境。网络化信息化社会环境增强了大学生与外界的联系,开阔了大学生的视野;但与此同时,社会上一些负面的信息、错误的思想也给大学生带来了负面影响,对大学生正确思想的形成产生不利影响,因此网络化信息化社会环境既对高校思想政治理论课教学的改革创新提供了便利也提出了挑战。新时代高校思想政治理论课教学改革创新要重视良好环境的创设,发挥良好环境对教学改革的促进作用。

---

① 沈国权:《思想政治教育环境论》,复旦大学出版社,2002 年,第 7~8 页。

第二节　新时代高校思想政治理论课教学 改革创新的理论基础

　　新时代高校思想政治理论课教学改革创新命题,是思想政治教育研究命题内容之一,是基于马克思主义理论学科、教育学、社会学、心理学等相关学科的研究,涉及多学科相关理论。新时代高校思想政治理论课教学改革创新命题的提出,具有相关的理论借鉴依据,是基于相关学科理论而开展的研究。本节通过梳理马克思主义理论、社会学理论、教育学理论、习近平总书记关于青年教育的重要论述等相关理论,探讨新时代高校思想政治理论课教学改革创新的理论依据。

一、马克思主义人的本质理论

　　关于人的本质的论述,是马克思主义理论中的重要内容。马克思主义人的本质理论具有丰富的内涵,揭示了人之所以为人的根本特征,这为新时代高校思想政治理论课教学改革创新提供了理论依据。

　　(一)马克思主义人的本质理论的丰富内涵

　　关于人的本质,马克思指出:"人的本质不是单个人所固有的抽象物,在其现实性上,它是一切社会关系的总和。"[1]可见,人不仅具有自然属性而且具有社会属性,其中自然属性指的是人为了维持生存所作的相关生物本能

---

　　[1]　《马克思恩格斯选集》(第一卷),人民出版社,2012 年,第 135 页。

活动,包括人们的生存、繁殖、获取食物等方面的生物本能活动,体现的是人的"生物人"特征。社会属性指的是人们基于物质资料生产而形成的相互交往的属性。人与动物有着本质区别,人与人之间会形成社会关系。归根到底,人的本质属性是人的社会属性,是一切社会关系的总和,人的本质也体现在人的社会关系的丰富发展上。人是生活在社会中的人,人都要处于一定的社会关系中而存在,离开了社会关系的人是不存在的。人的本质体现在物质生活条件的现实历史社会当中,人的存在与发展需要在一定社会关系中才得以实现。只有具备各种社会关系的人,才是真正意义上的人。马克思指出:"社会关系实际上决定着一个人能够发展到什么程度。"①在马克思看来,人的生存发展需要在一定的社会关系中才能得以实现,人的发展程度受其社会关系状况所影响。马克思也指出:"一个人的发展取决于他直接或间接地进行交往的其他一切人的条件。"②可见,马克思认为,人的本质并不是简单的抽象的个人,而是存在于人的社会关系中,人的本质属性体现为人的社会性。人的发展要通过与他人的交往来实现,人的社会关系的丰富和发展会促进个人的全面发展,与其他人的交往是个人发展的重要影响因素。马克思主义关于人的本质理论指出,人的本质具有以下特点:

第一,人具有社会性。社会属性是人的根本属性,是人区别于动物的本质属性。人的存在具有自然属性和社会属性两个方面,而社会属性是人的本质的体现。人处于一定的社会关系中而存在,没有了社会性,就没有人生存的意义。

第二,人具有历史性和现实性。人的本质不是一成不变的,是随着社会的发展而不断变化发展着的,不同的历史阶段人的本质也不尽相同。人类

---

① 《马克思恩格斯全集》(第3卷),人民出版社,2002年,第443页。
② 《马克思恩格斯全集》(第46卷·上),人民出版社,2003年,第36页。

的社会关系会随着社会生产力的发展而发展。另外,随着人的关系、思想、道德观念等方面的变化,人的本质也会不断发展变化。人作为生活在社会历史当中的一员,人的本质是历史的现实的,人总是生活在现实的社会关系中并受其制约。而且,人具有主观能动性,人的活动具有实践性,"我们不是从人们所说的、所想象的、所设想的东西出发,也不是从只存在于口头上所说的、思考出来的、想象出来的、设想出来的人出发,去理解真正的人。我们的出发点是从事实际活动的人"①,"人的类特性恰恰是自由自觉的活动"②。因此,人的本质是随着社会的发展变化而不断发展变化的,人具有历史性和现实性。

（二）马克思主义人的本质理论与新时代高校思想政治理论课教学改革创新

马克思主义关于人的本质理论给新时代高校思想政治理论课教学改革创新奠定了理论基础。基于马克思主义关于人的本质的论述,新时代高校思想政治理论课教学改革创新必须遵循高校思想政治理论课教学及其模式的形成、发展规律,必须遵循当代大学生特点。

高校在开展思想政治理论课教学改革创新时,相关内容、要求、措施要符合马克思主义人的本质理论,在确定教学目标、教学内容和选择教学方法时,必须考虑教学对象所处的具体的社会关系。要充分考虑大学生所处的社会关系和现实需要,选取符合新时代社会发展和大学生需求的教学内容,结合实际制定相关教学目标及教学方法,培养大学生在社会实践中所必需的思想素质,提升大学生各方面的能力。随着改革开放的进一步深入,全球化进程不断加快。在信息化网络化的时代下,高校思想政治理论课教学改

---

① 《马克思恩格斯选集》(第一卷),人民出版社,1995 年,第 46 页。
② 同上,第 73 页。

革创新既面临着良好的机遇又面临着更加严峻的挑战。因此,新时代高校思想政治理论课教学改革创新要立足现实教育教学情况,根据社会实践活动变化情况适时作出调整,结合时代要求和大学生实际情况,全面改革创新教学内容和教学方法,提高思想政治理论课教学实效性。一方面,要立足新形势新情况,不断更新教学内容,创新教学方法,推进高校思想政治理论课教学模式改革。另一方面,要充分发挥大学生的能动性和创造性,引导大学生在社会实践中提高思想素质,实现能力提升。

二、马克思主义人的全面发展理论

人的全面发展理论是马克思关于人类社会的重要论述,是马克思主义理论的重要组成部分。马克思指出,人的全面发展是个人和社会关系全面发展的统一,是个人的自由而全面的发展。人类社会发展的最终目标是实现人的自由而全面的发展,消除人的"异化"。而人的自由而全面的发展需要一定条件才能实现,需要具备物质、教育、实践等多方面条件,还需要内外环境的创设与促成。大学生成长成才的过程,也是一个自我全面发展的过程,新时代高校思想政治理论课教学的改革创新对于大学生全面发展的实现有着重要意义。

(一)人的全面发展理论的具体内涵

马克思、恩格斯指出,人的全面发展是"人以一种全面的方式,也就是说,作为一个完整的人,占有自己的全面的本质"①。可见,人的全面、自由而充分的发展包括人的个体需要、能力素质、社会关系及个性特点等各个方面的全方位发展,是指多个方面综合发展的结果,这是关于人的全面发展理论

---

① 《马克思恩格斯选集》(第三卷),人民出版社,2009 年,第 123 页。

的基本内涵。

1. 人的全面发展理论的具体内涵

第一，人的全面发展指个人能力的全面发展。马克思指出："我们把劳动能力，理解为人的身体即活动的人体中存在的，每个人生产某种使用价值时就运用的体力和智力的总和。"[①]由此可见，人的劳动能力主要是指人的体力和智力的总和。在人的发展过程中，人的全面发展首先指的就是一个人各种能力的全面发展，即人的体力、智力、潜力等各方面能力的全面发展。马克思也指出，在社会主义的前提下，人的能力是"人的本质力量的新的证明和人的本质的新的充实"[②]。由此可见，马克思强调了人的体力和智力发展的重要性，强调这两个方面对于人的全面发展的重要意义。在马克思看来，人的体力和智力的发展是人的全面发展的重要组成部分，两者的发展构成了人的全面发展的重要内容。只有重视人的劳动能力的发展，重视人的体力和智力的发展，才能促成人的全面发展。人的全面发展，首先是个人能力方面的全面提升与发展。

第二，人的全面发展指人与社会发展的相互适应。马克思指出："人的依赖关系（起初完全是自然发生的）是最初的社会形态，在这种形态下，人的生产能力只是在狭隘的范围内和孤立的地点上发展着；以物的依赖性为基础的人的独立性是第二形态，在这种形态下，才形成普遍的社会物质变换，全面的关系，多方面的需求，以及全面的能力的体系；建立在个人全面发展和他们共同的生产能力成为他们的社会财富这一基础上的自由个性，是第三个阶段。"[③]马克思认为，人的发展具有一定的层次，是一个从低级到高级的过程。马克思提出了人的发展的三种不同层次状态，指出了人的依赖性、

---

① 《马克思恩格斯全集》（第 42 卷），人民出版社，1972 年，第 125 页。
② 《马克思恩格斯全集》（第 3 卷），人民出版社，2002 年，第 339 页。
③ 《马克思恩格斯全集》（第 39 卷），人民出版社，1972 年，第 189 页。

物的依赖性和个人自由发展三个不同程度。在马克思看来,人的自由而全面的发展,是一个人与社会发展相适应的过程,这期间受到个人社会实践和历史条件的制约。人的全面发展的过程,是一个人对社会和自身认识不断发展的过程,是个人与社会发展相适应的过程。一个人要实现自我的全面发展,就要认识和了解社会,在自我成长的过程中不断与社会发展相适应,并在社会发展的过程中不断促进自我的发展。

第三,人的全面发展指人的社会关系的丰富发展。马克思指出:"人的本质不是单个人所固有的抽象物,在其现实性上,它是一切社会关系的总和。"①由此可见,人的本质体现在物质生活条件的现实历史社会当中,人的存在与发展需要在一定社会关系中才得以实现。只有处于各种社会关系中的人,才是真正意义上的人。"社会关系实际上决定着一个人能够发展到什么程度。"②马克思强调社会关系对个人发展程度产生的决定性影响。在马克思看来,个人的全面发展需要在一定的社会关系中才能得以实现,个人发展的情况很大程度上由其社会关系状况所决定。马克思也指出:"一个人的发展取决于他直接或间接地进行交往的其他一切人的条件。"③可见,个人的全面发展受到人的社会关系所影响,与其他人的交往是个人发展的重要影响因素,人的社会关系的丰富和发展会促进人的发展。因而,个人的全面发展也指人的社会关系的丰富发展,人的社会关系的发展程度也是衡量人的全面发展情况的重要因素。一个人要得以全面发展,就要处理好与自我与他人的社会关系,要促进自我社会关系的丰富发展。

2. 人的全面发展的实现条件

第一,人的全面发展的前提条件是生产力的发展。马克思主义认为,生

---

① 《马克思恩格斯选集》(第一卷),人民出版社,2012 年,第 135 页。
② 《马克思恩格斯全集》(第 3 卷),人民出版社,2002 年,第 443 页。
③ 《马克思恩格斯全集》(第 46 卷·上),人民出版社,2003 年,第 36 页。

产力的发展即社会物质资料的发展是人的全面发展得以实现的前提条件，人的全面发展需要以物质资料的发展为基础，只有生产力首先得以发展，人的全面发展才有实现的可能。马克思指出："当人们还不能使自己的吃喝住穿在质和量方面得到充分供应的时候，人们就根本不能得到解放。"①由此可见，只有首先解决人的吃喝住穿问题，人们才能从事物质生产等其他劳动，人的全面发展才具有了实现的可能。只有社会的物质资料得以大力发展，社会生产力水平得以高度提高，才能为人的全面发展的实现提供物质前提条件。只有大力发展生产力，丰富社会物质生产资料，才能为人的全面发展的实现提供物质条件。

第二，人的全面发展的重要条件是社会关系的合理化。人生存于社会中，最重要的社会关系体现为生产关系，生产关系对人的发展起到了制约作用。阶级社会中，不同阶级的人与人之间的社会关系存在不合理性。统治阶级占主导地位，被统治阶级处于从属地位，统治阶级凭着自身的统治地位占据着社会发展的成果并优先发展自我，包括在物质占有、社会管理、资源享受、权利发挥等方面。马克思提出，人类社会的发展最终是实现所有人的全面发展。而人生存于社会之中，人的本质属性是社会属性，人是社会人，人的全面发展需要有合理化的社会关系。只有在合理化的社会关系中，人的全面发展才能实现。社会关系的合理化需要多个因素的共同努力，只有在合理化的社会关系中，人的全面发展才具备实现的条件。

第三，人的全面发展的重要途径是开展教育。马克思指出，教育"不仅是提高社会生产的一种方法，而且是造就全面发展的人的唯一方法"②。由此可见，马克思指出了教育对人的全面发展起到十分重要的作用，指出只有

---

① 《马克思恩格斯全集》（第42卷），人民出版社，1972年，第368页。
② 《马克思恩格斯全集》（第23卷），人民出版社，1972年，第530页。

通过教育,人的能力素质才能得以提升,人的全面发展才能得以实现。马克思认为,教育是实现人的全面发展的重要途径,只有通过教育才能使人的全面发展得以实现。只有社会成员从思想到能力等各方面得以提升,才能实现个人自由而全面的发展。而只有通过教育,加强对社会成员思想上、学识上等多方面的引导,才能全面提升社会成员的综合素质,社会成员才能得以发展。

(二)人的全面发展理论与新时代高校思想政治理论课教学改革创新

人的自由而全面的发展,是个人能力的全面发展,也是个人在成长过程中不断与其所生活的社会相适应的过程。新时代高校思想政治理论课教学改革创新是为了提升高校思想政治理论课教学实效性、实现高校思想政治理论课教学目标的改革创新,是结合大学生这一重要教育对象而开展的思想政治理论课教学的改革创新,对于促进大学生实现个人自由而全面的发展发挥着十分重要的作用。

高校思想政治理论课教学改革创新能够促进大学生更好地接受马克思主义理论相关知识,促进其个人知识能力水平的提升。高校思想政治理论课教学改革创新的过程,是对大学生知识能力培养的过程,有利于促进大学生知识能力的提升。其一,在有效的改革创新教学实践活动下,大学生结合现实情况进行深思和学习,是一个运用和发展自我能力的过程,有利于大学生成才发展过程中个人知识、能力的发展。其二,高校思想政治理论课教学改革创新的过程是促使大学生与社会发展相适应、社会关系相调整的过程。通过高校思想政治理论课教学改革创新,大学生能更好地参与到思想政治理论课教学实践活动中来,更好地协调与教师、与其他社会成员的关系,不断与发展着的社会相适应,不断处理和发展好个人与他人的关系,这有利于促进大学生实现个人自由而全面的发展。

因此,新时代高校思想政治理论课教学改革创新要树立"以生为本"的教育理念,把握新时代新要求,重视当代大学生的知识需求和思想特点,根据时代要求和大学生特点改革创新思想政治理论课教学模式,引导思想政治理论课教师适时促进教学方法革新,提升思想政治理论课课程改革创新的时效性和针对性。改革创新过程中,要注重分析当代大学生的思维特点,结合大学生学习需求、学习行为和学习习惯情况,充分了解大学生的想法、行为,让思想政治理论课教学改革创新有针对性。教师要在课堂教学中关爱学生,关注学生的心理变化、需求变化和思维方式的变化,尊重大学生人格,使其成长为社会主义现代化建设需要的人才。

三、社会学符号互动论

社会互动是人的社会性的体现,体现了人的本质属性即社会属性所在。英国学者安东尼·吉登斯从主客体二重性的角度进行了阐释,从社会认同的角度出发来研究,指出社会认同应该将人与具有相同属性的其他人联系起来。[①] 社会学中的符号互动论阐明了社会互动过程中"互动"的重要性,这为高校思想政治理论课教学改革创新提供了理论参考。

(一)社会学符号互动论的丰富内涵

符号互动理论是一种关注个体行为的社会学理论,关注个体间互动行为的经验。符号互动理论指出,社会是由互动着的个人构成的。符号互动理论通过人际互动的过程来阐释社会与自我的关系。美国社会学家布鲁默作为符号互动论的主要倡导者,指出符号互动论具有以下三个基本前提:"第一个前提是人们对事物的行为是基于事物对人所具有的意义的基础上而发生的,建立在人们对意义的理解;第二个前提是事物的意义来源于人们

---

① 参见[英]安东尼·吉登斯:《社会学》(第四版),赵旭东等译,北京大学出版社,2003 年。

之间的互动,是人类社会中社会互动的产物;第三个前提是事物的意义通过人们之间的互动而不断修改和处理。"①美国哲学家、社会学家、社会心理学家乔治·赫伯特·米德是符号互动论的奠基人,是符号互动学说的重要创立者,米德的符号互动论主要包含以下观点:

1. 互动过程中符号(语言)起到很大的作用

符号互动论强调了人运用符号的能力,指明了人能够运用符号,通过符号来保存经验和发展新的意义。符号互动论是从人与他人、环境互动的角度来研究事物意义的产生。美国学者乔治·赫伯特·米德把"自我"分成"主我"和"客我"两个方面,其中的"主我"代表的是主观的我,是自我积极主动的方面;"客我"指的是作为社会客体的自我,是被社会所定义的自我,是社会的"我"。"主我"代表着人类经验的初始、自发方面,"客我"是对他人的内在化,是客观环境、所在群体态度和定义的体现。人的行为是"主我"和"客我"相互作用的结果,是"自我"与"客我"互动统一的体现。乔治·赫伯特·米德指出,人能够运用符号进行自我互动,也能够运用符号与他人交往互动。人与人之间、人与环境之间的互动是变化、具体的,意识、意义、自我产生于具体的相互间的社会互动之中,通过自我对事物意义的确认而产生。② 同时,乔治·赫伯特·米德还指出了符号(语言)的重要性,指出人是通过符号来与人之外的"他者"来进行互动。"我们——尤其是通过运用各种语音姿态——持续不断地在我们自己身上导致我们在其他人那里所产生的那些反应,所以,我们在自己的行为举止中采用了其他人的态度。语言在人类经验的发展方面所具有的至关重要的意义,通过这个事实表现出来,即

---

① Herbert Blumer, *Sumbolic Interationnism: Perspective and Method*, Prentice – Hall, Inc, Englewood-Cliffs, New Jersey, 1969, p. 2.

② 参见[美]乔治·赫伯特·米德:《心灵、自我与社会》,霍桂桓译,华夏出版社,1999 年,第 188～193 页。

这种刺激可以像影响另一个人那样影响这个说话人本身。"①符号(语言)是人与他人、环境、自我互动过程中的重要方式载体。"掌握一种有意味的语言具有头等重要意义。语言隐含着各种有组织的反应;而这些反应所具有的价值观念和含义,则可以在共同体中找到——个体正是从共同体中把这种反应组织接收到了他自己的本性之中。"②乔治·赫伯特·米德强调了符号(语言)在人的互动交往、价值观念形成中的重要影响作用,指明了掌握符号(语言)的重要性所在。

2. 教育是个体认同国家、社会的重要媒介

乔治·赫伯特·米德认为,社会是在人与人之间的互动中产生的,是基于对心灵和自我的认识基础上来展开对社会的论述。一方面,乔治·赫伯特·米德指出,社会依赖于自我、心灵而存在,社会制度的实施要通过自我的认可来实现。"个体的统一性也就是整个社会过程所具有的统一性,而且,社会对个体的控制就通过这种不断进行的共同过程表现出来。"③乔治·赫伯特·米德认为,人类社会是建立在生物基础之上又有别于生物的本能反应的社会关系,人类能够进行反思和交往,通过符号(语言)来交往并形成各种社会关系。与此同时,米德从有机体和环境的关系来阐释人类社会制度的基础,他通过研究指出,"有机体可以对环境作出某种直接的、可以在某种程度上导致控制的反应"④。米德认为有机体在某种意义上通过它的反应控制环境,这是人具有的使自己置身于其他人的位置的能力。"这种特征使他成为共同体的一个组成部分,而且他之所以承认自己是这个共同体的成员,就是因为他确实采取了这些有关的人的态度,并且确实根据各种共同态

---

① 参见[美]乔治·赫伯特·米德:《心灵、自我与社会》,霍桂桓译,华夏出版社,1999年,第73页。
② 同上,第289页。
③ 同上,第291页。
④ 同上,第264页。

度控制他自己的行为举止。"①

　　另一方面,乔治·赫伯特·米德也指出了教育对于促使个体接纳社会制度、认同国家的重要作用。他指出,制度体现的是社会成员对特定环境的一种共同反应,教育在对于如何促成社会成员更好地接纳和认可社会相关制度中起到了十分重要的作用。"教育过程就是由这种使社会反应进入个体心灵的过程构成的,它使个体以多少有些抽象的方式接受共同体的文化媒介。教育过程显然是一个人接受某一组有组织的、针对他自己的刺激而出现的反应的过程。"②关于教育的重要作用,乔治·赫伯特·米德也作出了不少相关论述,他认为教育作为一种媒介,对于个人态度观念的形成起到了重要的作用,是使得社会成员对自身所处国家的认同、对国家制度的认可的重要途径。

　　3. 心灵、自我与社会是有机统一体

　　乔治·赫伯特·米德认为,人不能脱离社会而存在,社会也依赖于心灵、自我,心灵、自我与社会是有机统一的。乔治·赫伯特·米德指出:"任何一种生物有机体都不具有使它能够在完全脱离其他所有生物有机体的情况下存在,或者维持自身的本性抑或体质,或者说,都不具有使它能够在它与其他生物有机体(无论是与它同种的生物有机体,还是与它不同种的生物有机体)的某些关系——这些关系从严格意义上说都是社会关系——在它的生活中不发挥必不可少的作用的情况下,存在或者维持自身的本性抑或体质。"③"人类本性完全是某种社会性的东西,并且总是以真实的社会个体为前提。"④在这里,米德指明了人的本性是社会性,强调了社会关系对于个

---

　　①　[美]乔治·赫伯特·米德:《心灵、自我与社会》,霍桂桓译,华夏出版社,1999年,第291页。
　　②　同上,第285页。
　　③　同上,第248页。
　　④　同上,第249页。

体的存在和发展的重要性。另外,乔治·赫伯特·米德还指出:"心灵只有在人类社会中——只有在中枢神经系统从生理的角度使之成为可能的、由各种社会关系和社会互动组成的,特别复杂的脉络内部——才会出现,或者说才能够出现;因此,也只有人类才显然是具有抑或能够具有自我意识,或者说拥有抑或能够拥有自我的生物有机体。"①由此可见,在米德看来,人的意识是人类特有的机能,而且人的意识是在社会关系和社会互动中产生的,人的意识跟人们所生活的社会具有统一性。

(二)社会学符号互动论与新时代高校思想政治理论课教学改革创新

社会学符号互动论从人与他人、人与社会环境的具体互动中来研究人与社会的关系。社会学符号互动论指出,人是具体环境的产物,人的种种能力源自对环境的适应。符号互动的过程,是个人对于所处社会的认知、评价的过程,是人与他人、人与环境的相互作用的过程。在这一过程中,符号(语言)起到十分重要的作用,教育是使得个人认同所处社会相关制度的重要途径,对于个人认同国家、融入社会起到了十分重要的作用。

新时代高校思想政治理论课教学改革创新的过程,是针对大学生开展的教学改革创新的过程,这期间大学生对思想政治理论课教学改革的态度表现如何,也是通过大学生与他人、环境的互动来体现的。新时代高校思想政治理论课教学改革创新,需要注重大学生对思想政治理论课改革创新相关措施的态度表现,需要从双方的互动情况来进行考虑,充分发挥大学生自身与自身以外的其他因素间的互动作用。一方面,大学生自身要对思想政治理论课教学的改革创新形成正确认知并且进行科学评判。大学生要积极主动去关注感知思想政治理论课的教学改革,并用积极的态度来参与相关教学改革实践活动,对教学改革情况进行科学合理的客观评价分析。另一

---

① 〔美〕乔治·赫伯特·米德:《心灵、自我与社会》,霍桂桓译,华夏出版社,1999 年,第 255 页。

方面,高校要切实提高思想政治理论课教学改革成效,切实提升大学生的获得感。新时代高校思想政治理论课教学改革创新的过程,是大学生与教师、与教育环境等多方面方面因素进行互动的过程。

高校思想政治理论课教学改革成效的体现情况、改革创新效果体现程度等方面,都影响着当代大学生对思想政治理论课的学习与运用程度。高校在进行思想政治理论课教学改革的过程中,要注意结合社会发展形势与大学生特点,制定落实相关合理有效的制度,构建科学合理的教学模式,采用灵活有效的教学方法,使得改革创新的成效得以体现,切实提升思想政治理论课改革创新实效性。要充分发挥教育教学的作用,通过教育,能够使得相关因素间的互动更好地达成。同时,要注重教学改革方式方法的采取,要通过宣传、引导等多种方式,结合"线上""线下"等多种载体,充分发挥社会、学校、家庭等各方力量的教育引导作用,采取灵活有效的教育方式方法,改革创新思想政治理论课教学,从而提升高校思想政治理论课教学成效。

四、主体间性理论

(一)主体间性理论的内涵

作为 20 世纪西方哲学研究中的一个重要范畴,主体间性主要是研究或规范一个主体怎样与完整地作为主体运作的另一个主体互相作用。主体间性理论指的是在主体与主体的相互关系中所包含的内在规定性,是人与人之间的统一性的关系,具有丰富的内涵,是当代中西方学者讨论研究较多的话题之一。综观学界研究情况,国内外学者都对"主体间性"进行了研究并取得相应的研究成果,具体体现在以下方面:

1. 主体间的作用十分重要

德国哲学家马丁·海德格尔从存在论的视域展开研究,认为主体间性既是主体与主体的共存,是作为主体的"我"与"我"之外的他者主体之间在生存上的共同联系,也是主体与主体间的共存。马丁·海德格尔认为,主体间性的根据在于生存本身,是主体间的共在,是自我主体与对象主体间的交往、对话。在现代哲学研究的发展过程中,主体间性具有了哲学本体论的意义。在现实存在中,主体与客体间的关系不是直接的,而是间接的,它要以主体间的关系为中介,包括文化、语言、社会关系的中介。因此,主体间性比主体性更根本。

随着社会经济的发展,人与人之间的联系交往越来越普遍,人们必须展开各种对话交流,通过交流来扩大自己的视野和提升能力。人的社会性本质也使得人必须和其他人交往,包括物质方面的交往和精神方面的交往,只有通过交往才能使人的本质得到不断体现,而这一过程中,主体间性理论的重要作用就得到体现。哈贝马斯指出:"主体间性意味着主体与主体在交往活动中表现出来的交互主体,他们之间存在着同一性和一致性。交往双方彼此缔造对方决定对方的存在,双方不存在建构和被建构的关系,而是在成就对方的基础上达成理解,形成共识并走向融合。"①主体间性理论注重强调主体与主体之间的关系,突出了单极化向交互性的转向,从而促进主体与主体之间的和谐统一。

2. 人的主观能动性必须加以重视

从认识论的角度出发,"主体间性"的概念首先由 20 世纪奥地利著名作家、哲学家、现象学家埃德蒙德·古斯塔夫·阿尔布雷希特·胡塞尔(Edmund Gustav Albrecht Husserl)提出。胡塞尔认为,每一个人都可称为一个具有独立性的"自我","自我"之外也同时存在着一个或者多个"他我",由于

---

① 杨大春:《语言·身体·他者:当代法国哲学的三大主题》,生活·读书·新知三联书店,2007 年,第 257 页。

通过拥有一个共同的世界,自我与他我最终成为一个共同体。这样一来,单一的主体性便逐渐让位于主体间性。"我的原处的自我通过共现统觉……构造出那个对我原处的自我而言的另一个自我,由此那种在共实存中原初不相容的东西变得相容了。"①因此,胡塞尔提出,主体间性具有现实性重要性,应该使交互主体性或主体间性逐渐取代个人主体性。胡塞尔在主体间性理论方面的巨大贡献就在于明确地提出了主体间性是一个极其重要的认识论问题,并进一步强调了主体间的主观性、能动性对于主体间性理论的基础性作用。

(二)主体间性理论与新时代高校思想政治理论课教学改革创新

传统的主体性教学论是从单纯的主体与客体的关系角度来理解和认识学生的主体性问题,强调的是学生在教师的指导下进行被动学习。这一过程中,教育者与受教育者之间会缺乏沟通与互动,教学缺乏吸引力和感染力,教学成效难以得到提升。当前高校思想政治理论课教学要进行改革创新,就必须强调主体间性,强调以个体的主体性为基础,同时强调主体与主体之间的和谐统一、互相交互。主体间性理论在高校思想政治理论课教学改革创新中的应用,有利于提高思想政治理论课教学实效性。

对于交往在教育中的重要作用,古今中外的学者们都指出其重要性。孔子提出"独学而无友,则孤陋而寡闻""三人行,必有我师""教学相长"等思想,倡导在教育过程中师生在交往中互相学习和提高。教育学家们对教育的主体间交往行为属性也有充分共识,学者叶澜指出:"劳动是'人'与'物'的相互作用,教育是'人'与'人'的相互作用。"②学者靳玉乐认为:"人类的教育活动起源于交往,在一定意义上,教育是人类一种特殊的交往活

---

① 倪梁康选编:《胡塞尔选集》,上海三联书店,1997年,第905页。
② 叶澜:《教育概论》,人民教育出版社,2006年,第41页。

动。"①主体间性体现的是一种人与人、人与自然、人与自身内在统一的一体性关系。教育属于主体间的交往行为,在师生主体间的交往中,所体现的正是这种共在性的生存和发展方式。高校思想政治理论课教学改革创新是基于当前高校思想政治理论课教学存在的问题而进行的改革创新,要重视改革创新过程中师生交往的重要性,要改变传统的灌输式教育理念和单向式教育方式、建构对话学习模式的改革创新。主体间性理论的指导有利于提高高校思想政治理论课教学实效性,促进高校思想政治理论课教学改革创新目标的实现。

1. 有利于提升高校思想政治理论课教学改革接受性

高校思想政治理论课教学过程是对大学生进行思想政治教育的过程,大学生的受教育效果是衡量教学成效的重要依据。"思想政治教育是指社会或社会群体用一定的思想观念、政治观点、道德规范,对其成员施加的社会实践活动。"②根据主体间性理论,教育活动就是教育者和受教育者之间的交往行为,教育者和受教育者都是思想政治教育过程中的主体,两者地位平等。坚持主体间性理论,教育者能清楚地认识自己在思想政治教育过程中的主导地位,充分尊重受教育者的主体地位;受教育者也能既尊重教育者的主导作用,又发挥自己作为教育主体的主观能动性。在开展思想政治理论教学的过程中,教育者和受教育者双方都有发表自己见解的平等权利,都有参与知识讨论、增进情感了解的机会。在主体间性理论的指导下,受教育者具有主体地位,这对于建立平等的师生关系、形成融洽的教学氛围、提升受教育者学习的主动性和积极性具有非常重要的作用。在思想政治教育过程中,只有教师与学生双方的关系得以充分协调,教师与学生教与学的积极性

---

① 靳玉乐主编:《教育概论》,重庆出版社,2006 年,第 19 页。
② 陈万柏、张耀灿:《思想政治教育学原理》,华中师范大学出版社,2009 年,第 4 页。

得以充分调动和发挥,高校思想政治理论课教学改革创新才能得以接受。

2.有利于增强思想政治理论课教学方法多样性

"教育是形成未来的一个主要因素,在目前尤其如此,因为归根到底,教育必须培育人类去适应变化,这是我们时代的显著特征。"①在信息化网络化的当今时代,大学生面对的学习环境更加复杂,有着更加宽广的学习渠道,能通过多种渠道获得相关知识。传统的、单一的思想政治教育灌输方式已经很难适应当前思想政治教育的要求和大学生的思想状况,高校思想政治理论课教学的改革创新需要采用灵活有效的教育教学方式方法。而主体间性理论的运用对思想政治理论课教学方法多样性具有促进作用。主体间性理论强调教育者和受教育者之间的双向互动,师生是在平等交流的基础上对知识的教与学,这一过程注重充分发挥教育者的主导作用,强调受教育者通过与教育者的沟通充分理解理论内容,并能将其内化为自己的品性,最终外化为实践活动。受教育者不但接受知识,而且内化知识,将其升华为自身修养的一部分。② 同时,主体间性理论发展了知识对话方式。德国教育哲学家博尔诺夫指出,独白和对话是教育活动的两种主要形式。"前一种情况是,一个人在有关的谈话中说话,而其他人仅作为听者;后一种情况则相反,说话是在双方不断交替中进行的。"③由此可见,独白式的教育把教师和大学生的关系理解为知识的传递者与接受者之间的关系,而对话式的教育则把师生关系变成了共生共在的主体间的生存论关系,它所体现的是大学生与教师间平等的相互交流。在主体间性理论下,作为独白式教育的灌输教育方式不断进行科学化,而作为知识对话教育的新形式则不断加以发展。由此可见,主体间性理论有利于增强高校思想政治理论课教学方法多样性。

---

① 靖国平主编:《教育的情怀与修炼》,中国社会科学出版社,2012 年,第 257 页。
② 参见乔雪艳:《基于主体间性理论的思想政治教育研究》,山东师范大学硕士论文,2013 年。
③ [德]博尔诺夫:《教育人类学》,李其龙等译,华东师范大学出版社,1999 年,第 109 页。

3.有利于促进大学生自由而全面发展

主体间性理论强调"以人为本"。高校开展思想政治教育的目的在于提升大学生的思想品德等综合素质,促进大学生在社会中更好地生存和发展,更高层次的目的则是促进大学生自由而全面的发展。在主体间性理论的指引下,高校开展思想政治教育过程中更加强调"以生为本",注重发挥大学生的个性,注重大学生的成长成才。通过思想政治教育促使大学生在知识能力得以提升的同时,其道德情感、道德信念、道德意志和道德行为能力也得以提高。高校思想政治理论课教学终极目标是培养大学生成为自由而全面发展的人。"传统的教育和学习人为地限制了人类潜能的发挥,它使个人和社会在应对全球性挑战的过程中变得手足无措,而解决全球性困境的最可信赖的途径就是用'创造性学习'来代替传统的、以维持现状为特征的'维持性学习'。"[1]在平等自由的师生关系中,通过鼓励、引导,激发大学生的好奇心、求知欲;通过提供多元选择的机会,调动大学生的积极性、创造性。主体间性教学强调教师与学生之间的交互性,互相以对方的存在为存在,二者之间是一个统一体,是平等的关系。联合国教科文组织指出:"对话不仅仅是一种教学方式和策略,而且教育本身就是对话,是上一代与下一代的对话,是教师与学生的对话,是人类的历史经验与学生个体的对话。"[2]只有通过这种互动交往和对话交流,才能促进教师教学能力和水平的提高,才能激发学生学习的兴趣,并能让学生在互动交往中逐渐深化自己的价值观念,培养自己的创新思维和实践能力,促进学生在生活世界中丰富自己的生活,实现自由而全面的发展。

高校思想政治理论课教学主体间性关系主要包括教师和学生二者之间

---

① 房剑森:《高等教育发展论》,广西师范大学出版社,2001年,第293~294页。
② 联合国教科文组织国际教育发展委员会:《学会生存——教育世界的今天和明天》,教育科学出版社,1996年,第134页。

的相互关系以及师生作为主体与外部环境之间的关系。因此在高校思想政治理论课教学改革创新的过程中,一方面,要遵循双主体理论,师生之间要平等交流、互相尊重、互相理解,同时要注意区分不同的主体作用,突出教师的主导性作用和学生的主体性作用。另一方面,注重教学内容和教学方法的改革创新。教学内容方面,要注重贴近实际、贴近生活、贴近学生,结合时代发展新形势新要求,结合时事政治把学生所关心的问题融入教学体系中,使教学内容从抽象走向具体,不断丰富教学内容;教学方法方面,要注重教学方法的灵活多样,采取学生喜闻乐见的形式,增强教学方法的灵活性,使得学生更加乐于接受。高校思想政治理论课教学改革创新,要注重在教学活动中师生达成共识、和谐互动、有效沟通,要注意教学改革与周围教学环境的和谐统一,从而提升教学改革成效,达成教学改革目标。

五、社会群体心理认同理论

社会群体心理学认同理论从心理学的角度阐述了社会群体行为、群体关系,是相对于个体心理而言的理论,为新时代高校思想政治理论课教学改革创新提供了理论参考。

(一)社会群体心理认同理论的内涵

1.社会群体心理认同理论的具体内涵

社会群体认同理论是群体关系研究中最有影响的理论,该理论对群体行为做出了新的解释,该理论是由泰弗尔(Tajfel)及其弟子特纳(Turner)等人对社会群体心理认同行为进行研究后提出并加以发展的。社会认同理论是欧洲心理学本土化的重要成果,对社会心理学具有重要的贡献。社会认同理论认为个体对群体的认同是群体行为的基础,主要集中对群体间行为解释。[①]"个体都在努力地维持和增强自尊,而社会团体以及团体内部成员都会赋予个体或积极或消极的价值内涵,这势必会影响到个体的社会认同。个体希望得到和维持积极的社会认同,而对自身所属团体的评价需要参照其他相关团体通过社会比较来进行,积极的差异比较可以带来较高的威望,而消极的差异比较则产生较低威望。当社会认同得不到满足时,个体可能会离开现有的团体,加入使自身更能得到积极区分的团体,或者通过努力使现有团体获得更多的积极区分。"[②]社会心理学家们认为,社会上的人群基于各种原因分成了不同的群体,个体的努力和群体的策略等都会对社会群体认同产生影响。社会群体的认同需要个体的努力和群体的策略两方面因素发挥作用。

2. 社会群体心理认同的基本过程

泰弗尔通过微群体实验范式对社会群体心理认同的基本过程进行研究,通过研究指出,群体认同是个体对所生活特定社会群体的情感和价值意义的认可,是个体对其属于特定的社会群体的认识。泰弗尔认为,社会群体心理认同的过程表现为"内群体倾向"和"外群体歧视",其中"内群体倾向"具体表现为:被试者对群体进行评价的过程中,在没有先期的互动关系的时候,个体单纯的知觉到的分类会使得个体对于自己所在的群体予以更多资源和正向评价。"外群体歧视"具体表现为:个体对于自我所属群体之外的其他群体会给予较少的自由和负面评价。[③]

社会群体认同理论指出,群体的认同需要个体自尊的实现和维持,而这来源于内群体和外群体的有利比较。当群体认同受到威胁的时候,群体成

---

①　参见张莹瑞、佐斌:《社会认同理论及其发展》,《心理科学进展》,2016 年第 14 期。

②　闫丁:《社会认同理论及研究现状》,《心理技术与应用》,2016 年第 9 期。

③　See Tajfel H, *Differentiation Between Social Groups: Studies in the Social Psychology of intergroup Relations*. London: Academic Press, 1978; chapters1 – 3.

员会通过各种策略来提高自尊,维持群体认同。社会认同的过程,是通过社会分类、社会比较和积极区分的一个过程,个体首先通过社会分类对自己所处的群体产生认同,产生"内群体倾向"和"外群体歧视"。具体包括以下三个层面:第一,社会分类。人们将社会人群区分"内群体"和"外群体",并将自我纳入"内群体"这一类别中,将符合内群体的特征赋予自我。同时,个体往往将有利的资源分配给自我所属的群体。第二,社会比较。人们会在社会分类的基础上进行社会比较。而且在进行社会比较的过程中,群体间的比较通过积极区分原则使个体寻求积极的自我评价的需要得到满足。第三,积极区分。社会认同理论的一个重要假设是,所有行为不论是人际的还是群际的,都是由自我激励这一基本需要所激发的。在社会认同水平上的自我尊重是以群体成员关系为中介的,个体为了满足自尊的需要而突出某方面的特长。因此,在群体中个体自我激励的动机会使个体在群体比较的相关维度上表现得比其他成员更出色,这就是积极区分原则。社会认同理论认为,个体过分热衷自己的群体,认为它比其他群体好,并且从寻求积极的社会认同和自尊中体会群体间的差异,这样就容易引起群体间偏见、群体间冲突和敌意。[①] 群体认同实验也表明,群体成员的策略是影响群体进行社会比较的重要因素,群体心理认同的过程也是一个分类与比较、区分的过程。

(二)社会群体心理认同与新时代高校思想政治理论课改革创新

社会群体心理认同理论指出,社会群体认同的维持,需要通过个体对"内群体"与"外群体"的有利比较来实现。社会群体间的关系对人们的心理、行为都会产生重要的影响,相关研究也指出了人所处在的群体、环境等外部因素会对社会群体认同产生较大的影响。内群体在认同形成的过程中

---

① 参见张莹瑞、佐斌:《社会认同理论及其发展》,《心理科学进展》,2016 年第 14 期。

具有一定的首要优势,在社会比较过程中,内群体优势的取得与维持还需要通过与外群体的比较而获得。因此,社会群体认同形成的过程中,社会"内群体"要创设更多的有利条件,展现本群体的优越之处,使得个体在比较的过程中,认识到自我所处群体的优越性,增强自我群体归属感,从而才能形成群体归属感,更好地形成与进一步增进社会群体认同。

新时代高校思想政治理论课教学改革创新成效的取得,需要采取相关有效策略来获得大学生的接受与认可,只有采取大学生认同的改革创新策略、路径,提升大学生对于教学改革措施的认可度和接纳度,才能切实提高思想政治理论课教学成效,高校思想政治理论课教学改革创新才能得以进行。

新时代高校思想政治理论课教学改革创新的过程,也是大学生在通过思想政治理论课教学各方面情况相互比较后对当前改革创新的态度表现,是大学生对思想政治理论课教学改革创新的认知与评判。而这一过程中,评判的标准往往是基于对思想政治理论课教学各方面情况的衡量和对比。生活在信息化网络化新时代中的大学生,接触知识的路径多,当前思想政治理论课教学改革创新的措施是否可行?是否能切实吸引大学生学习的兴趣?是否切实提升了大学生的学习成效?这些都是高校思想政治理论课教学改革创新是否取得成效需要考虑的问题。高校思想政治理论课教学改革创新过程中,需要突出思想政治理论课教学改革对于大学生成长成才的促进作用,让大学生乐于接受相应的教学改革,积极主动地参与到教学改革中来,不断提高学习的兴趣,发挥自我在学习中的主动性、积极性。

六、习近平总书记关于青年教育的重要论述

大学生作为当代青年的代表群体是中国特色社会主义事业的建设者和接班人,是国家的未来和民族的希望,是社会成员群体的重要组成部分。党

和国家历来十分重视对大学生的思想政治教育。习近平总书记在多次讲话中提到抓好青年教育的重要性。同时,习近平总书记也多次提到要充分发挥思想政治理论课对大学生进行思想政治教育的主渠道和主阵地作用,要发挥教师的积极性、主动性、创造性,高校思想政治理论课教师发挥人生导师的作用,教育引导大学生树立正确的思想道德观念。习近平总书记关于青年教育的重要论述对于高校思想政治理论课教学改革创新具有重要的指导作用。

(一)习近平总书记关于青年教育的重要论述的丰富内涵

习近平总书记指出:"青年一代有理想、有本领、有担当,国家就有前途,民族就有希望。"[①]青年作为年青的一代是我国社会主义伟大事业未来的建设者,青年大学生的理想信念教育对于大学生的成长成才、国家和民族的生存和发展具有十分重要的作用。

1.青年教育的丰富内容

(1)培养青年树立践行正确的理想信念

习近平总书记指出,"人生的扣子从一开始就要扣好……这就像穿衣服扣扣子一样,如果第一颗扣子扣错了,剩余的扣子都会扣错"[②]。由此可见,习近平总书记认为,青年理想信念教育一方面需要引导青年牢固树立正确的理想信念,另一方面也要促使青年为正确的理想信念而奋斗。其中,引导青年牢固树立正确的理想信念是青年理想信念教育的首要任务,青年理想信念教育要重视教育引导青年树立正确的价值观。同时,习近平总书记十分重视青年社会主义核心价值观的培育和践行,号召广大青年要"身体力行

---

① 习近平:《决胜全面建成小康社会夺取新时代中国特色社会主义伟大胜利》,人民出版社,2017 年,第 40 页。
② 中共中央文献研究室编:《十八大以来重要文献选编》(中),中央文献出版社,2016 年,第 6 页。

将其推广到全社会去,努力在实现中国梦的伟大实践中创造自己的精彩人生"①。习近平总书记高度重视青年的理想信念教育问题,指出抓好青年理想信念教育可以帮助青年树立正确的世界观、人生观、价值观,从而加强青年的道德修养,促使青年明辨是非,并让青年勇敢肩负起时代赋予的重任。②习近平总书记也指出:"没有理想信念,就会导致精神上'缺钙'。"③一旦缺钙,青年的世界观、人生观、价值观就会出现问题,对马克思主义、共产主义的信仰,对社会主义的信念也会随之动摇。习近平总书记希望广大青年能"立鸿鹄志,做奋斗者"④。由此可见,习近平总书记希望青年树立正确的理想信念并为之不懈奋斗。

理想信念教育是青年教育不可或缺的一部分,是青年成为有理想、有本领、有担当的时代新人的前提基础。开展青年理想信念教育,首先要把握好开展教育的正确方向。开展理想信念教育过程中,要始终坚持中国共产党的领导,教育引导青年树立社会主义核心价值观,坚持为实现中国梦而奋斗。其次,开展青年理想信念教育要注重把握好青年的身心特点。2019年3月18日,习近平总书记在学校思想政治理论课教师座谈会上强调:"要坚持价值性和知识性相统一,寓价值观引导于知识传授之中。"⑤开展思想政治理论课教学,思想政治理论课教师要结合当代青年实际,教育内容、教育方式要有针对性和实效性,采用青年大学生喜闻乐见的形式开展教学,使得青年大学生切实认同和接受教师所教育的内容,自觉树立与践行社会主义核心

---

① 中共中央文献研究室编:《十八大以来重要文献选编》(中),中央文献出版社,2016年,第6页。

② 参见《习近平总书记同各界优秀青年代表座谈时的讲话》,《人民日报》,2013年5月5日。

③ 中共中央文献研究室编:《十八大以来重要文献选编》(上),中央文献出版社,2014年,第294页。

④ 《习近平总书记在北京大学师生座谈会上的讲话》,《新华日报》,2018年5月3日。

⑤ 《习近平总书记主持召开学校思想政治理论课教师座谈会强调:用新时代中国特色社会主义思想铸魂育人 贯彻党的教育方针落实立德树人根本任务》,《人民日报》,2019年3月19日。

价值观。青年理想信念教育要使得青年真学真懂,让青年真正学懂弄通怎样树立和践行社会主义核心价值观,将社会主义核心价值观内化于心、外化于行,真正"做社会主义核心价值观的坚定信仰者、积极传播者、模范践行者"①。

新时代是充满机遇也是富有挑战的时代,生活在当今时代的青年学生,必须抓住机遇迎接挑战,树立正确的世界观、人生观、价值观,要明确自己的使命担当,自觉为实现中华民族伟大复兴而奋斗,自觉为党、国家和人民谋利益。2013 年,习近平总书记在"实现中国梦,青春勇担当"五四主题团日活动座谈会上指出:"无数人成功的事实表明,青年时代,选择吃苦也就选择了收获,选择奉献也就选择了高尚。"②青年理想信念教育要注重引导青年树立正确的思想道德观念并为之而奋斗。

(2)引导青年正确认识中国特色社会主义道路

中国特色社会主义道路是被实践证明了符合我国发展的正确的道路,具有科学性、必然性、独特性等特点,要教育引导青年正确认识中国特色社会主义道路的特点。

第一,中国特色社会主义道路具有科学性。中国特色社会主义道路是在中国特色社会理论体系指导下的发展道路,而中国特色社会主义理论体系是内涵丰富、系统科学的正确理论体系。在青年理想信念教育过程中,要引导青年清楚地认识中国特色社会主义道路的科学性,具有科学可行性,是推动我国社会主义建设伟大事业不断向前的正确选择。

第二,中国特色社会主义道路具有必然性。中国特色社会主义道路是历史的选择,是经过实践检验的党和人民的正确选择,是实现伟大中国梦的

---

① 《习近平总书记在全国高校思想政治工作会议上的重要讲话持续引发热烈反响》,《新华日报》,2016 年 12 月 9 日。

② 《习近平谈治国理政》(第一卷),人民出版社,2018 年,第 96 页。

必然选择。习近平总书记指出："实现中国梦必须走中国道路。这就是中国特色社会主义道路。"①中国特色社会主义道路是历史证明了的正确的道路，是经过无数艰辛探索后的必然选择，具有必然性。近现代以来的发展历史证明，只有在中国共产党的正确领导下，中华民族才得以真正独立解放，中国人民才能得以生存和发展。中国特色社会主义道路是经过党和人民不断探索而走出来的正确道路，是实现伟大中国梦的必然选择。习近平总书记指出，要教育引导青年大学生"认识和把握中国特色社会主义的历史必然性，不断树立为共产主义远大理想和中国特色社会主义共同理想而奋斗的信念和信心"②。

第三，中国特色社会主义道路具有独特性。中国特色社会主义道路是党和人民结合中国国情，在马克思主义理论指导下经过探索走出来的正确道路，具有鲜明的中国特色，具有历史性、创造性。习近平总书记指出："独特的文化传统，独特的历史命运，独特的基本国情，注定了我们必然要走适合自己特点的发展道路。"③中国特色社会主义道路体现了中国独特的文化、历史，是被实践证明了的适合中国发展的正确道路，是党和人民今后必须继续坚持走下去的正确道路。要教育引导广大青年认识中国特色社会主义道路的科学性、必然性和独特性，坚持走中国特色社会主义道路。

（3）培养青年勇于奋斗勇于奉献的精神

在中国共产党的带领下，在革命、建设、改革开放等不同时期，不少青年都积极投身中国革命、建设伟大事业，展现了有为青年勇于奋斗的一面。新时代，习近平总书记强调把青年的人生事业与国家、民族的事业紧密联系起

---

① 《习近平总书记在第十二届全国人民代表大会第一次会议上的讲话》，《新华日报》，2013年3月17日。

② 《习近平总书记在全国高校思想政治工作会议上的重要讲话持续引发热烈反响》，《新华日报》，2016年12月9日。

③ 《习近平总书记在全国宣传思想工作会议上的讲话》，《人民日报》，2013年8月20日。

来。习近平总书记在给北京大学考古文博学院 2009 级本科团支部全体同学回信中指出:"只有把人生理想融入国家和民族的事业中,才能最终成就一番事业。"①习近平总书记强调:"青年是社会上最富活力、最具创造性的群体,理应走在创新创造前列。"②

青年充满青春活力,具有创新性,有着开拓梦想和实现梦想的勇气。习近平总书记希望通过理想信念教育促使广大青年在新的伟大斗争中继续发扬艰苦奋斗精神,主动作为,勇担重任,实现伟大梦想,成就人生事业,追求社会价值和个人价值的统一。要激励青年在尊重客观规律的基础上发挥主观能动性,敢于打破思维定式,走在创新创造前列,不断创造新的物质财富和精神财富,造福于国家和人民。同时,他号召广大青年坚定理想信念,明白不进则退道理,发挥敢为人先精神,在理论、体制、科技等方面持续创新,整个过程坚持不动摇、不懈怠,若逢山便开路,若遇河就架桥,始终与时俱进、锐意进取。

另外,习近平总书记希望通过理想信念教育引导青年勇于奉献。习近平总书记指出,青年要"同人民一道拼搏、同祖国一道前进,服务人民、奉献祖国,是当代中国青年的正确方向"③。青年要"要自觉按照党和人民的要求锤炼自己、提高自己"④,"广大青年要自觉奉献青春,为全面建成小康社会多作贡献"⑤。由此可见,习近平总书记非常重视对青年人奉献意识的培养,认

---

① 《习近平系列讲话精神学习读本》,中共中央党校出版社,2013 年,第 231 页。
② 中共中央文献研究室编:《十八大以来重要文献选编》(上),中央文献出版社,2014 年,第 279 页。
③ 《习近平总书记给河北保定学院西部支教毕业生群体代表回信》,《人民日报》,2014 年 5 月 3 日。
④ 《习近平总书记致全国青联十二届全委会和全国学联二十六大的贺信》,《新华日报》,2015 年 7 月 24 日。
⑤ 《习近平总书记在知识分子、劳动模范、青年代表座谈会上的讲话》,《新华日报》,2016 年 4 月 26 日。

为奉献意识既为青年成就人生事业提供动力,也为青年把个人命运和时代需求相结合提供遵循。要通过理想信念教育来引导青年确立崇高理想信念,培养奉献精神。

(4)培育青年勇于实践的精神

青年光拥有理想信念远远不够,最重要的是把理想信念付诸实践,将正确的价值观运用于自身的学习、工作、生活之中,在实现自我价值的同时也实现社会价值,在自我提升的同时也促进社会发展。理想信念教育离不开培育青年勇于实践的精神,教育过程中要引导青年在树立正确理想信念的基础上,将所思所想付诸实践,用切实的行动为实现中华民族伟大复兴而努力。理想来源于现实,美好的理想需要通过实践来实现。广大青年在树立正确理想信念的前提下,要勇于实践,将正确的理想信念运用到学习、生活中去,将所思所想运用到实践中去。要培养青年勇于实践的精神,不断加强对青年的理想信念教育。

2.青年教育的明确目标

第一,为实现国家富强而努力奋斗。习近平总书记指出,"青年强则国家强"[1],国家的富强离不开青年的奋斗,青年作为社会主义伟大事业的建设者要以国家富强目标,努力奋斗,奋发图强。当今时代是国家发展的新时代,党的十九大报告明确指出:"从 2035 年到本世纪中叶,在基本实现现代化的基础上,再奋斗十五年,把我国建成富强民主文明和谐美丽的社会主义现代化强国。"[2]明确了新的历史时期国家社会发展的宏伟目标。习近平总书记强调:"把我国建设成为社会主义现代化强国,是一项长期任务,需要一代又一代人接续奋斗。"[3]指明了青年一代肩负的历史使命。要鼓励青年奋

---

①②　习近平:《决胜全面建成小康社会 夺取新时代中国特色社会主义伟大胜利》,人民出版社,2017 年,第 40 页。

③　《习近平总书记在北京大学师生座谈会上的讲话》,《新华日报》,2018 年 5 月 3 日。

勇向前,努力在国家建设中发挥自身建设社会的作用,要教育引导青年发扬勤劳勇敢、艰苦奋斗的精神,自觉投身社会主义建设事业,不断增强使命意识和担当意识,为实现国家富强而努力奋斗。

第二,为实现民族振兴而勇敢作为。中华民族历史悠久,民族发展的过程中取得不少的成就。新中国成立后,在党中央的正确领导下,中华民族振作起来,并在全国人民的共同努力下不断向前发展。新时代,中华民族实现了站起来、富起来的历史飞跃,而且正向着强起来的方向发展。习近平总书记指出:"展望未来,我国青年一代必将大有可为,也必将大有作为。"①青年作为年青的一代,是大有可为大有作为的一代,是实现民族振兴的中坚力量。必须教导青年树立崇高理想信念,提高思想道德修养,发展勇敢作为的精神品格。青年要抓住时代机遇,积极主动,为实现民族振兴而勇敢作为。

第三,为实现人民幸福而着力践行。习近平总书记指出:"当代青年要有所作为,就必须投身人民的伟大奋斗。"②实现人民幸福是党的奋斗目标。中国梦也是人民梦,是实现人民幸福的梦,是每位中国人民追求的梦想。当今时代是中国特色社会主义新时代,这是我国发展新的历史方位。我国在经济、政治、文化等方面都取得了很大的进展,人民的生活水平也不断提升。当前社会的主要矛盾已经从人民对物质文化的需要变成了人民对美好生活的需要和向往。③ 作为青年一代,广大青年要以人民为中心,为人民谋幸福,在党中央的正确领导下,结合时代变化和人民需求,立足国家利益和人民利益,为实现人民幸福而着力践行。

---

① 《习近平总书记同各界优秀青年代表座谈时的讲话》,《人民日报》,2013 年 5 月 5 日。
② 《习近平总书记致全国青联十二届全委会和全国学联二十六大的贺信》,《新华日报》,2015年 7 月 24 日。
③ 参见习近平:《决胜全面建成小康社会 夺取新时代中国特色社会主义伟大胜利》,人民出版社,2017 年,第 28 页。

（二）习近平总书记关于青年教育的重要论述与新时代高校思想政治理论课教学改革创新

当前存在部分青年理想信念淡薄的问题，有些青年忽视国家利益和集体利益，缺乏国家意识和大局观念，更多的是关注眼前利益和个人利益。习近平总书记不断强调加强青年教育的重要性和必要性。新时代高校思想政治理论课教学改革创新，也是基于当前高校思想政治理论课教学存在的问题而提出的。习近平总书记关于青年教育的重要论述有利于高校思想政治理论课教学改革创新的开展。

第一，进一步明确了改革创新目标。高校思想政治理论课教学改革创新要围绕着"培养什么人"这一首要问题来开展。自党的十八大以来，习近平总书记对"培养什么人"这个基本问题发表了重要论述。习近平总书记指出，教育要培养社会主义建设者和接班人；要培养担当民族复兴大任的时代新人，即"能够担当民族复兴大任、德智体美劳全面发展的时代新人和社会主义建设者和接班人"①。高校思想政治理论课教学改革创新要首先明确教学改革目标，以培养担当民族复兴重任的时代新人为任务。

新时代具有新情况新特点，青年一代处于具有新挑战、新机遇的新时代，见证了党和国家"全面建成小康社会"第一个百年奋斗目标的实现，也是实现"富强民主文明和谐美丽的社会主义现代化强国"第二个百年奋斗目标的中坚力量，要勇敢承担起实现中华民族伟大复兴的光荣使命。高校思想政治理论课要注重培养青少年的责任感、使命感，培养青年成为德、智、体、美、劳全面发展的社会主义未来可靠的建设者和接班人。高校思想政治理论课教学改革创新也是以"培养什么人"为基本遵循和实践方向，习近平总

---

① 《习近平总书记主持召开学校思想政治理论课教师座谈会强调：用新时代中国特色社会主义思想铸魂育人　贯彻党的教育方针落实立德树人根本任务》，《人民日报》，2019 年 3 月 19 日。

书记关于青年教育的重要论述为高校思想政治理论课教学改革创新指明了方向。

第二,进一步明确了改革创新方略。高校思想政治理论课教学的改革创新要通过教学实践活动来开展,只有通过实践落实,才能达成教学改革目标。习近平总书记关于青年教育的重要论述,明确了青年教育的重要性,也为高校思想政治理论课教学改革创新指明了教育对象。高校思想政治理论课教学改革创新要注重结合教育对象,充分发挥教育者、教育环境、教育载体等多方面因素的作用,采取受教育者容易接受的有效措施,落细、落实培养工作,从而达到教育目的。新时代高校思想政治理论课教学改革创新,要立足青年大学生这一受教育群体,坚持"八个相统一",坚持"六个要",引导学生树立正确的三观。青年学生处于人生观、价值观、世界观正在形成的关键时期,需要精心引导和培养。高校思想政治理论课教学的改革创新,要求教师在发挥自身主导性的同时要注重学生主体性的发挥,通过营造良好学习氛围、创新教学方法等方式,提高大学生学习的积极性、主动性,增强思想政治理论课教学实效性。

第二章 高校思想政治理论课教学 改革创新的时代要求

高校思想政治理论课教学一直在不断进行改革创新,在不同的历史时期具有不同的特点,也面临着不同的情况。高校思想政治理论课教学改革的过程,是一个阶段性和连续性相统一、前进性与曲折性相统一的辩证发展过程,并随着时代的发展变化而发展变化。

改革开放以前,高校思想政治理论课教学属于初建与探索阶段,这期间也经历过无序与停滞时期。改革开放以后,高校思想政治理论课教学得以恢复和重建,随着社会的发展而不断规范与发展,并在此基础上不断进行改革与创新。进入 21 世纪以后,国际国内形势发生了新变化,社会主义发展具有新特点。在改革开放和社会主义现代化建设进一步推进的历史时期,特别是党的十九大以来,高校思想政治理论课教学改革创新面临着更多的新情况新问题,其中包括我国高等教育的改革、人才培养新要求的提出、当代大学生思想政治状况新特点的出现,等等。因而只有明确时代要求,把握现实情况,有针对性地进行高校思想政治理论课教学改革创新,才能切实提高高校思想政治理论课教学成效。

　　高校思想政治理论课作为开展思想政治教育的重要课程,体现了党和国家的意志,离不开一定的时代背景条件。高校思想政治理论课教学的改革创新,始终要正确认识和科学判断国际国内形势特点,按照时代发展新要求,结合党和国家正确的政治路线和方针政策来构建和改革高校思想政治理论课教学方法体系。进入新时代,我国的国内和国际环境发生广泛而深刻的变化,当前我们处于实现中华民族伟大复兴的战略全局和世界百年未有之大变局这"两个大局"中,这给思想理论教育教学工作带来新的机遇和挑战,给高等学校思想政治理论课教育教学提出了新的任务和要求。当今时代是世界多极化和经济全球化的时代,科技革命日新月异,国与国之间的联系更加紧密,国与国之间的竞争也日趋激烈。当今时代也是信息化网络化的时代,各种思想文化相互激荡,西方各种思潮涌入我国。信息传播的快速、信息接收的方便快捷,使得人们受到各种思潮的冲击。新时代,如何对大学生进行正确引导是高校思想政治理论课教育教学面临的新问题。高校思想政治理论课教学改革创新要注重对大学生正确认识当今世界错综复杂形势、把握国际局势发展变化的引导,注重对大学生正确认识国情和社会主义建设客观规律、增强投身社会主义建设自觉性的引导,等等。新时代高校思想政治理论课教学改革创新要结合时代发展要求来进行,明确新形势新特点。只有正视国内外形势带来的机遇和挑战,明确新时代发展形势对高校思想政治理论课的新要求,高校思想政治理论课教学改革创新才能取得实效。

第一节　新时代高校思想政治理论课教学改革创新面临的机遇

新时代,国际国内社会各方面都取得了较大的发展。时代的发展给高校思想政治理论课教学改革创新带来了机遇,具体包括党和国家的高度重视、社会的快速发展、高等教育的改革发展等几个方面。新时代高校思想政治理论课教学改革创新面临的机遇为高校开展思想政治理论课教学改革创新创设了良好的条件。高校开展思想政治理论课教学改革创新要注意抓住时代机遇,把握发展契机,提高改革成效。

一、党和国家的高度重视为高校思想政治理论课教学改革创新创设机遇

一方面,党和国家高度重视教育事业,重视人才培养。党和国家注重实施科教兴国战略、人才强国战略、创新驱动战略等,注重充分发挥人才的作用。新时代是知识经济的时代,也是人才竞争的时代。科教兴国战略、人才强国战略与创新驱动战略的提出,深刻反映了中国共产党对教育所处历史方位的科学把握,这为高校思想政治理论课教学改革创新提供了正确导向。当今世界各国的经济和科技竞争,是各国间综合国力的较量,归根到底是人才的竞争。1995 年我国颁布《中共中央国务院关于加速科学技术进步的决定》,首次提出在全国实施"科教兴国"战略。自此以来,"科教兴国"战略就不断深入推进。

进入新时代,国际国内形势又有了新变化,人才问题显得更加重要。2021 年,习近平总书记在中央人才工作会议上发表重要讲话,强调要坚持党管人才,坚持面向世界科技前沿、面向经济主战场、面向国家重大需求、面向人民生命健康,深入实施新时代人才强国战略,全方位培养、引进、用好人才,加快建设世界重要人才中心和创新高地,为 2035 年基本实现社会主义现代化提供人才支撑,为 2050 年全面建成社会主义现代化强国打好人才基础。新时代,随着经济全球化深入发展,科技进步突飞猛进,综合国力竞争日益激烈,人才资源成为国家竞争力的重要影响因素。当前我国正处于加快推进社会主义现代化的关键时期,人才培养过程中存在人才机构不合理,人才管理体制、运行机制与市场经济体制不相适应等问题。

新时代进一步实施人才强国战略、提升人才培养的质量和水平,具有重要性和必要性。新时代,要进一步全面推进社会主义经济建设、政治建设、文化建设、社会建设、生态文明建设等各方面的建设,就迫切需要培养更多适合时代发展要求的人才,迫切需要高校充分发挥在人才培养、科学研究、社会服务等方面的功能,不断促进教育发展、人才培养。高校必须高举中国特色社会主义伟大旗帜,牢牢把握马克思主义在意识形态领域的主导权,在内部形成更加强大的凝聚力,对社会形成更加广泛的影响力,必须发展社会主义先进文化,大力弘扬时代精神、爱国精神、科学精神、人文精神等精神,培育和践行社会主义核心价值观,充实和创新高校思想政治理论课教育教学内容,发挥高校思想政治理论课的教育引导作用。

另一方面,党和国家高度重视思想政治理论课建设。历年来,党和国家都对思想政治理论课教学的成效和质量十分关注与重视,在社会发展过程中相继出台关于思想政治理论课教学的诸多文件,发布了一系列关于加强思想政治理论课建设、加强思想政治理论课教师队伍建设、加强马克思主义学院及学科建设等内容相关的政策。党和国家对思想政治理论课的重视有力地推动了思想政治理论课建设向前发展,加强了思想政治理论课改革创新的合力,促使思想政治理论课改革创新深入进行。

进入新时代,党和国家更加高度重视思想政治理论课教学改革创新,同时也对高校思想政治理论课教学成果提出了更高的要求。2019 年 3 月 18 日,习近平总书记主持召开学校思想政治理论课教师座谈会并发表重要讲话。座谈会上,习近平总书记阐明了开好思想政治理论课的长远意义,分析了课程改革创新和教师队伍建设的关键等问题。习近平总书记的重要讲话为推进高校思想政治理论课教学改革创新指明了前进方向、提供了根本遵循。新时代,党和国家进一步强调了高校思想政治理论课的重要地位,进一步提出了高校思想政治理论课教学改革的时代要求,这为高校思想政治理论课教学改革创新创设了时代机遇。

二、社会的快速发展为高校思想政治理论课教学改革创新创设机遇

新时代,我国社会发展进入了新的历史阶段,经济、政治、文化等各方面都取得较大的进展,这为高校思想政治理论课教学方法改革创新提供了强大动力。一方面,改革开放带来的巨大成就具有说服力、感染力。改革开放四十多年来,我国经济、政治等各方面都取得了较快的发展。通过改革开放,我国更深入地融入国际社会之中。在与国际社会联系紧密的同时,我国积极利用国际社会发展的有利条件,不断加强我国自身的改革创新,不断推动社会向前发展,在多方面特别是经济方面均取得了较大的成就。通过改革开放,我国利用经济全球化提供的良好外部环境积极参与到世界经济贸易的竞争与合作中。

我国改革开放四十多年的发展历史证明,改革开放是决定当代中国命

运的正确选择,是发展中国特色社会主义、实现中华民族伟大复兴的必由之路,是推动我国社会主义事业向前发展的关键。我国改革开放的巨大成就增强了思想政治教育内容的说服力和感染力,对坚定大学生的理想与信念会产生极大的促进作用。同时,中国改革开放的巨大成就也带来了我国安定团结的政治局面,这为高校思想政治理论课教学改革提供了和谐稳定的环境。另外,新时代要求进一步全面深化改革,我国的改革开放是全面的、全方位的改革开放,是顺应了时代发展潮流的改革开放,这为高校思想政治理论课教学改革创新提供了强大动力。在中国共产党成立100周年之际,我国取得了全面建成小康社会的巨大成就,更加显示了我国社会主义制度的优越性和强大的生命力,也为思想政治教育和高校思想政治理论课教学改革提供了强大的物质基础和安定团结的政治环境。

另一方面,知识经济的迅速发展带来了改革契机。知识经济是与农业经济、工业经济相对应的一个概念,是一种新型的富有生命力的经济形态,是以知识为基础的经济。创新是知识经济发展的动力,教育、文化和研究是知识经济时代最主要的部门,知识和高素质的人才资源是最为重要的资源。

关于"知识经济"的思想,很多学者都作了探讨。英国伟大的哲学家弗朗西斯·培根指出:"人类知识和人类权力归于一;因为凡不知原因时即不能产生结果。要支配自然就须服从自然;而凡在思辨中为原因者在动作中则为法则。"①由此可见,知识是认识自然利用自然的条件,是人类完善自身的重要手段,是人们治理国家和进行社会变革的力量。马克思认为:"固定资本的发展表明,一般的社会知识、学问,已经在多大的程度上变成了直接生产力,从而使社会生活过程的条件本身已经在多么大的程度上受到一般

---

① [英]培根:《新工具》,许宝骙译,商务印书馆,1984年,第8页。

知识的控制并根据此种知识而进行改造。"①德国经济学家熊彼特指出,资本主义发展的根本原因不是资本和劳动力,而是来自内部自身的创造性及创新。创新的关键则是知识和信息的生产、传播和使用。② 未来学家约翰·奈斯彼特认为:"知识是我们经济社会的驱动力。"③等等。

综合学者们的观点可以得出,知识具有十分重要的作用,知识对于人自身的发展、社会的发展变革都十分重要,人的素质和技能是知识经济实现的先决条件。改革开放以来,邓小平强调要尊重劳动、尊重知识、尊重人才,提出了"科学技术是第一生产力"的论断。2010 年,中共中央、国务院印发的《国家中长期教育改革和发展规划纲要(2010—2020 年)》指出,我国高等教育的功能是培养高级专门人才、发展科学技术文化、促进社会主义现代化建设。提高科学文化水平正在成为全民族的自觉意识,年青一代对享受优质高等教育资源的愿望更为迫切,这就为高等教育的改革、发展提供了良好的舆论环境和需求动力。知识经济时代,是知识、技术与经济结合得更紧密的时代。知识经济的核心是科技,关键是人才,基础是教育。重视教育、重视学习是知识经济时代重要的特征。高校作为人才培养的重要阵地,要不断进行教学改革,构建创造性教育模式,充分挖掘受教育者潜在的创造力,从而不断培养出适合时代发展要求的人才。知识经济的快速发展为高校思想政治理论课教学改革创新提供了机遇。

为了适应社会的发展要求,高校必须吸纳先进的教育理念,不断推进办学模式和人才培养模式的改革。大学生是学校生存和发展的决定性力量,在信息化网络化发展的时代,传统的课堂教学受到挑战,只有不断改革教学

---

① 《马克思恩格斯列宁斯大林论科学技术》,人民出版社,1979 年,第 31～32 页。

② 参见[美]约瑟夫·熊彼特:《经济发展理论》,孔伟艳、朱攀峰、娄季芳编译,北京出版社,2008 年。

③ [美]约翰·奈斯彼特:《大趋势:改变我们生活的是个新方向》,梅艳译,中国社会科学出版社,1984 年,第 15 页。

模式,创新人才培养方式,才能满足社会发展对人才培养的要求。高校思想政治理论课教学改革创新要更加注重把课堂教学同帮助大学生掌握最新知识结合起来,要将思想道德培养与哲学、政治经济学、科学社会主义等各学科知识培养结合起来。同时,当代大学生要积极主动掌握基本理论知识,提高专业素养,增强创新能力,提高自己的综合素质。

三、高等教育的改革发展为高校思想政治理论课教学改革创设机遇

为了更好地适应人才培养的要求,我国高等教育也不断进行改革。高等教育改革主要指的是高校在开展教育的过程中,在教育管理体制机制、学科专业设置、培养门类分级、招生就业定位等方面进行的改革,是针对我国高等教育单位各环节各因素的调整和变革。随着我国高校招生规模的不断扩大,高等教育也需要不断进行改革。20 与 21 世纪之交,我国新一轮教育改革启动。我国高等教育改革的目的在于促进我国高等教育办学模式向着适应社会主义市场经济体制的方向转变,适应新时代发展对于高等教育人才培养的要求。

新时代高等教育改革主要分为以下四个方面,并取得了不少进展:

第一,深化高等教育管理体制改革。高等教育改革过程中,通过教育管理体制的改革来优化教育资源配置,对于我国高等教育事业的发展具有深远的战略意义。中央和省级政府两级管理、以省级政府管理为主的高等教育管理新体制逐步形成。新体制调动了地方政府和社会各方面发展高等教育的积极性,密切了高校与区域经济社会发展的联系。同时,在高校管理体制上加强学校的自主权,允许学校在完成主管部门下达的计划并保证学校教学、生活条件的前提下,走联合办学的道路,多渠道筹集资金。同时,学校

在聘任和晋升人员方面也有更多的自主权。

第二，深化高等学校内部管理体制和机制改革。目前，各高校在遵循"转换机制、优化结构、增强活力、提高效益"的原则下，不断转变职能，改革学校内部管理模式，改革和调整学校教学、科研管理的组织方式，深化人事制度改革，并逐步建立适合教师特点的分配制度、激励机制和约束机制。高校内部管理体制机制的科学改革有利于提升高校的办学效益。

第三，深化高校毕业生就业制度改革。高校毕业生就业制度的改革促进了毕业生就业的积极性、竞争性，提高了就业质量。毕业生就业过程中，实行用人单位与毕业生的"双向选择"，逐步建立起市场导向、政府调控、学校推荐、大学生和用人单位双向选择的毕业生就业体制机制。

第四，深化高校后勤社会化改革。近年来，高校不断深化后勤社会化改革。通过改革改善高校后勤保障条件，突出高校学生社区育人的作用，推动高等教育办学模式与办学观念的转变，促进了高等教育的可持续发展。高等教育改革和发展为高校教育教学改革，特别是高校思想政治理论课教学改革提供了历史性机遇。

第二节　新时代高校思想政治理论课教学改革创新面临的挑战

新时代，面对新形势新变化，高校在开展思想政治理论课教学的过程中存在着一系列有待解决的问题，比如学科建设基础薄弱、课程内容丰富性不足、教学方式方法单一、教师队伍数量素质有待提升等问题。高校思想政治理论课教学改革在面对机遇的同时也面临挑战，高校要勇于面对挑战，有针

对性地开展思想政治理论课教学改革创新。当今时代,高校思想政治理论课教学改革创新面临的挑战主要包括以下五个方面:

一、经济全球化对高校思想政治理论课教学改革创新带来挑战

经济全球化是历史发展不可抗拒的趋势,是当今社会发展过程中必然出现的社会潮流。经济全球化是一个资本扩张增值的过程,也是一个文化激荡碰撞的过程,以资本主义的扩展为背景。新时代高校思想政治理论课教学改革离不开经济全球化的社会大环境,受到所处现实环境的影响。

(一)经济全球化的多重效应

全球化是在西方国家的主导下推动的,包括经济、政治、文化等各方面的"全球化"。全球化发端于欧洲,起源于工业化,是劳动分工和生产专业化扩张的产物,是现代化的必然结果。全球化首先是经济运行的全球性,也即是经济全球化。经济全球化给社会带来了多重的效应,具体体现在:

一方面,经济全球化使得各国间的联系越发紧密。马克思指出:"资产阶级,由于开拓了世界市场,使一切国家的生产和消费都成为世界性的了。"①经济全球化是一项历史进程,工业化的发展使得全球范围的经济得以转换,生产、消费、分配等经济环节实现了跨国家跨地区运行,现代国家体系得以形成。西方学者乌·贝克、尤尔根·哈贝马斯也指出:"世界市场不再是一个欧洲共同体市场,而是一个几乎包括整个世界的市场。"②可见,经济全球化时代下的各国都处于世界大市场的运作当中,国与国之间都处于紧

---

① 《马克思恩格斯选集》(第一卷),人民出版社,2012 年,第 404 页。
② [德]乌·贝克、尤尔根·哈贝马斯:《全球化与政治》,王学东、柴方国译,中央编译出版社,2000 年,第 205 页。

密的联系当中。经济全球化加速了社会上资本、人口等的流动,加强了全球中各国间的社会性联系。在全球化时代背景下,各国经济、政治、文化等方面的联系越来越紧密,各国在经济、政治、文化等方面的发展受其他国家的影响越来越大。马克思指出:"单是大工业建立了世界市场这一点,就把全球各国的人民,尤其是各文明国家的人民,彼此紧紧地联系起来,以致每一个国家的人民都受到另一个国家发生的事情的影响。"①在这里,马克思指出了工业化时代,世界市场建立之后,国与国之间的紧密联系和相互影响程度的提升。

另一方面,经济全球化使得各国面临不同文化的融合与应对。经济全球化时代背景下,各国在经济、政治、文化等各方面的联系不可避免地越发紧密,国与国之间在发展的过程中需要与其他国家发生各种各样的关系。由于各国的历史和国情不同,各国在与他国联系交往的过程中,也面临着各种政治文化方面的融合与应对的问题。马克思指出:"每一历史时代的经济生活以及必然由此产生的社会结构,是该时代政治的和精神的基础;因此(从原始土地公有制解体以来)全部历史都是阶级斗争的历史。"②在全球化的时代背景下,各民族都处在相互交往的大时代中,但各国由于经济情况、社会结构的不同,在全球化过程特别是经济全球化过程中表现出不同的政治、文化态度。在社会发展的过程中,当面对着一些社会问题,发达国家与发展中国家由于自身国家情况的不同,包括具体国情、文化传统等方面的差异,各个国家基于不同的国家利益会具有不同的反应。经济全球化过程中,需要各国在交往过程中注重国家间不同国情的融合,注重对相关问题的合理应对。

---

① 《马克思恩格斯选集》(第一卷),人民出版社,2012 年,第 306 页。
② 同上,第 380 页。

同时,由于全球化是由西方国家发起的。在全球化的过程中,西方国家一方面进行着资本的扩张,另一方面也加强对其他国家在政治、文化等方面的渗透,凭借其经济优势进行西方意识形态的渗透和价值观的引导。西方国家在经济全球化的同时,除了期待在经济上起到主导作用,也期待在政治、文化等方面进行扩张影响,进而实现其价值观的引导认同。在全球化的过程中,国与国之间在多方面都相互影响,各国都会受到本国之外的其他国家的相关因素所制约。在全球化大背景下,一个国家的经济、政治、文化等各方面都面临着融入国际大背景的境遇,能否维持本土特色,能否维持对本国的认同,不同国家都面临着一些现实挑战。

(二)经济全球化与高校思想政治理论课教学改革创新

经济全球化的过程,是一个国与国之间联系更加紧密的过程,是一个各国间联系融合的过程。经济全球化对于高校思想政治理论课教学改革的进行带来了挑战。

经济全球化使得高校思想政治理论课教学改革创新面临困难。因为经济全球化使得国家间的联系更加紧密,可能引发大学生对国家、民族等的认同危机,这不利于高校思想政治理论课教学的开展。伴随着经济全球化的发展,国家间在经济、政治、文化等各个方面相互联系相互交融,在各领域的联系越来越紧密。在各国联系更加紧密的情况下,国与国之间的相互对比相互借鉴就更加明显与普遍。在通过与其他一些发达国家进行对比而看到其他国家某方面优越性的情况下,结合国内发展过程中存在的一些问题,大学生容易产生国家认同差异,容易因为看到其他国家的有利方面而对我国的道路、制度等方面降低认可度。高校思想政治理论课教学改革创新旨在通过对思想政治理论课教学的改革创新来提高教学成效,从而达到对大学生进行思想道德引领的目的,教育引导大学生以党和国家的要求为指引,树立践行正确的理想信念。而经济全球化过程中,国家间相互依存更加紧密,国家发展过程中面临的问题也来越多,大学生对于国家的看法、对于自身理想信念的树立受到很多因素的影响。经济全球化的过程中,社会成员看到的更多是西方国家的发达情况,看到的是西方国家的一些优势。经济全球化的过程中,除了经济领域,各国在政治、文化、社会等方面的相互影响程度越来越大,西方国家的各方面情况都对人们产生较大的影响。生活于当今时代的大学生,深受西方发达国家发展情况的影响,在对西方国家的经济、政治、文化等方面情况进一步了解和接触之后,价值观念也会受到西方思潮的影响,有的甚至比较认同西方一些思想观念,这对于高校思想政治理论课教学改革创新的推动是一种挑战。

二、市场经济的特点对高校思想政治理论课教学改革创新带来挑战

(一)市场经济的现实特点

社会主义市场经济具有一般市场经济的共性。经济体制改革的核心问题是如何处理政府与市场的关系,如何使得市场在资源配置中起到决定性作用和更好地发挥政府作用的问题。市场决定资源配置是市场经济的一般规律,健全社会主义市场经济体制必须遵循这条规律,着力解决市场体系不完善、政府干预过多和监管不到位问题。① 我国社会主义市场经济制度正是遵循价值规律要求,适应供求关系的变化而采取的适合现实需要的经济制度,是一种针对原来的计划经济体制进行的改革。一般而言,改革过程涉及社会成员利益的方方面面,改革的进程是一个利益调整的过程。市场经济背景下的当今时代,社会成员情况各异,社会成员的利益需求具有广泛性、

---

① 参见《中共中央关于全面深化改革若干重大问题的决定》,人民出版社,2013 年,第 5~6 页。

多样性和复杂性,人们多数会根据自身利益的实现程度来决定是否拥护相应的改革,把利益特别是个人利益的获取成效作为评判改革是否有效的根本标准。市场经济的时代,利益市场化是当今社会的特点。市场经济作为现代社会的经济运行方式,利益市场化对大学生是否接纳与参与高校思想政治理论课教学改革创新产生较大的影响。

现代社会是一种基于市场经济运作之上的社会,市场经济是现代化的重要表征之一。以利益为导向的市场经济,是一种以市场为主导的经济调控方式,也是一种以利益为衡量标准的经济运作模式。市场经济条件下,人们更加追求自身的利益,人们正确价值观念的形成更加受到挑战。现代市场经济条件下的社会,生产过程中更多的是立足利益需求,注重追求市场效益,追求物质利益最大化,以利益获取为根本衡量标准是市场经济的重要特点。现代市场经济条件下,人们的价值观念受到现实考量,在看待分析事物的时候,人们更多是以自我价值的认定为基准,以自我的利益为衡量依据。德国著名社会学家、哲学家尤尔根·哈贝马斯指出:"神话消除之后兴起的第二种合理化动力激发了一种现代意识,其关键特征在于,具有各种不同特征的文化价值领域发生了分化。价值领域分化所导致的结果是信仰和知识的主观化。"①受到市场经济的影响,人们对于客观事物价值的评价更多立足自我利益的主观评价,受利益至上运作逻辑的影响,在市场运作、利益为先的市场经济时代,人们正确价值观念的形成受到挑战。

(二)市场经济与高校思想政治理论课教学改革创新

社会主义市场经济体制的实行对高校思想政治理论课教学改革创新带来国内社会环境的变化和挑战。社会主义市场经济体制体现了利益市场化的特点,利益市场化这一现实情况对大学生价值观念的形成产生了较大的

---

① [德]尤尔根·哈贝马斯:《交往行为理论》,曹卫东译,上海人民出版社,2004年,第331页。

影响。在当今市场经济条件下,大学生要注重结合国家发展实际,处理好集体利益和个人利益的关系,树立和践行正确的思想道德观念,端正自身对高校思想政治理论课教学改革创新的看法,主动参与高校思想政治理论课教学改革创新。

在市场经济为主导的现代社会,社会运作以市场资源配置为特征,注重利益的获取,人们正确思想观念的形成受到不利影响。一方面,社会主义核心价值体系影响力受到冲击。市场化的现代社会,人们更多的是追求自我价值的实现,更多的是从自我出发去思考问题,从社会集体的角度去看待问题的相对较少。另一方面,集体道德观念减弱。市场化的现代社会,宣扬的是个人自我价值,更多的是强调自我的利益与权利。现代社会中,集体道德观念日益淡薄。在现代化进程这样的境域下,社会更多的是注重利益性,对生活中事物的评判更多是立足自我利益的获取和自我价值实现的程度。在这样的社会境域下,大学生理性认知的形成受到不少挑战。社会主义集体主义是高校思想政治理论课需要培养大学生树立的正确价值观。

在市场经济环境下,使得个人利益逐渐凸显,市场经济与个人利益存在着一种内在的联系。社会主义市场经济背景下,市场经济中的竞争以个人利益为驱动力,个人利益的实现与否以及实现程度如何,也将通过市场竞争得以体现。在市场经济这种环境下,大学生要考虑的问题是如何增强自己在学校和未来社会上的竞争力,更多地会注重自身的专业能力而忽视内在的精神素养和综合素养,缺乏对他人、社会的责任感。在面对问题的时候,大学生更多的是立足自身利益而缺少立足国家、集体利益。利益市场化影响了大学生理性认知的形成,对大学生正确思想观念的形成产生了挑战。这使得高校思想政治理论课一直倡导的马克思主义世界观、人生观、价值观和社会主义的道德观等正确观念受到极大的挑战。高校思想政治理论课需要在教育教学改革的过程中引导大学生培育、践行社会主义核心价值观,引导大学生解放思想、更新观念,以一种良好的心态,在学习中成长和发展。

三、价值多元化对高校思想政治理论课教学改革创新带来挑战

当今时代,是各种思潮相互交织的时代,是价值多元化的时代。价值多元化是当今时代发展的特点,具有必然性和客观性。英国哲学家约翰·洛克指出:"由于真理只有一个,通往天堂的路只有一条,而每一个宗教信仰对自身而言都是真的和正统的,所以别的宗教就都是假的和异端。这里存在着不可克服的矛盾,唯一的办法就是宽容。"[1]约翰·洛克指出了价值多元的协调功能,指出了在不同宗教不同信仰并存的前提下,只有通过价值多元的方式才能得以协调。以赛亚·伯林认为:"自由的根本意义是摆脱枷锁、囚禁与他人奴役的自由。其余的意义都是这个意义的扩展或某种隐喻。为自由奋斗就是试图清除障碍;为个人自由而奋斗就是试图抑制那些人的干涉、剥削、奴役,他们的目标是他们自己的,而不是被干涉者的。"[2]以赛亚·伯林指出了自由的意义所在,指出了人们对于自由的追求。英国哲学家、心理学家约翰·密尔也指出:"唯一名副其实的自由,就是只要我们不试图剥夺他人的这种自由,不妨碍他们获得这种自由的努力,就可以按照我们自己的方式追求我们自身利益的自由。无论是身体的健康,还是智力和精神的健康,每个人是其自身健康的恰当保卫者。人们如果容忍各自按照自己认为是好的方式去生活,那要比强迫每人都按照其余的人们认为是好的方式去生活,所获更大。"[3]约翰·密尔指出了自由的意义以及取得自由的合理方式。可

---

① [英]约翰·洛克:《论宗教的宽容》,吴云贵译,商务印书馆,1982年,第42页。
② [英]以赛亚·伯林:《自由论》,胡传胜译,译林出版社,2011年,第48页。
③ [英]约翰·密尔:《论自由》,顾肃译,译林出版社,2012年,第14~15页。

见,以赛亚·伯林和约翰·密尔都从自由的角度对于价值多元进行了阐释,指出了价值多元的现实性和客观性。在现代社会中,价值多元是客观存在的事实,是当今多元社会的客观而普遍的现象。生活于现新时代社会中的人们,其价值观念的形成越来越多元化。

社会上各种思潮并存,人们的思想观念具有多样性,价值多元化是当今时代的特点。当今社会,西方国家的各种思想存在于社会当中,社会思想呈现出价值多元的现实特点。新时代大学生生活的时代是价值多元化的时代,各种价值观念交织并存,各种思想交流碰撞,这对高校思想政治理论课教学改革创新带来了挑战。

(一)价值多元化的现实剖析

1. 价值多元化的现实特征

当今时代,是价值多元化的时代。生活于价值多元化时代下的人们,其思想观念具有多元的现实特征。马克思、恩格斯指出:"生产的不断变革,一切社会状况不停的动荡,永远的不安定和变动,这就是资产阶级时代不同于过去一切时代的地方。一切固定的僵化的关系以及与之相适应的素被尊崇的观念和见解都被消除了,一切新形成的关系等不到固定下来就陈旧了。一切等级的和固定的东西都烟消云散了,一切神圣的东西都被亵渎了。人们终于不得不用冷静的眼光来看他们的生活地位、他们的相互关系。"①随着社会生产的发展,社会关系也不断变化发展,人们的价值观念表现出多元化。社会存在决定社会意识,随着社会的变化发展,人与人之间关系发生变化,集体关系越来越弱化。加拿大哲学家查尔斯·泰勒指出:"一个分裂的社会是一个其成员越来越难以将自己与作为一个共同体的政治社会关联起来的社会。这种认同之缺乏可能反映了一种个人利益至上主义的观念,而

---

① 《马克思恩格斯选集》(第一卷),人民出版社,2012年,第403~404页。

依此观念,人们终将纯粹工具性地看待社会。"①在现代社会中,人们越来越多的是强调自我利益的实现,人们的思想更加趋于自我化和去传统化,人们间的集体关系越来越弱化,人们的价值观念也呈现出价值多元的特点,主要表现为以下两个方面:第一,集体观念越来越淡漠化。在现代社会中,人们的集体观念比较弱,对于集体的思考比较少,更多的是关注自我,强调个体与自我,更多的人把个体放在首位。第二,人际关系越来越个体化。现代社会,社会个体成员与组织的关系日益分化,个体成员与组织的关系不再像传统社会一样紧密,个体与外部社会体系之间越发分离,人与人之间更强调个体化。

2. 价值多元的产生原因

价值多元化是现代社会发展的现实特点,其形成有着多方面的原因,具体表现为以下两个方面:第一,现代社会中身份的多元导致了价值的多元。经济全球化的时代,人们作为公民的身份也出现了多重现象,双重国籍或是多重国籍的公民不在少数,人们拥有多元的身份。英国著名学者马歇尔指出:"今天的公民已被'剥夺了公民权'。"②全球化时代下的人们,其公民身份具有了世界公民、国家公民、地区公民、联邦组织公民等多重身份,不同的身份使得人们具有多重的角色定位。而生活在现代社会中的人们,他们的思想、价值观念都是基于利益尤其是自身利益来考虑而形成的。由于多元的身份,人们思考问题的立足点也基于不同的身份具有多元化,不同的身份有不同的利益追求,呈现利益多元的特点。当今利益多元的时代下,利益的多元引发了价值的多元,人们的价值观念也更加多元化。

---

① [加拿大]查尔斯·泰勒:《现代性之忧》,程炼译,中央编译出版社,2001 年,第 135 ~ 136 页。

② Horseman M. &A. Marshall,*The Disenfranchised Citizen After the Nation State：Citizens，Tribalism and The New World Order*,London：Harper Collins,1994：37.

第二,现代社会的分化导致了价值的多元。价值多元化是现代社会分化的结果。在全球化的当今时代,社会越来越分化,各种跨国组织普遍存在,而且各种跨国组织的数量越来越多,国与国之间的联系越来越紧密,在各个领域的相互接触越来越多。德国哲学家尼采指出:"人们受传统的约束越小,他们的种种内在动机也就越发蠢蠢欲动,因此他们的外在的骚动不安、他们相互间的交往和融合以及他们的种种努力的多重影响也就日益增强。"①全球化时代下各国间的联系与竞争给人们价值观念的形成提供了多元的参考依据,人们的思想观念也受到价值多元的影响。随着社会的分化,人们的价值观念更加多元化。德国著名社会学家马克斯·韦伯在关于社会的研究中指出:"所有这些领域均可按照完全不同的终极价值和目的取向来加以理性化。"②在传统社会不断发展的情况下,现代社会呈现的是社会越来越分化,社会价值越发多元化的现象。可见,随着现代社会中人们身份的多元与社会的不断分化,人们价值观念也体现了多元化的特点。

(二)价值多元化与高校思想政治理论课教学改革创新

价值多元化的社会对大学生价值观念的形成产生了较大的影响,这对高校思想政治理论课教学改革创新的进行产生了挑战。高校开展思想政治理论课教学改革创新,要结合大学生思想特点来进行,教育引导大学生树立正确的思想道德观念。

价值多元化影响着当代大学生的理性认知,高校思想政治理论课教学改革创新是立足提升大学生思想道德观念的改革创新。价值多元化带来的负面影响使得高校在开展思想政治理论课教学改革创新的过程中面临挑战。一方面,价值多元化容易导致大学生对党和国家相关政策产生认同差

---

① Nietzsche, *Human*, *All Too Human*, London:Cambridge University Press,1986:24.
② [德]马克斯·韦伯:《韦伯文集》(上),韩水法编译,中国广播电视出版社,2000 年,第246 页。

异。价值多元化使得大学生思考问题的立场具有多元性,对于各项事业的评价标准具有多样性,大学生容易产生对于党和国家相关政策的认同差异。大学生作为社会个体,有着不同的个体利益需求,在多元价值观念的引领下,对于党和国家各项事业的成就评判各异,对于党和国家各项政策的认可度程度不一。大学生作为社会个体,其利益需求具有广泛性和多元性,思想上容易受到多元价值观念的影响。同时,在对事物进行选择评判的过程中,在价值多元化的现代社会,大学生接触着各种思维观念,接触到社会上的各种观点看法。在面对各国、各地区、各领域的不同发展情况时,大学生在评判的过程中容易受社会上多元思想观念的影响而产生不科学的片面评判,容易把国内情况与西方国家某些方面进行不科学的对比,从而产生片面将其他国家发展成就作为评判本国国内改革成效的标准的情况。这样的不科学评判不利于大学生正确思想道德观念的生成。

另一方面,马克思主义的理论和信仰受到价值多元化的挑战。高校思想政治理论课的理论教育功能和思想政治教育功能就在于教育引导大学生掌握马克思主义的理论和思想,确定马克思主义理想信念。而改革开放以来,我国社会利益关系呈现出一些新特点,比如利益主体多元化、利益差距扩大化等。在我国改革开放新时期,经济、社会及阶层结构、利益群体都产生不小的变化,多层次的利益主体有着不同的利益诉求,社会思潮呈现多元、多变的特点,各种价值观念交织并存于现实中。与此同时,随着经济全球化和信息化的发展,加上国家间交往的日益频繁,国际社会上各种社会思潮比如拜金主义、个人主义等也涌入我国并影响着人们的价值观念形成。马克思指出:"如果从观念上来考察,那么一定的意识形式的解体足以使整个时代覆亡。"①美国学者道格拉斯·诺斯也指出:"意识形态是种节约机制,

---

① 《马克思恩格斯全集》(第30卷),人民出版社,1995年,第539页。

通过它,人们认识了他们所处环境,并被一种'世界观'导引,从而使决策过程简单明了。"①可见,意识形态具有十分重大的作用,要重视对大学生进行主流意识形态的教育引导。

随着改革开放的深入、现代科技的普及,高校在地理空间、信息交流、文化传播等方面与社会各界都更加紧密。高校是社会变革、政治思想、学术思潮的集散地,是各种信息的密集地,也是发展科学文化的重要园地。信息来源的日益广泛,极大地拓展了大学生的视野。价值多元化给高校思想政治理论课教学改革创新带来了挑战。高校思想政治理论课教学改革创新要审视价值多元的必然性和客观性,采取适合有效的措施来进行改革创新。当然,在价值多元化的社会中,高校思想政治理论课教学改革创新的有效进行,需要党和国家提供经济、政治等各方面的条件,提供得以开展的平台。

四、信息化网络化对高校思想政治理论课教学改革创新带来挑战

信息化时代,大众传播媒体作为媒介工具在人们的生活中发挥重要作用,具有重要的地位,对人们的日常生活产生深入的影响。作为思想政治理论课教学的重要媒介,对信息化时代下大众传播媒体的作用进行审视,是考量高校思想政治理论课教学改革创新问题不可缺少的方面。信息化时代,除了传统的传播媒体外,更有微信、微博、多媒体网络等新媒体,信息化时代下的这些大众传播媒体都深刻地影响人们的日常生活,影响人们思想的形成。

---

① [美]道格拉斯·C.诺思:《经济史中的结构与变迁》,陈郁、罗华平等译,上海三联书店、上海人民出版社,1991 年,第 53 页。

（一）大众传媒的特点与作用

1. 大众传媒的鲜明特点

大众传媒作为一种传播媒介，既具有一般媒介工具的特点，也具有自身特殊功能性特点，具体包括以下三个方面：

第一，大众传媒具有广泛性。在大众传媒体信息传播的过程中，广泛性体现在其影响范围、影响内容、影响手段等方面。"媒体便利跨越时空的互动、影响各人用来代理他人的方式、影响个人对他人作出回应的方式以及影响个人在接收过程中行动和互动的方式。"①大众传媒影响着人们生活的方方面面，深入到社会大众当中，生活于现代社会的人们均深受影响。大众传媒影响范围大，涉及面广，具有广泛性。

第二，大众传媒具有迅速性。随着技术水平的不断提高，在科技发达的现代社会，大众传媒的信息传播速度很迅速，各种信息都能很快被传达。大众传媒在信息传播的过程中，迅速是其最突出的特点。信息传播的快速和信息传播的及时是新时代媒体的重要特点。信息传播的过程中，大众传媒快速地将各种信息向生活在世界各地的人们进行传播，人们能够第一时间接触和了解信息。

第三，大众传媒具有引导性。大众传媒的引导性，既包括政治的引导也包括文化的引导。一方面，大众传媒具有政治引导性。大众传媒在信息传播的过程中会为社会主导阶级所控制，运行过程中会与政治相连，具有社会意识倾向性。大众传媒具有导向性的特点，起到导向的作用，在信息传播的过程中，往往隐含着某种政治倾向、价值导向，会对社会成员的思想产生引导作用，影响社会成员思想观念的形成。另一方面，大众传媒具有文化引导性。大众传媒在各种信息传播的过程中会产生文化影响，对人们思维方式、

---

① ［英］约翰·B.汤普森：《意识形态与现代化》，高铦等译，译林出版社，2005年，第248页。

价值观念的形成等方面都产生影响。大众传媒在信息传播的过程会形成一种信息文化氛围,通过各种信息的传达和各种形象的展现,赋予了文化的信息,影响着人们价值观点、思想观念的形成。

2. 大众传媒的重要作用

大众传媒作为一种信息传播中介对于信息的传播起到重要的作用,在不同时期作为信息传播中介,以不同的形式对人们的生活、学习、工作等方面产生影响。特别在信息化网络化的现代社会,网络媒体已经成为现代人们生活不可缺少的一部分,其信息传播影响力远远高于传统媒介的作用。现代网络媒体、手机等媒介的普及,微信、微博、QQ 等平台的运用,无时不在,无处不有,渗透人们生活的方方面面。美国学者凯尔纳指出,"媒介文化"的广泛使用,"意味着我们的文化是一种媒体文化,说明媒体已经拓殖了文化,表明媒体是文化的发行和散播的基本载体,揭示了大众传播的媒体已经排挤掉了诸如书籍或口语等这样旧的文化模式,证明我们是生活在一个由媒体主宰了休闲和文化的世界里。因而,媒体文化是新时代社会中的文化的主导性形式和场所"①。当今时代是信息化的时代,大众传媒对个人和社会都会产生诸多影响。同时,大众传媒作为一种公共管理的重要媒介,是人们接收和反馈信息的重要载体,在政治调控、舆论导向等方面起到了重要作用。

(二)信息时代化与高校思想政治理论课教学改革创新

在信息化时代的社会中,作为社会民众的重要成员,大学生的生活也受到大众传媒的影响,大学生价值观念的形成受到大众传媒深刻制约。信息化时代,大众传媒作为信息传播的媒介,对高校思想政治理论课教学改革创

---

① [美]道格拉斯·凯尔纳:《媒体文化——介于现代与后现代之间的文化研究、认同性与政治》,丁宁译,商务印书馆,2004 年,第 61 页。

新带来了挑战。新时代大学生要注重合理利用大众传媒这一工具,发挥大众传媒的优势,端正自身的看法,科学看待思想政治理论课教学改革创新,积极主动参与改革创新,树立和践行正确的思想道德观念。

信息时代的大众传媒使得大学生思想容易受各种思潮影响而波动不定,影响其正确思想观念的形成,影响其对高校思想政治理论课教学改革创新的认可与参与。"在全球互联网时代,网络信息中的政治文化渗透不断冲击着青少年的世界观和人生观。青少年鉴别'精华'和'糟粕'的思维能力尚未完全成熟,思想观念正处于可塑期。他们深受全球网络传媒的影响,同时又受到不同社会群体或种族文化思想的影响。"①一方面,大众传媒的工具性特点不利于大学生理性认知的形成。信息时代的大众传媒更多的是体现其工具性的一面,引导大学生形成理性认知的作用则相对较弱。大众传媒作为一种传播工具具有商业化倾向的特点,有时候还存在低俗化取向等情况,这些都对于大学生正确思想认知的形成产生不利影响。另一方面,大众传媒传播的迅速性与多渠道性等特点影响大学生正确认知。大众传媒具有传播速度迅速、传播渠道广泛等特点。在市场经济条件下,大众传媒更多的是去满足社会大众多样多变的各种需求,传递易变、流动的信息,一些传播媒介在主流价值引导的关注度方面存在不足。"在廉价的纸张、印刷、普及识字、交流便捷的时代,会出现各种意识形态,争取我们的认同。创造和宣传这些意识形态的,往往是一些比民族主义预言家们有更高的文化水平和宣传才能的人。"②

在商业化市场化时代,大众传媒更多的是关注各种新奇信息,有些网络媒体存在缺少对主流信息的传播的情况,这对大学生的思想观念教育引导

---

① 马文琴:《全球化时代青少年国家认同教育研究》,中华书局,2017 年,第 74 页。
② [英]厄内斯特·盖尔纳:《民族与民族主义》,韩红译,中央编译出版社,2002 年,第 165 页。

产生冲击,不利于对大学生树立践行正确思想道德观念教育引导的开展。同时,大众传媒的低俗化取向也影响大学生的价值判断,影响大学生正确思想道德观念的形成。另外,大众传媒信息传播迅速、便利的特点也为不良分子开展反面引导提供了条件。社会上一些不良分子通过利用大众传媒来传播一些不正确的信息、不正确的价值理念,这些都不利于大学生正确思想观念的形成。在信息化时代,一些负面信息会通过大众传媒的传播充斥大学生的思想,从而影响大学生的科学认识,影响大学生正确思想道德观念的形成。另外,大众传媒的运作使得信息传播无边界,全球信息呈现共享性,这使得大学生容易接触到来自国内、国际等各方面的信息。信息化时代,各种社会思潮充斥于人们的生活当中,大学生也受到来自社会上各种信息的影响,大学生正确思想观念的形成存在一定难度。

基于以上信息时代的特点,高校思想政治理论课教学在改革创新过程中,对于大学生正确思想观念的教育培养面临的挑战表现为:其一,社会主义核心价值体系的培育与践行受到挑战。富强、民主、文明、和谐,自由、平等、公正、法治,爱国、敬业、诚信、友善是我们倡导的社会主义核心价值观。构建社会主义核心价值体系,是社会主义意识形态的本质体现,决定着中国特色社会主义的发展方向。高校思想政治理论课正是通过对大学生进行系统的马克思主义理论教育,帮助和引导大学生坚持社会主义核心价值体系、培育和践行社会主义核心价值观。而在信息化的时代,不同的意识形态交织,爱国主义精神受到全球意识的挑战,社会主义文化受到西方文化侵蚀。随着经济全球化的深入发展,国与国之间的联系越来越紧密,超越国家和民族界限的全球性问题日益突出。西方国家也借此大力宣扬西方的各种思想。美国学者罗伯特·莱克指出:"我们正在经历一场变革,这场变革将重新安排即将到来的世界经济和政治……每一个国家的基本政治使命将是应付全球经济的离心力,这种力量正在拆散把公民联系在一起的纽带。"①而美国历来都宣扬自己的价值观,力图渗透到各国中去。这使得高校思想政治理论课作用的充分发挥受到了挑战。

其二,我国文化的传承受到挑战。全球化的进程,也是各国文化交锋、交融的过程。作为传承、创新文化的重要场所,高校有着推动文化发展的优势。高校思想政治理论课教学的重要任务就在于致力于民族文化的发展,增强民族凝聚力,培养大学生高度的文化自觉和文化自信,增强大学生对我国优秀文化的认同感。学者冯友兰指出:"西洋文化之所以是优越底,并不是因为它是西洋底,而是因为它是近代或现代底。我们近百年来之所以到处吃亏,并不是因为我们的文化是中国底,而是因为我们的文化是中古底。"②对待中西方文化,我们既要吸收西方优秀文化成果,又要继承和弘扬中华民族优秀传统文化,尊重文化在思想政治理论课教学中的地位,要引导教育大学生树立一种开放的文化心态和全球性的文化意识,自觉把民族意识与全球意识结合起来,把民族精神和时代精神统一起来,提高大学生文化创新的能力。

在全球竞争中,实现中华民族伟大复兴一直是我们的目标。信息化时代,网络综合了报纸、广播、电视、图书等媒体的优势,汇集了世界各国的政治、经济、科技、文化等各方面的信息,这些信息都容易被大学生在每天的学习生活中所接触,大学生能随时随地获知各种信息。针对大学生出现的国家意识淡薄、否定民族文化价值等现象,高校思想政治理论课教学改革创新要注重培育大学生的民族自尊心、自信心和自豪感,培养大学生树立为祖国的繁荣昌盛不懈奋斗的决心和使命感。

---

① [美]罗伯特·莱克:《国家的作用——21世纪的资本主义的前景》,徐获洲等译,上海译文出版社,1994年,第1页。

② 冯友兰:《三松堂全集》(第4卷),河南人民出版社,2001年,第205页。

五、大学生成长的新变化对高校思想政治理论课教学改革创新带来挑战

当代大学生所生活的时代,是"百年未有之大变局"的新时代。作为充满年轻活力的新一代,其生活环境和思想特点都有了新变化。大学生成长的新变化和新特点,既给高校思想政治理论课教学方法带来了新机遇,又给思想政治理论课教学改革创新提出了新挑战。大学生在建设中国特色社会主义和实现中华民族伟大复兴中国梦过程中发挥着重要作用。教育引导大学生树立正确的思想道德观念,对他们进行理想信念教育显得具有重要性和必要性。

（一）大学生成长的新变化

1. 成长环境的变化

新时代大学生成长环境具有新特点。当前国际国内形势正发生深刻变化,生活于新时代的大学生,其理想信念的坚定树立受到了严峻的挑战。新时代是经济全球化、价值多元化、信息化、网络化的时代,大学生的思想关注点日趋宽泛,思想文化需求日趋多样。同时,网络已成为大学生获取信息的重要途径,社会上各种社会思潮交织并存并影响着大学生的思想,一些不法分子甚至煽动大学生反对中国共产党的领导,这都对大学生正确思想的形成产生不利影响。

第一,网络新媒体环境。当今时代是信息化网络化时代,网络新媒体的出现成为人们接收、传播、获取知识和信息的重要途径。互联网具有覆盖范围广、使用方便快捷、时空限制小等特点,迅速成为人们首选的社交手段和信息获取渠道。与此同时,由于互联网信息传播规模大、速度快、来源多,各种各样的网络信息充斥人们的视野。生活在当今时代的大学生也深受互联

网影响,学习生活过程中离不开对网络新媒体的依赖,这都对高校思想政治理论课教学形成了挑战。一方面,大学生获取信息的渠道大大拓展。作为年青一代,大学生更热衷接受新事物,更容易接受网络新媒体,在生活学习过程中,对于网络新媒体的使用程度更大。微信、微博、QQ以及各种网络社交软件已经成为当前大学生学习生活过程中必不可少的社交手段和信息获取工具。另一方面,大学生甄别信息的能力有待提升。大学生是年青的一代,身心并没有完全成熟,由于社会经验不足、评判标准不全面等原因,信息辨别力有限,在信息的甄别过程中容易受到一些不良思想所影响。对于社会热点、敏感问题以及党和国家的大政方针,网络上会出现造谣者捏造、歪曲事实,制造网络谣言的情况,甚至发表不当言论,这都对大学生正确认识问题产生负面影响。

第二,多元文化环境。当今时代是价值多元化的时代,世界范围内各种思想文化交流交融交锋更加频繁。思想政治理论课如何发挥正能量,增强对重大理论和现实问题的阐释力,在多元中确立主导,这是面对多元文化环境所必须考虑的问题。多元文化环境有利也有弊,一方面,多元文化环境有利于各国文化的相互借鉴,增强对世界各国文化的学习;另一方面,多元文化环境下国外各种社会思潮都相互交织,在优秀文化涌入我国的同时腐朽文化也随着涌入。多元文化环境使得西方资产阶级腐朽文化渗入我国,有些甚至污蔑我国优秀传统文化,诋毁我国社会制度,这对我国主流文化和主流意识形态带来了不同程度的冲击,影响大学生思想认识,不利于高校对大学生思想政治教育的开展。多元文化环境下,大学生更加具有独立、自我意识,在知识学习上更加注重主观能动性的发挥,而不倾向于被动接受理论知识传授。同时,由于受多元文化生态的负面影响,大学生对我国主流文化和主流意识形态情感上的认同度会减弱。

2. 身心特点的变化

新时代的大学生作为年青的一代具有身心新特点,这对高校思想政治理论课教学改革创新提出了挑战。新时代,社会环境更加复杂,时代发展带来了很多新问题新情况。当代大学生处于变化发展的新时代,更处于人生成长的关键期,具有鲜明的身心特点。一方面,大学生具有自我意识强烈、灵活性创造性强、情感丰富等优点;另一方面,大学生又存在易受影响、经验不足、认识问题不全面等不足。当代大学生在面对问题的时候倾向于独立思考,不乐于接受他人的理论说教。而随着高等教育大众化进程的加快,当前高校的大学生群体规模日益扩大,大学生数量多、来源广,大学生群体的思想政治观念越来越多样。大学生身心特点新变化具体表现为:

第一,思想多元且易受影响。由于生活在当代社会,大学生通过互联网接收到来自四面八方的信息,受各国社会思潮所影响。作为年青一代,大学生正处于身心发展关键期,思想更加前卫更加时代化,受信息多元的社会所影响思想也呈现多元化。我国的优秀传统文化和西方国家的思想文化都对大学生的思想产生影响。当代大学生具有好奇心大、易于接受新事物等特点,同时大学生的接受能力和学习能力都较强,但由于社会阅历和生活经验的不足等原因,大学生的思想容易受影响,对于事物的接受程度也不尽相同。在当前价值多元化的时代,大学生容易受到不良思潮或网络不良思想影响,对于错误的思潮难以做出正确的判断,对于正确思想难以做出抉择,有的甚至存在对党和国家相关方针政策的认同危机的情况。因此高校思想政治理论课教学改革创新要重视加强对大学生的思想引导。

第二,追求发展却缺乏动力。自新中国成立以来特别是改革开放以来,我国经济、政治、文化、社会等各方面都取得了较大的发展。生活在新时代的大学生,一直享受着生活的美好。当前大多数大学生,更多注重自我实现,注重追求自身的全面发展。但由于当代大学生生活经验不足、抗挫能力不强,在追求自身发展的同时又缺乏奋斗的动力。有些大学生自尊心强但意志薄弱,心理承受能力、抗压能力、耐挫能力不强,踏实努力的劲头不足,碰到困难的时候容易退缩。另外,由于当前社会是市场经济的社会,有些大学生容易受社会环境所影响而出现急功近利、追求眼前利益等情况,没有踏实求学的心态,难以静下心去好好学习,更没有为国家为社会的使命担当意识。

(二)大学生成长的新变化与高校思想政治理论课教学改革创新

当代大学生是高校思想政治理论课教学的对象,其成长的新变化对高校思想政治理论课教学改革创新带来了挑战。

一方面,大学生所处环境的新变化给高校思想政治理论课教学改革创新带来了挑战。网络化的时代,大学生可以通过网络新媒体获得很多知识和信息,包括思想政治理论课相关知识。大学生对于知识的获取不再依赖思想政治理论课教学的传授。而网络上一些错误思潮或不当言论对大学生正确认识问题产生负面影响,影响了大学生对思想政治理论课课程内容的认可。同时,多元文化环境影响大学生思想认识,不利于高校对大学生思想政治教育的开展。由于受多元文化生态的负面影响,大学生对我国主流文化和主流意识形态情感上的认同度会减弱。大学生对于高校思想政治理论课的学习兴趣会减弱,对高校思想政治理论课课程内容认可度会降低,学习的积极性主动性不足,这些都对高校思想政治理论课教学改革创新产生冲击。高校思想政治理论课教师只有关注学生需求、改进教学方法、提高课堂吸引力,才能提高大学生课堂学习的兴趣,才能提升教学成效。

另一方面,新时代大学生作为年青的一代具有自身身心新特点,呈现出思想多元且易受影响、追求发展却缺乏动力等特点,这对高校思想政治理论课教学改革创新提出了挑战。高校思想政治理论课是传播马克思主义理论的核心课程,马克思主义理论涉及诸多学科和领域,具有丰富的知识内容。

而与此同时,当代大学生存在理论知识储备和认知能力不足、对思想政治理论课重视度不足等情况,这对于高校思想政治理论课教学改革创新提出了更高要求。高校要针对大学生成长的新变化有针对性地进行教学改革创新,才能切实取得教学改革创新成效。

高校思想政治理论课教育教学方法的改革,要密切联系国内外形势的发展变化,更要紧密联系当代大学生的思想实际、心理状况、成长特点和生活实践,关注当代大学生的需求,了解当代大学生的特点,帮助大学生解决思想困惑,提高思想认识,正确处理生活中可能遇到的矛盾和问题。只有深入了解大学生的思想实际、心理状况和生活实际,思想政治理论课的教学才有针对性和说服力。高校要用新视野和新思路来推进思想政治教育教学改革,正确认识和处理高校思想政治理论课教学与当代大学生成长发展的关系,应对各种现实挑战,才能取得新的进展和成效。

第三节　新时代高校思想政治理论课教学改革创新的重要意义

一、有利于稳定社会主义意识形态局势

高校思想政治理论课教学改革创新有利于应对时代变化提出的挑战和问题,关乎社会主义意识形态大局的稳定。高校思想政治理论课教学改革创新,是坚持以马克思主义理论为指导的改革创新,是旨在提高高校思想政治理论课教学成效的改革创新,是立足于完成"立德树人"教育目标的改革创新,致力于提升马克思主义理论教育的针对性与实效性,提升中国特色社

会主义话语体系的解释力和传播力,捍卫社会主义主流意识形态阵地,关乎社会主义意识形态大局的稳固。

当今时代,社会主义主流意识形态面临着各种挑战:多元社会思潮交织并存的现实使得马克思主义指导思想面临挑战,市场经济的背景下社会主义核心价值观面临挑战,网络信息化的形势下传统教育方式面临挑战,这些都是高校思想政治理论课教学必须面对和思考的问题。高校思想政治理论课教学改革创新坚持以马克思主义为指导,针对大学生进行马克思主义的理论教育与思想武装,培养大学生树立正确的理想信念,通过思想政治理论课教学来帮助大学生正确认识当代中国、客观看待外部世界,坚定社会主义理想信念,树立正确的人生观、世界观、价值观。高校思想政治理论课作为推动社会主义主流意识形态的理论发展、话语传播和思想传导的实践活动,是通过教学、科研等途径对大学生开展思想道德观念培养的系统教育。高校思想政治理论课教育主要是通过思想政治理论课教师对大学生教育的开展来促进大学生的思想成熟、理性发展和集体的精神成长,按照党和国家的要求培养大学生,树立坚定的理想信念,教育引导大学生树立并践行正确的思想道德观念,为社会主义现代化建设事业而奋斗。同时,作为社会上年青的一代,高校大学生在通过系统的理论学习并将所学理论知识进行内化的基础上,通过实践将所学外化于行,学以致用,发挥对社会其他人员思想发展的榜样引领作用,这些都有利于巩固国家主流意识形态的安全与稳定。

第一,高校思想政治理论课教学改革创新有利于加强对马列主义、毛泽东思想、中国特色社会主义理论体系、习近平新时代中国特色社会主义思想的宣传和教育,稳固社会主义意识形态教育。高校思想政治理论课对大学生进行系统的马克思主义理论教育,是对大学生进行思想政治教育的主渠道。高校思想政治理论课作为宣传马克思主义相关理论的重要课程,其教学改革创新会进一步提升思想政治理论课教学的实效性,会促进马克思主义相关理论知识的宣传和教育。我国作为社会主义国家,马克思主义历来是中国共产党的根本指导思想,是指导全党全国为实现共产主义远大理想而奋斗的方向标。毛泽东思想、中国特色社会主义理论体系、习近平新时代中国特色社会主义思想是马克思主义中国化的理论成果,是党的历届领导人将马克思主义基本原理与中国国情相结合的智慧结晶和理论成果,对于我国社会主义伟大事业的建设起到了十分重要的指导作用,是全党全国人民都要坚持的正确的指导思想。高校思想政治理论课教学改革创新有利于充分发挥思想政治理论课的作用,有利于加强对大学生进行马克思列宁主义、毛泽东思想、邓小平理论、"三个代表"重要思想和科学发展观、习近平新时代中国特色社会主义思想等正确理论的教育引导,对于加强社会主义主流意识形态教育起到促进作用。

第二,高校思想政治理论课教学改革创新有利于加强对我国社会主义先进文化的宣传与教育,坚定社会主义主流文化传承。文化作为一种软实力具有凝聚民族、团结大众的重要作用,是凝心聚力的重要源泉,对于增强综合国力竞争力、促进经济社会发展起到十分重要的作用。文化建设是我国"五位一体"总体布局的重要组成部分,是社会主义伟大建设事业的重要环节。社会主义先进文化对于丰富人民精神世界、团结人民共同奋斗起到积极的引领作用。我们必须坚持中国特色社会主义文化发展道路,努力建设社会主义文化强国。

当今时代是世界多极化、经济全球化的时代,各种思想文化相互交锋,西方对我国"西化""分化"等图谋不断在推进,各种"历史虚无主义""非马克思主义""反马克思主义"思潮涌入我国,这对传承发展我国社会主义先进文化提出了挑战。与此同时,我国当前处于深化改革开放的攻坚时期,文化领域也发生了广泛而深刻的变革,各种矛盾问题也层出不穷。比如出现道德失范、诚信缺失、人生观、价值观扭曲等情况。新时代对人们加强马克思主义相关理论教育,加强社会主义核心价值体系引领显得尤为必要。高校思想政治理论课作为学习、宣传社会主义核心价值体系的重要阵地,对于批判和抵制各种非马克思主义、反马克思主义思潮起到重要的作用。高校思想政治理论课作用的发挥,有利于坚持和发展马克思主义,弘扬社会主义先进文化。高校思想政治理论课教学改革创新,有利于加强对大学生的马克思主义理论教育、思想品德教育,用马克思主义中国化最新成果武装教育大学生,有利于更好地推进社会主义核心价值体系建设,指导大学生坚定社会主义文化自信,指导大学生沿着社会主义正确道路不断提升自我,为社会主义伟大建设事业而奋斗。

高校思想政治理论课教学改革创新在于不断改革和创新高校思想政治理论课教学方法,在开展马克思主义理论、党的基本理论、基本路线和方针政策、党和国家发展历史、基本国情和形势与政策等方面教育内容的时候,要做到理论联系实际,结合学生需求来开展,不断提高高等学校思想政治理论课教育教学的针对性和实效性。

二、有利于加强高校思想政治理论课课程学科建设

高校思想政治理论课是高校思想政治教育的重要组成部分。新时代,高校思想政治理论课要不断改革创新才能适应时代的发展需要。高校思想政治理论课教学改革创新,是针对高校思想政治理论课教学的改革创新,加强高校思想政治理论课建设是题中之义。高校思想政治理论课教学改革创新的过程中,在突出高校思想政治理论课内容的政治性、思想性的同时,更加注重其科学性、学术性,并集中体现为马克思主义理论发展与运用的统一,课堂理论教学与社会实践教育的统一,等等。

第一,高校思想政治理论课教学改革创新有利于明确高校思想政治理

论课发展建设方向。新时代高校思想政治理论课教学改革创新主要是提倡高校思想政治理论课内涵式发展,强调的是思想政治理论课教学质量发展与教学规模扩展的有机统一,有利于推进高校思想政治理论课质量化与集约化发展。新时代高校思想政治理论课教学改革创新立足思想政治理论课课程本身,围绕思想政治理论课课程建设与发展中的现实问题,坚持以内因动力为主、外因动力为辅,坚持形式改革服务于理论教育的需要,大力调动教师与学生的积极性、主动性和创造性,有利于推进高校思想政治理论课建设的针对性与发展的可持续性。新时代高校思想政治理论课教学改革创新的过程中,注重的是高校思想政治理论课内涵式发展,坚持质量与规模的协调发展,注重发挥课程内生动力的作用,注重统筹利用内外部资源形成课程建设合力,在推进课程质量化与可持续发展方面具有明显的优势,代表着新时代课程发展建设的新方向。

第二,高校思想政治理论课教学改革创新丰富和发展了课程建设理论。一方面,加强高校思想政治理论课课程发展规律研究。通过思想政治理论课教学的改革创新,关注课程发展过程中的现实问题,剖析思想政治理论课课程发展中规模增长与效果提升之间的理论难题,总结高校思想政治理论课的发展规律,提出课程发展的有效策略,丰富了高校思想政治理论课课程建设的理论内容,推动了思想政治理论课课程建设理论的发展。另一方面,完善高校思想政治理论课教学体系。高校思想政治理论课教学体系的研究有利于深化高校思想政治理论课的教育教学改革,提高高校思想政治理论课的教学实效性。高校思想政治理论课教学改革创新,主要是通过改革高校思想政治理论课的教学内容、改进高校思想政治理论课的教学方法、改进高校思想政治理论课的教学评价手段等方面来进行,有利于规范高校思想政治理论课教学,完善高校思想政治理论课教学体系。

第三,高校思想政治理论课教学改革创新有利于推动马克思主义理论研究,推进党的思想理论建设和巩固马克思主义在高等教育中的指导地位,为加强高校思想政治理论课建设、培养思想政治教育工作队伍提供有力的学科支撑。高校思想政治理论课教学改革创新的进一步推进与深化,有助于不断总结学科发展经验,探索马克思主义理论学科发展的规律,努力建设一个研究对象明确、功能定位科学的马克思主义理论学科体系。[①] 高校思想政治理论课教学改革创新与高校思想政治理论课学科建设相辅相成、相互促进。

新时代是经济全球化、信息网络化的时代,当代大学生思想政治理论教育面临的形势也越来越严峻。高校思想政治理论课作为大学生思想政治理论教育的主要载体,其教学改革也需要不断深入。新时代高校思想政治理论课教学改革创新要在科学理论的指导下,按照一定的教学目标,充分利用当前的教学资源和教学载体,采取合适的教学形式,通过教学改革来提高教学质量与效果。高校思想政治理论课教学改革要结合国内外热点问题和大学生关注的社会焦点问题及思想实际,通过构建科学的高校思想政治理论课教学方法体系不断促进高校思想政治理论课课程建设、学科体系建设,增强高校思想政治理论课的说服力、感染力,提高思想政治理论课教学实效性,并推动整个马克思主义理论教育学科体系深入发展。

三、有利于促进新时代人才培养

高校思想政治理论课改革创新的目的就是提升高校思想政治理论课教学实效性,从而提升高校思想政治教育实效性,解决"培养什么人、怎样培

---

① 参见教育部社会科学司组编:《普通高校思想政治课文献选编》,中国人民大学出版社,2008年,第214～215页。

人、为谁培养人"这一根本问题,培养大学生成为时代人才。"影响思想政治理论课教学效果的最主要的原因在于教学过程本身的原因,特别是教学内容、教学方法和教学手段方面的原因。"①办好思想政治理论课,最根本的是要全面贯彻党的教育方针,党和国家历来都十分重视思想政治理论课的重要地位,不断强调办好思想政治理论课的重要性和必要性。办好思想政治理论课,"事关意识形态工作大局,事关中国特色社会主义事业后继有人,事关实现中华民族伟大复兴的中国梦,必须始终摆在突出位置,持之以恒、常抓不懈"②,"思政课建设只能加强、不能削弱"③。高校思想政治理论课改革创新对于"培养什么人、怎样培养人、为谁培养人"这一根本问题的解决具有重要的现实意义。

新时代高校思想政治理论课教学的改革创新就是坚持以"立德树人"为根本任务,围绕"培养什么人、怎样培养人、为谁培养人"这一教育的根本问题而展开。其中,对于"培养什么人"的问题,高校思想政治理论课主要是培养担当民族复兴大任的时代新人、德智体美劳全面发展的社会主义建设者和接班人,是培养具备较高的科学文化素质和思想道德素质的时代新人;对于"为谁培养人"的问题,高校思想政治理论课是为党育人、为国育才;对于"怎样培养人"的问题,高校思想政治理论课教学改革注重对大学生的思想引导和塑造。当代大学生处于人生的"拔节孕穗期",大学生的思想政治理论素养水平、在大学所接受的教育影响和熏陶,将会对其一生的发展产生至关重要的影响。大学生所习得的知识理论、思维方式和价值原则,决定着他

---

① 顾海良、佘双好:《高校思想政治及教育教学改革研究》,武汉大学出版社,2006 年,第 139 ~ 141 页。

② 中央宣传部、教育部关于印发:《〈普通高校思想政治理论课建设体系创新计划〉的通知》(教社科〔2015〕2 号),http://www.moe.gov.cn/srcsite/A13/moe_772/201508/t20150811_199379.html。

③ 中共中央办公厅、国务院办公厅:《关于深化新时代学校思想政治理论课改革创新的若干意见》,2019 年 8 月 14 日。

面对人生选择、职业发展、社会问题和国家大事时,将以怎样的态度、方法和行动去面对、看待与解决。高校思想政治理论课是铸魂育人的"关键课程",思想政治理论课教学的开展对大学生的世界观、人生观、价值观产生直接的作用和影响。高校思想政治理论课教学改革创新应注重发挥思想政治理论课教师作为先进思想文化传播者的作用,发挥思想政治理论课教师对大学生健康成长的指导作用,通过思想政治理论课教学对大学生进行思想引导、价值教育、情感熏陶和行为指导,引导大学生立志成才、服务社会、报效祖国,做社会主义的未来合格的建设者和接班人。高校思想政治理论课教学改革创新有利于促进高校思想政治教育实效性的提升。

第一,高校思想政治理论课教学改革创新有利于高校思想政治理论课教学规律研究。高校思想政治理论课是对大学生进行思想政治教育的主渠道主阵地,对于大学生成长成才起到重要作用。如何把握高校思想政治理论课教学规律,怎样通过思想政治理论课学习来让学生对马克思主义相关理论真学真用,如何让学生将所学的马克思主义立场观点方法用于分析和解决实际问题,都是高校思想政治理论课教学改革要面对并解决的问题。通过高校思想政治理论课教学改革创新,能够发现在开展思想政治理论课教学过程中存在的问题,在对问题深入剖析的基础上有利于准确地把握思想政治理论课教学规律,进一步加强和改进思想政治理论课教学思路和途径,提高大学生课程学习的积极性。

第二,高校思想政治理论课教学改革创新有利于加强和改进大学生思想政治教育,促进大学生健康成长成才。大学生是社会主义现代化建设事业的未来建设者和接班人,是祖国和人民的希望。同时,大学生作为年青一代,其世界观、人生观、价值观形成处于关键时期。大学生的理想信念和精神信仰是否坚定关乎民族的希望和祖国的未来。当今存在一些大学生政治信仰缺失、诚信意识缺乏、心理素质低下、综合能力不足等问题。要解决大学生思想上的困惑、能力上的不足,需要加强高校思想政治理论课教育教学工作,改革创新高校思想政治理论课教学方法。一方面,高校思想政治理论课能够帮助大学生树立正确的世界观、人生观、价值观,通过高校思想政治理论课教学的改革创新,能提升高校思想政治理论课教学的吸引力,有利于解决大学生的思想困惑,提升他们的思想政治素质和其他综合能力素质,促进大学生成长为中国特色社会主义事业的合格建设者和可靠接班人。针对当前存在的高校思想政治理论课教学吸引力不足、学生积极性不高等问题,高校思想政治理论课教学改革要坚持学校教育、育人为本,德智体美、德育为先的原则,把握大学生思想政治教育的内在规律,不断提升思想政治理论课教学效果。另一方面,通过高校思想政治理论课教学改革创新,探讨适应中国特色社会主义事业发展和大学生需求教学模式,加强思想政治理论课教师队伍建设素质提升,积极调动大学生学习的积极性、主动性和创造性,有利于培养和造就大学生具备坚定的政治立场、良好的思想道德、健康的心理素质、优秀的业务能力,提升他们各方面综合素质,促进大学生全面发展。

第三章　新时代高校思想政治理论课教学现状聚焦

新时代高校思想政治理论课教学现状作为本研究的重要立足点,是探讨新时代高校思想政治理论课教学改革创新的重要现实依据。本章主要聚焦新时代高校思想政治理论课教学现状,在文献分析的基础上,通过结合专家咨询和大学生座谈,科学编制调查问卷并开展实证调查研究,结合定量研究与定性研究,理论联系实际进行数据分析,剖析新时代高校思想政治理论课教学的现状特点、影响因素、问题原因等方面内容。

第一节　新时代高校思想政治理论课教学现状的调查设计

新时代高校思想政治理论课教学问题是事关大学生培育成效的重要问题。新时代大学生作为一个重要的社会群体,其成长发展对我国社会未来的发展有重要的影响,因此新时代高校思想政治理论课教学状况十分值得探究。研究新时代高校思想政治理论课教学状况,探讨新时代高校思想政治理论课教学实效性提升机制和引导举措具有重要的时代意义。习近平总书记指出:"青年兴则国家兴,青年强则国家强。青年一代有理想、有本领、有担当,国家就有前途,民族就有希望。中国梦是历史的、现实的,也是未来的;是我们这一代的,更是青年一代的。中华民族伟大复兴的中国梦终将在一代代青年的接力奋斗中变为现实。"①新时代大学生是青年群体的重要组成部分,是社会主义伟大事业的建设者和接班人,是推动祖国事业向前发展的重要力量,肩负着实现中国梦的伟大任务。新时代高校思想政治理论课教学状况如何? 影响新时代高校思想政治理论课教学实效性的因素有哪些? 这些都是需要加以深入探究的问题。笔者对广东省高校大学生进行了深入的实证调研,并在深入分析的基础上,拟对相关问题进行探析。

一、调查指标设计思路与内容

(一)总体设计思路

要探讨新时代高校思想政治理论课教学现状,首先要建构好新时代高校思想政治理论课教学的分析框架。本研究中,笔者主要采取问卷调查的方式开展调研,运用调查问卷对本研究课题开展实证研究。开展好本研究的前提是科学设计好调查问卷。笔者依据马克思主义理论、社会学、传播学、心理学等相关学科关于思想政治理论课教学的理论,结合所要调研的对象科学设计调查问卷。调查问卷由选择题和开放性题目两部分组成,其中

---

①　习近平:《决胜全面建成小康社会 夺取新时代中国特色社会主义伟大胜利——在中国共产党第十九次全国代表大会上的报告》,人民出版社,2017 年,第70 页。

选择题主要考察调研对象的基本信息和高校思想政治理论课教学现状的表现、影响因素等方面,开放性答题主要是考察调研对象对新时代高校思想政治理论课教学改革创新的建议。

总体而言,关于新时代高校思想政治理论课教学现状的设计分析框架,笔者结合相关研究和现实考量因素,将新时代高校思想政治理论课教学现状的考量,主要分为教学内容情况、教学方法情况、教学考核情况、师资队伍情况、学生自我对课程的认可情况等多个方面因素进行考量。虽然所调查内容具有一定局限性,但是调查研究的内容尽可能涵盖了新时代高校思想政治理论课教学现状所要考量的重要内容。通过对所要研究内容的细化和把握,本设计框架具有一定的科学性和合理性,能够保证本研究结论的信度和效度,作为测量新时代高校思想政治理论课教学现状具有科学性和有效性,可以作为本研究深入开展的可靠测量工具。

二、调查问卷数据来源

笔者对广东省全日制院校的在校大学生进行了问卷调查,选取具有代表性的地区和学校,按照不同的年级、专业、生源地、民族、性别等进行了科学抽样调查。调查过程中,采取辅导员、班主任老师和大学生干部现场派发、回收的方式,对中山大学、华南师范大学、华南农业大学、广东财经大学、广州美术学院、广东工业大学、韩山师范学院、广州中医药大学、韶关学院、珠海城市职业技术学院10所学校开展了问卷调查,调查地区包含珠三角、粤东、粤西等。本次调研过程中,每一所高校均派发问卷200份,调查按照不同年级、专业、性别、民族、生源地、政治面貌等方面进行科学抽样调查,一共发放调查问卷2000份,最终回收有效问卷1866份,有效回收率为93.3%。

本研究中,调查对象的基本分布具体情况如下(详见表3-1):

第一,年级方面分布情况:大一大学生490名,占26.26%,大二大学生400名,占21.44%;大三大学生380名,占20.36%;大四大学生350名,占18.76%;研究生246名,占13.18%。

第二,性别结构方面分布情况:男生975名,占52.25%;女生891名,占47.75%。

第三,政治面貌方面分布情况:中共党员380名,占20.36%;共青团员1156名,占61.95%;民主党派49名,占2.62%;群众281名,占15.06%。

表3-1 调查对象基本信息表

信息变量	选项	人数(人)	比例
年级	大一	490	26.26%
	大二	400	21.44%
	大三	380	20.36%
	大四	350	18.76%
	研究生	246	13.18%
性别	男	975	52.25%
	女	891	47.75%
政治面貌	中共党员	380	20.36%
	共青团员	1156	61.95%
	民主党派	49	2.62%
	群众	281	15.06%

第二节　新时代高校思想政治理论课教学现状的表现剖析

高校思想政治理论课教学现状的特点,是本书所要研究的重点内容。本节主要对新时代高校思想政治理论课教学现状进行详细分析。

一、新时代高校思想政治理论课教学现状的基本表现

新时代高校思想政治理论课教学现状是高校思想政治理论课教学改革创新要考量的重要现实依据。通过实证调研,笔者对高校思想政治理论课教学的现实状况进行调查,主要包括高校思想政治理论课的课堂吸引力、教学内容、教学方法、师资队伍、教学考核评价方式等方面的内容。

(一)思想政治理论课课堂吸引力不强

高校思想政治理论课堂的吸引力是影响教学成效的重要因素,只有教学课堂有了吸引力,大学生上课的主动性、积极性才会得以增强,高校思想政治理论课教学成效才能得以提升。关于高校思想政治理论课课堂吸引力的调查结果显示,目前思想政治教育理论课对于大学生而言,吸引力不够强,课堂吸引力还有待提升。从调查结果可以看到,很多高校大部分学生对思想政治理论课不太感兴趣,只存在少部分学生对课程感兴趣的情况。同时,大部分学生选择上课的原因不是因为受到老师讲授的内容所吸引,更多的是因为思想政治理论课是必修课,大学生觉得必须去才选择去上课。而且,大部分学生认为自己通过思想政治理论课课程的学习后自身的思想政

治素质提升程度不是很高。因此,高校思想政治理论课教学改革创新需要不断增强思想政治理论课的吸引力,只有不断提升高校思想政治理论课的吸引力,才能更好地发挥思想政治理论课"立德树人"关键课堂的作用,提升思想政治理论课教学成效。

具体调查结果情况如下:当问及大学生对思想政治理论课程的兴趣程度时,选择"非常感兴趣"的大学生一共231名,只占了12.4%;选择"不太感兴趣"和"不感兴趣"的大学生一共1058名,共占了56.66%(详见表3-2)。在关于大学生选择上思想政治理论课的最主要原因的调查中,有822名即44.03%的大学生选择了"由于是必修课必须上",只有95名即5.1%的大学生选择了"受老师讲授内容所吸引"(详见表3-3)。当问及通过学校思想政治理论课的学习,大学生对自己的思想政治素质在课程学习后提升的情况的看法时,认为"得到很大程度的提升"的大学生只有288名,只占了15.41%(详见表3-4)。

表3-2　大学生对思想政治理论课程的兴趣程度

选项	人数	比例
A. 非常感兴趣	231	12.4%
B. 感兴趣	577	30.94%
C. 不太感兴趣	964	51.68%
D. 不感兴趣	94	4.98%

表3-3　大学生选择上思想政治理论课的最主要原因

选项	人数	比例
A. 由于是必修课必须上	822	44.03%
B. 提高自身思想政治理论素质	776	41.6%
C. 受老师讲授内容所吸引	95	5.1%
D. 上课考试拿学分	173	9.27%

表3-4　通过学校思想政治理论课的学习,大学生对自己的思想政治
素质提升的情况的看法

选项	人数	比例
A. 得到很大程度的提升	288	15.41%
B. 得到一定程度的提升	1107	59.33%
C. 提升程度比较微弱	346	18.54%
D. 没什么提升	125	6.72%

(二)思想政治理论课教学内容丰富性不强

关于高校思想政治理论课程教学内容的调查结果显示,整体上看,大部分高校思政课教学内容主要重理论教育,而与时代形势、时事政治相结合作为教学内容的不多,创新发展不足,目前大部分学生对思想政治理论课教学内容的满意度不高。在教学过程中,教师没有根据班级状况、社会形势发展等情况,有针对性地调整教学内容,大多数是照本宣科,缺乏丰富性。高校思政课教学内容丰富性有待加强,思想政治理论课教师要结合社会发展形势特点不断丰富课程内容以更好地传授相关知识。

具体调查结果情况如下:在关于大学生对所在学校思想政治理论课教学内容的看法的调查中,共有344名的大学生认为"教学内容非常丰富",占了18.42%;认为"教学内容相对丰富"的大学生共有456名,占了24.45%;认为"教学内容丰富性一般"的大学生共有934名,占了50.06%;认为"教学内容枯燥"的大学生共有132名,占了7.07%(详见表3-5)。在关于大学生对所在学校的思想政治理论课程教学内容是否需要进行丰富改进的看法的调查结果中,有认为"非常有必要"和"比较有必要"的大学生共有1232名,占了66.04%,只有91名即4.87%的大学生认为"没有必要"(详见表3-6);当问及大学生在所在学校中,教师在思想政治理论课教学中结合时政热点进行授课的情况时,选择"经常结合"的大学生共有714名,占了38.24%,选

择"偶尔结合"的大学生共有1128名,占了60.49%(详见表3-7)。

表3-5　大学生对所在学校思想政治理论课教学内容的看法

选项	人数	比例
A. 教学内容非常丰富	344	18.42%
B. 教学内容相对丰富	456	24.45%
C. 教学内容丰富性一般	934	50.06%
D. 教学内容枯燥	132	7.07%

表3-6　大学生对所在学校思想政治理论课程教学内容是否需要进行丰富改进的看法

选项	人数	比例
A. 非常有必要	506	27.11%
B. 比较有必要	726	38.93%
C. 一般	543	29.08%
D. 没有必要	91	4.87%

表3-7　大学生所在学校教师在思政课教学中结合时政热点进行授课的情况

选项	人数	比例
A. 经常结合	714	38.24%
B. 偶尔结合	1128	60.49%
C. 从不结合	24	1.27%

(三)思想政治理论课教学方法灵活性不足

关于高校思想政治理论课教学方法的调查结果显示,目前思想政治教育理论教学过程中,以教师为中心的单向灌输式授课仍然占据课堂授课方式的主体,教学方法单一、陈旧,缺乏灵活性。高校思政课教学成效的提升,需要改革创新教学方法,结合新时代特点和大学生具体情况采取大学生喜闻乐见的形式,运用多媒体技术,广泛挖掘教育资源,灵活创新教学形式。

　　具体调查结果情况如下:关于大学生对所在学校思想政治理论课的教学方法的看法的调查结果显示,认为"灵活多样,吸引力强"的大学生共有253名,只占13.56%;认为"一般,偶尔有些吸引力"的大学生共有1152名,占了61.76%;认为"过于单一,多数是灌输式"的大学生共有461名,占了24.68%(详见表3-8)。当问及大学生对新时代高校思想政治教育理论课改革的关键问题的看法时,有58.75%即1096名大学生认为在于"改进教学手段和方法,增强教学效果"(详见表3-9);当问及大学生对所在学校当前思想政治理论课教学过程中存在的主要问题情况的调查中,共有1150名即61.65%的大学生认为是"灌输型的教学模式,学生参与度低"(详见表3-10)。

表3-8　大学生对所在学校思想政治理论课教学方法的看法

选项	人数	比例	
A.灵活多样,吸引力强	253		13.56%
B.一般,偶尔有些吸引力	1152		61.76%
C.过于单一,多数是灌输式	461		24.68%

表3-9　大学生对新时代高校思想政治教育理论课改革关键因素的看法

选项	人数	比例	
A.提高思想政治理论课教师素质,满足教学要求	461		24.68%
B.改进教学手段和方法,增强教学效果	1096		58.75%
C.发挥各部门思想政治教育的协同作用	246		13.21%
D.其他	63		3.36%

表3-10　大学生对当前思想政治理论课教学过程中存在的主要问题的看法

选项	人数	比例	
A.教材过于偏重理论,与现实结合不足	882		47.28%

选项	人数	比例
B.灌输型的教学模式,学生参与度低	1150	61.65%
C.任课教师照本宣科,缺乏创造性	553	29.66%
D.学生对课程不感兴趣,只是为了应付考试	1103	59.1%

（四）思想政治理论课教师队伍综合素质不高

关于高校思想政治理论课教师素质的调查情况显示,当前大部分高校思想政治理论课教师的素质有待提升,教师存在知识不够渊博、教学观念陈旧、教学魅力缺乏、教学方式单一等问题,上课方式缺少吸引力,影响了学生学习的兴趣。高校思想政治理论课教师队伍素质需要提升,以不断发挥教书育人的"主导性"作用。

具体调查结果情况如下:当问及大学生是否认为所在的学校思想政治理论课教师队伍素质都比较高时,认为"非常符合"的大学生只有86名,占了4.63%;认为"符合"的大学生共有541名,占了28.97%;认为"不太符合"的大学生共有1222名,占了65.47%;认为"完全不符合"的大学生共有17名,占了0.93%（详见表3－11）。关于大学生对所在学校思想政治理论课老师需要改进的地方这一问题的看法的调查结果显示,大学生认为主要在"理论水平有待提升""教学方法有待改进""个人教学魅力有待增强"等几个方面,其中选择"教学方法有待改进"的大学生共有1328名,占了71.15%（详见表3－12）;当问及大学生是否认为所在学校思想政治理论课老师有必要多参加思想政治理论课等学习培训活动来提升自身水平,认为"非常有必要"和"比较有必要"的大学生共有1287名,占了68.95%（详见表3－13）。

表3-11 大学生对所在的学校思想政治理论课教师队伍素质是否比较高的看法

选项	人数	比例
A. 非常符合	86	4.63%
B. 符合	541	28.97%
C. 不太符合	1222	65.47%
D. 完全不符合	17	0.93%

表3-12 大学生觉得所在学校思想政治理论课老师需要改进的地方

选项	人数	比例
A. 理论水平有待提升	488	26.19%
B. 责任感有待加强	424	22.71%
C. 教学方法有待改进	1328	71.15%
D. 个人教学魅力有待增强	1137	60.95%

表3-13 大学生对所在学校思想政治理论课老师参加思想政治理论课等学习培训活动来提升自身水平的必要性的看法

选项	人数	比例
A. 非常有必要	500	26.77%
B. 比较有必要	787	42.18%
C. 必要性一般	504	27%
D. 没有必要	76	4.06%

(五)思想政治理论课教学考核方式科学性不够

考核方式是否科学也是高校思想政治理论课教学改革创新要关注的重要方面。关于高校思想政治理论课考核方式的调查情况显示,当前大部分大学生对所在学校思想政治理论课教学考核方式不是十分满意,认为需要多方面综合平衡来进行考核,觉得学校的考核结果并不能全面地反映学生掌握知识的情况。高校要注重采取科学的考核评价指标体系,全面、科学地对思想政治理论课教学进行考核。

具体调查结果情况:当问及大学生是否认为所在学校思想政治理论课考核成绩是否能客观反映大学生的思想素质实际情况时,认为"完全可以"的大学生只有82名,占了4.4%,认为"应该可以"的大学生一共703名,占了37.66%,认为"有一定局限性,效果打折扣"的大学生一共有880名,占了47.16%,认为"完全不能"的大学生一共有201名,占了10.78%(详见表3-14);在关于大学生比较认同哪些思想政治理论课考核方式的调查表明,认为"综合考虑期末考试、平时表现等情况进行考核"的大学生一共有1005名,占了53.86%(详见表3-15)。

表3-14 大学生对所在学校思想政治理论课考核成绩反映学生的
思想素质情况的看法

选项	人数	比例
A. 完全可以	82	4.4%
B. 应该可以	703	37.66%
C. 有一定局限性,效果打折扣	880	47.16%
D. 完全不能	201	10.78%

表3-15 大学生比较认同的思想政治理论课考核方式

选项	人数	比例
A. 注重平时考核,提高平时成绩比例	523	28.03%
B. 注重期末考试,降低或取消平时成绩	132	7.07%
C. 采取考察方式考核	206	11.04%
D. 综合考虑期末考试、平时表现等情况进行考核	1005	53.86%

二、新时代高校思想政治理论课教学现状的基本判断

新时代高校思想政治理论课教学现状的特点分析是本书研究的重点内容,笔者通过实证调研,结合相关调研数据,对新时代高校思想政治理论课教学现状进行分析判断,把握当前高校思想政治理论课教学的总体情况,判断分析新时代高校思想政治理论课教学在课堂吸引力、课程内容丰富性、课程教学方法灵活性、师资队伍综合素质、教学考核方式方法等方面情况。总体而言,关于新时代高校思想政治理论课教学各方面的情况,笔者通过宏观分析与微观评判相结合,正面评判与反面剖析相统一,结合相关调研数据研究得出以下基本结论:

(一)思想政治理论课课堂吸引力有待进一步提高

思想政治理论课教学过程中,课堂吸引力不高往往会导致大学生学习兴趣不高、学习主动性积极性不强等情况的出现。基于以上高校思想政治理论课教学课堂情况的调查可以看出,当前大部分高校存在思想政治理论课课堂吸引力不高的情况。当前高校思想政治理论课的开展现状显示,很多高校的大部分学生对思想政治理论课不太感兴趣,大部分学生把"思想政治理论课是必修课"作为选择上课的主要原因,并且大部分学生认为自身的思想政治素质并没有在通过思想政治理论课课程的学习后得到较大的提升。可见,当前高校思想政治理论课没有成为大学生自发的特别感兴趣去选择学习的课程,大学生也没有从思想政治课学习中切实提升自我素质,高校思想政治理论课课堂吸引力不足,有待进一步提高。

高校思想政治理论课课堂吸引力是影响教学成效的重要因素,高校思想政治理论课教学改革创新需要进一步提升高校思想政治理论课吸引力,要注重考虑课程吸引力提升的多方面因素,加强课程教学设计的科学性、提

高课程教学的有效性,多方面提升课堂吸引力。只有提升了高校思想政治理论课课堂吸引力,才能提升大学生学习的兴趣,提升大学生学习的主动性和积极性,才能促进高校思想政治理论课教学实效性的提升。

(二)思想政治理论课教学内容丰富性有待进一步加强

教学内容是否丰富关系相关知识的呈现效果,是影响教学成效的重要方面。对于当前高校思想政治理论课教学内容的调查显示,大部分大学生认为思想政治理论课教学内容一般甚至是枯燥,认为比较有加以丰富改进的必要。只有较少部分的大学生认为所在学校的思想政治理论课教学内容丰富。同时,只有部分思想政治理论课教师在教学中结合时政热点进行授课,大部分大学生都认为其所在学校的思想政治理论课教学内容需要进行丰富改进。可见,当前大部分高校存在思想政治理论课教学内容的丰富性不足的情况,思想政治理论课的教学内容丰富性有待于进一步增强。

高校思想政治理论课教学要打破传统的、单一灌输理论知识内容的形式,要注重丰富思想政治理论课及教学内容,要在对大学生进行相关理论知识传授的同时,将时代形势发展状况、时事政治热点话题、大学生关注的热门问题等作为教学内容结合起来,通过理论与实际相结合的方式,与时俱进丰富思想政治理论课教学内容。只有这样,才能提高大学生学习思想政治理论课的兴趣,提升大学生对思想政治理论课教学内容的满意度。同时,高校思想政治理论课教师还要在教学过程中,根据班级学生思想状况、专业特点等实际有针对性地调整教学内容,不断丰富教学内容以提升教学实效性。

(三)思想政治理论课教学方法灵活性有待进一步创新

教学方法是高校思想政治理论课教学成效的重要影响因素。只有采取灵活有效的教学方法,高校思想政治理论课教学的实效性才能得以提升。关于当前高校思想政治理论课教学方法的调查结果显示,大部分高校的大学生认为其所在学校思想政治理论课的教学方法一般,只是偶尔有些吸引力。大部分大学生认为教学手段和方法的改进是新时代高校思想政治教育理论课改革的关键问题。可见,当前高校思想政治理论课教学方法灵活性不足,高校要进一步改进创新思想政治理论课教学方法。

高校思想政治理论课教学方法的改进创新,要针对目前思想政治教育理论教学过程中,以教师为中心的单向灌输式授课方式,要打破教学方法单一、陈旧的现状,结合新时代特点和大学生具体情况采取大学生喜闻乐见的形式,运用多媒体技术,广泛挖掘教育资源,灵活创新教学形式。

(四)思想政治理论课教师队伍综合素质有待进一步提升

高校思想政治理论课教师队伍素质的高低是高校思想政治理论课教学成效的重要影响因素,高校提升思想政治理论课教师队伍的综合素质,有助于提升思想政治理论课教学实效性。当前关于高校思想政治理论课教师素质的调查情况显示,绝大部分大学生认为所在的学校思想政治理论课教师队伍素质不够高,认为思想政治理论课教师需要通过多参加思想政治理论课学习培训活动等方式在理论水平、教学方法、个人教学魅力等方面提升综合素质。可见,当前大部分高校思想政治理论课教师的素质有待提升,思想政治理论课师资队伍存在知识不够渊博,教学观念陈旧,教学魅力缺乏、教学方式单一等问题,上课方式缺少课堂吸引力,影响了学生学习的兴趣。高校思想政治理论课教师队伍素质需要进一步提升,才能充分发挥教书育人的"主导性"作用,促进思想政治理论课教学成效的提升。

高校思想政治理论课教学改革创新需要不断提升思想政治理论课教师队伍的综合素质,要针对目前思想政治教育理论教学过程中存在的教师素质水平理论水平不高、教学责任感不强、教学方法陈旧、教学魅力不足等情况,通过考核、培训等方式,促使思想政治理论课教师进行教学研究,结合自身不足不断加强学习,提升自身的综合素质。高校要重视对思想政治理论课教师综合素质的提升,要创设条件让思想政治理论课教师定期接受培训。

（五）思想政治理论课教学考核方式方法有待进一步改进

高校思想政治理论课考核方式的情况也是影响思想政治理论课教学成效的重要因素,考核方式是否科学是高校思想政治理论课教学改革创新要关注的重要方面。高校要重视采取科学合理的考核方式,才能准确及时反映思想政治理论课教学状况,从而促进思想政治理论课教学的改革创新,提升思想政治理论课教学成效。从高校思想政治理论课考核方式情况的调查来看,大部分大学生认为所在学校思想政治理论课考核成绩不能客观反映其思想素质实际情况,认为考核过程中应该综合考虑期末考试、平时表现等情况进行考核。当前大部分大学生对当前所在学校思想政治理论课教学考核方式满意度并不高,觉得学校的考核结果并不能全面地反映学生掌握知识的情况。可见,高校思想政治理论课教学的考核方式方法有待进一步改进。

高校思想政治理论课教学改革创新需要注重思想政治理论课教学考核方式方法的科学性和合理性,在进行思想政治理论课教学考核评价的过程中,要采取科学的考核评价指标体系,全面、科学地对思想政治理论课教学进行考核。

第三节 新时代高校思想政治理论课教学现状特点的原因剖析

高校思想政治理论课教学改革创新的过程,是旨在提升思想政治理论课教学成效的过程,需要不断改进思想政治理论课教学过程中存在的问题来实现。而当前高校思想政治理论课教学中存在的问题是新时代高校思想政治理论课教学改革创新中不可忽视的问题,需要对产生问题的原因进一步进行分析。新时代新发展,对于高校思想政治理论课教学提出新要求,新时代高校思想政治理论课教学相关问题的产生原因,主要从以下方面进行剖析。

一、教学环境复杂多样

教学环境是开展落实好思想政治理论课的必要条件,良好的教学环境是推进高校思想政治理论课改革创新的保障,不利的教学环境则会阻碍高校思想政治理论课教学的改革创新。高校思想政治理论课的教学环境从实际情况看可以分为宏观、中观、微观三个层次,即国家与社会的层次、学校的层次与班级的层次,[①]不同层次的教学环境都会对高校思想政治理论课教学的开展产生影响。高校思想政治理论课教学环境的三个层次中,国家与社会的层次方面是主导方面,规定着学校层次与班级层次的教学方向。一直以来,党和国家都十分重视思想政治工作的开展,在主流意识形态方面一直坚持巩固马克思主义在意识形态的指导地位,坚定马克思主义信仰、共产主义的远大理想和中国特色社会主义的共同理想信念,坚持四项基本原则,坚定"四个自信"。新时代,党和国家也越来越重视思想政治理论课作为"立德树人"铸魂育人关键课程的地位和作用,这为高校思想政治理论课教学改革创新创设了良好的宏观教学环境。但由于各地区、各学校情况各不相同,包括教学资源、教学设备、教学环境、教学氛围等方面存在着差异,因此在贯彻落实党和国家对于思想政治理论课相关政策文件精神的时候的成效就存在差异,出现一些对思想政治理论课重视度不足、对上级相关文件落实度不到

---

① 参见李达龙:《高校思想政治理论课实效性探究》,西南交通大学出版社,2013 年,第 78 页。

位的情况,而且不同高校的教师、学生以及教学过程情况不相同,这都阻碍了高校思想政治理论课实效性的提升。具体表现为:

(一)思想政治理论课课程地位没有得到重视

高校思想政治理论课是高校思想政治工作的主阵地,承担着对大学生进行系统的马克思主义世界观和共产主义理想信念教育的重要任务,是落实"立德树人"任务的关键课程,体现了党和国家的教育方针和社会主义高校的本质特征,对于培育大学生正确的世界观、人生观、价值观,传播社会主义意识形态发挥着十分重要的作用,其主流意识形态引导功能的发挥影响着党和国家的长治久安。高校思想政治理论课教学体系作为高校人才培养的重要环节,是培养新时代中国特色社会主义事业的合格建设者和可靠接班人的重要载体,其作用的充分发挥十分重要。

而当前存在有些高校对于思想政治理论课课程地位不重视的情况,包括在课程的学科建设、教学开展等方面重视程度不足,比较重视其他专业课,导致思想政治理论课边缘化的情况。有些高校对思想政治理论课存在认识偏差,认为其他专业课在对于提高大学生专业水平、提升大学生就业率方面起的作用比较大,认为思想政治理论课主要是理论思想的灌输,对大学生在专业水平提升、实际需求满足等方面起到的实际作用不明显。因此,部分高校忽视了高校思想政治理论课的重要地位,忽视了思想政治理论课的意识形态功能,不重视思想政治理论课对于高校意识形态宣传主渠道和主阵地的重要作用,思想政治理论课意识形态功能被弱化。不少高校普遍认为思想政治理论课教学仅仅是在思想上对大学生进行引领,认为思想政治理论课对于大学生专业技能的提升作用不大,因而在资源分配、时间安排等方面,更多的是安排到其他专业课上。

高校思想政治理论课作为落实"立德树人"根本任务的"关键课程",具有其他课程不可替代的关键性作用。"立德树人"作为教育的根本任务,是高校的立身之本,也是检验学校一切工作的根本标准。当前存在对于高校思想政治理论课作为落实"立德树人"根本任务的"关键课程"的作用认识性不足的情况。有些将高校立德树人等同于大学治理,有些对立德树人过程中存在的问题及实施路径分析不够透彻,有些过于理想化,没有具体实践指向。实际上,高校思想政治理论课作为"关键课程",是一定的教育目标与教学过程的有机统一,要体现课程政治要求与教育实践的有机统一。作为"关键课程",高校思想政治理论课在正处于"拔节孕穗期"的青年大学生的培养上具有特殊作用。青年大学生具有知识体系不健全、价值观塑造未成型、情感心理未成熟等特点,是需要重点教育引导的群体。高校思想政治理论课要加强教学成效提升,发挥课程铸魂育人作用,引导大学生增强"四个自信",厚植爱国主义情怀,把爱国情、强国志、报国行自觉融入坚持和发展中国特色社会主义事业、建设社会主义现代化强国、实现中华民族伟大复兴的奋斗之中。高校思想政治理论课"立德树人"作用的发挥,必须遵循思想政治工作规律、教书育人规律和大学生成长成才的客观规律,并在此基础上不断推进大学生思想政治素质与道德品质的提升。在思想政治理论课课程发展中,要首先树立高校思想政治理论课"关键课程"的政治原则与立场,全面贯彻党的教育方针,坚持马克思主义指导地位,贯彻新时代中国特色社会主义思想,坚持社会主义办学方向,落实立德树人的根本任务,坚持"四个服务",同时要切实推进课程在育心育德、人才培养方面的实际作用和贡献,通过实际有效的思想政治理论课教学活动来促进对大学生的培养,切实提升思想政治理论课课程育人的成效。

(二)思想政治理论课与其他课程结合不紧密

高校思想政治理论课教学实效性的发挥,需要践行"大思政"协同育人理念,充分发挥思想政治理论课与其他专业课程共同育人的作用。只有坚持思想政治理论课与专业课相结合,注重发挥所有课程的育人功能,才能更好地发挥思想政治理论课的育人作用。当前不少高校在开展教学的过程中,往往是高校思想政治理论课和专业课独立教学,没有"课程思政"的理念。其中,其他专业课更多的是注重培养大学生具体的专业技能,对于大学生思想政治道德素质的培养则全部归属在思想政治理论课的范围之中,思想政治理论课与其他专业课结合度不高,较多的是处于分离状态。大部分高校缺乏"大思政"格局,没有落实"全员育人、全过程育人、全方位育人",导致思想政治理论课与其他专业课相分离,影响了专业基础课的思想育人功能作用的发挥。

当前不少高校思想政治理论课与其他课程在育人过程中结合不紧密,各课程在"立德树人"方面的协同性不足,这都不利于有效发挥和利用其他思想政治教育资源的合力,不利于把立德树人融入思想道德教育、文化知识教育、社会实践教育各环节,会削弱高校落实立德树人根本任务的实效。高校对于人才的培养,要综合发挥各课程各专业的育人作用。在当前"大德育"体系下,要有"课程思政"的理念,在发挥高校思想政治理论课"关键课程"作用的基础上,同时发挥思想政治理论课与其他课程、其他渠道、其他环节的教育合力,加强思想政治理论课与其他课程及其他育人渠道的协同合作,共同发挥协同育人作用。

二、教学队伍良莠不齐

高校思想政治理论课教师是落实思想政治理论课教学工作的主体,是对大学生进行马克思主义理论教育和思想品德教育的主导者,对于教育引导大学生树立正确的思想道德观念起着重要的作用,是高校思想政治理论课是否具有实效性的重要影响因素。但当前高校思想政治理论课教师队伍良莠不齐的情况影响了高校思想政治理论课教学实效性的提升。

（一）思想政治理论课师资力量不足

当前不少高校思想政治理论课教师队伍力量不足，大部分高校没有达到教育部规定的高校思想政治理论课教师配备比例，很多高校思想政治理论课教师教学任务过重。同时，由于高等院校招生规模的日益扩大，部分高校学生过多、资源不足，没有足够的财力精力去满足思想政治理论课的教学需求。因此，有些高校为了应对思想政治理论课师资力量不足和教学设施短缺的情况，采取了大班授课等方式来暂时缓解师资不足的问题。高校思想政治理论课师资力量的不足对思想政治理论课教学的开展产生了十分不利的影响，很大程度上阻碍了大学生思想政治理论课学习的质量和水平的提升。

（二）思想政治理论课教师理论水平不高

高校思想政治理论课教师的理论功底是开展好高校思想政治理论课教学的基础，具有丰富全面的理论知识是高校思想政治理论课教师发挥教育主导者作用的前提。高校思想政治理论课教师要具备扎实的理论功底和坚定的政治素质，还要具备运用马克思主义理论的基本原理、基本立场、基本观点来解决现实问题的能力。高校思想政治理论课教师理论素质水平的高低影响着高校思想政治理论课教学水平的高低。而当前存在有些高校思想政治理论课教师理论水平不高的情况，部分思政课教师的专业素养不足、政治理论功底不扎实、业务水平不足、知识结构不完善。在课堂理论教授过程中，高校思想政治理论课教师会由于自身理论水平的不足而对相关内容知识点讲授不深，在向大学生讲授马克思主义理论时难以讲清讲好相关的理论知识，对大学生的思想困惑应答不够，对大学生的思想引领和价值塑造不足。思想政治理论课的教学内容涵盖诸多领域，这就要求教师必须具备扎实的理论素养，教师的理论知识要有广度也要有深度。高校思想政治理论课教师要具有扎实的马克思主义理论功底和高深的学术造诣，自觉把理论教学和实践教学有机结合起来,善于利用马克思主义理论的基本立场、基本观点、基本方法为学生解疑释惑,并帮助学生解决遇到的现实问题,解答学生面对的现实困惑。这就必然要求思想政治理论课教师践行理论与实际相结合,深入开展社会实践、研读马克思主义经典著作、提升科研能力、筑牢理论根基。

(三)思想政治理论课教师职业情怀不深

高校思想政治理论课教师是否具有职业情怀,对其教学活动的开展有较大的影响。作为思想政治理论课教师,要明确自身肩负的职业责任和使命,要在教书育人过程中切实履行岗位职责,具备职业情怀,以崇高的职业操守和高昂的教学热情投身理论课课堂教学,要坚持以习近平新时代中国特色社会主义思想为指导,热爱思想政治理论课教学,担当起培养民族伟大复兴大任的时代新人的重任。而当前有些高校的思想政治理论课教师存在职业责任不强、职业情怀不深的情况,往往表现为职业倦怠和职业认同弱化,对思想政治理论课教师的职业前景和社会评价持消极态度,缺少工作的热情和教学主动性积极性,影响了思想政治理论课教学的成效。

高校思想政治理论课教学改革创新要注重提升思想政治理论课教师的职业责任感、职业情怀,提高思想政治理论课教师的职业认同感。

(四)思想政治理论课教师职业能力不足

高校思想政治理论课教师的职业能力是影响教学成效的关键因素,只有具备良好教学能力的教师,才能提升课堂教学的质量和水平。思想政治理论课教师的职业技能集中表现在思想政治理论课教学技能上。思想政治理论课教师要上好思想政治理论课,就要结合大学生思想特点和现实需求,采取灵活有效的教学方法,运用学生喜闻乐见的表达形式,通过课堂教学呈现在广大学生面前。现实很多高校的思想政治理论课教师教学能力不足、教学水平低下,不能适应思想政治理论课变革的现实需要。一方面,部分思想政治理论课教师不善于把教材内容转化为教学内容。思想政治理论课教师要对教材内容进行充分加工和处理,使教材达到最优化,才能在教学过程中将教材知识落实到对大学生的教育中去。另一方面,部分思想政治理论课教师由于自身职业能力不足的原因,在教学过程中,无法分清教材内容的重点和难点,教学语言的运用缺乏科学性和规范性,教学方法单一、陈旧。同时,也存在部分思想政治理论课教师对教材的整合和重塑能力较弱,不能做到将教材的内容与学生的实际需求和关注的社会热点问题相结合,课堂教学中没有将所要学习的理论知识和当今时代的理论前沿问题、社会热点问题相结合起来进行剖析,难以激发学生课堂学习的积极性和主动性,课堂教学难以取得成效。

随着科技的发展,当今信息化网络化的时代对高校思想政治理论课教师的教学技能提出了更高的要求,多媒体已经成为现代高校思想政治理论课课堂教学常用的教学设备,多媒体教学技术在课堂教学中起到很大的作用。高校思想政治理论课教师要提升自身的网络素养和运用网络媒体的技能,懂得利用好网络多媒体技术,在思想政治理论课中发挥网络多媒体技术的有利作用,灵活有效地运用网络手段开展课堂教学。而部分思想政治理论课教师网络新技术水平不高,网络资源利用度不够。部分思想政治理论课教师对多媒体设备的运用能力不足,在课堂教学中多媒体的使用效率不高,没有充分利用多媒体教学技术对思想政治理论课教学的促进作用。这都影响了思想政治理论课教学的开展。高校思想政治理论课教师应该适应时代发展要求,提高教学技能,创新教学新理念、新模式、新方法,加快形成立体式、交互式和开放式的教学思路,凭借互联网思维和先进的教育手段,提升思想政治理论课教学的亲和力和针对性。

三、教学介体作用发挥不充分

教学介体主要指的是教学过程中除了环境和教师之外的其他因素,包括教材、教学内容与方法、教学考核方式等方面,这些是开展思想政治理论课教学过程中教师进行知识传授要涉及的重要因素,也是思想政治理论课教学得以开展的必要条件。教学介体作用的充分发挥是提高思想政治理论课教学效果的重要方面,只有充分发挥教学介体各因素的作用,才能提升高校思想政治理论课教学成效。当前有些高校在思想政治理论课教学过程中,存在教学介体多方面因素的作用没有得到充分发挥的情况,影响了思想政治理论课教学的实效性。

(一)教材内容有待完善

教材是教学的基础,是开展教学的重要载体,教材对于教学质量和水平的提升起到非常重要的作用。高校思想政治理论课教材作为思想政治理论课教学的重要载体,对于思想政治理论课教学成效具有较大影响。但当前思想政治理论课教材存在理论性过强、生动性不足等问题。

一般而言,教育部会根据实际情况定期组织相关领域专家对思想政治理论课教材进行修订,及时更新教材内容,增加党和国家的新理论、新政策、新思想等。但由于高校思想政治理论课教材不同于一般的专业课程,主要是宣传党和国家意识形态、方针政策的重要工具,具有独特的学术话语体系和表述方式,主要是对马克思主义基本原理和经典著作、党和国家有关文件的表述,因而思想政治理论课教材内容相对理论化而缺乏生动性。另外,当前教材内容在关于现实问题、热点问题的体现度不足,结合大学生关切的问题更新度不足。新时代高校思想政治理论课教学的开展,更多的是要培养大学生在树立正确思想道德观念的基础上,关注关心党和国家发展的形势,在实践活动中学以致用,在学习生活中践行理想信念。

作为高校开展思想政治教育的重要依托和载体,思想政治理论课教材建设必须坚持立德树人这一根本任务,立足当今国际国内形势和我国具体国情,与时俱进完善教材内容,提升教材的针对性和时代性。高校思想政治理论课教材内容必须紧密围绕党和国家的现实问题以及中心工作,积极回应学生关切,解答学生思想困惑,牢牢把握高校思想政治教育的主导权。当前高校思想政治理论课教材属于中央马克思主义理论研究和建设工程重点教材,虽然历经多次修订,但是教材内容在关注学生思想困惑以及学生关心的热点问题、敏感话题等方面还有所欠缺。当前我国高校思想政治理论课教学要推进党的十九大精神和习近平新时代中国特色社会主义思想进教材、进课堂、进学生头脑、进学生社区,因此要完善教材内容,加强理论知识与实践问题的结合,从而提高教材的生动性。面对当前高校意识形态领域斗争激烈,西方对我国青年学子进行资本主义意识形态的渗透、侵蚀高校大学生的思想,部分大学生出现理想信念动摇,世界观、价值观、人生观发生不同程度偏离的情况。面对这样的情况,高校思想政治理论课教材内容要结合时代发展形势,在教材内容中对错误思潮和观点进行批判,要关注客观现实和学生关切的问题,及时对民族宗教和意识形态斗争等敏感、热点问题予以积极回应和引导。

(二)教学内容有待丰富

教学内容主要体现在教学过程中,是教师结合教材所展现给学生的内容,其中,教师在教材的基础上补充的其他内容也是教学内容的重要方面。教学内容是教学成效的重要影响因素,教学内容要注重丰富性、时效性,这样才能提升学生学习的兴趣。基于高校思想政治理论课的特点,高校思想政治理论课的教材理论性一般比较强,如果教师只是就教材内容照本宣科,思想政治理论课课堂就会成为抽象枯燥的理论灌输。当前有些高校思想政治理论课教学内容比较枯燥,思想政治理论课教师在教学中结合时政热点进行授课的不多,当前大部分高校存在思想政治理论课教学内容的丰富性不足的情况。

因此,高校思想政治理论课教学要注重发挥教师的主观能动性,将严谨精准的教材语言转化为生动精致的教学语言,要结合时代发展形势和大学生关注的热点话题,将教材内容和现实问题结合起来,丰富教学内容,提高教学内容丰富性和吸引力,从而提高大学生学习的主动性和积极性。

(三)教学方式有待创新

教学方法主要指的是在开展思想政治理论课教学过程中,教师所采取的方式手段,灵活有效的教学方法是增强高校思想政治理论课教学实效性的关键因素。而当前大部分高校思想政治理论课的教学方法一般,存在单一、陈旧、吸引力不足等情况,大部分思想政治理论课教师采取的是灌输式授课方式,而且授课过程中手段单一,主要依靠教材进行讲授,多媒体技术运用也不多,这都影响了思想政治理论课的教学成效。

高校思想政治理论课教学方法的改进创新,要针对目前思想政治教育理论教学过程中以教师为中心的单向灌输式授课方式,要结合新时代特点和大学生具体情况采取大学生喜闻乐见的形式,运用多媒体技术,广泛挖掘教育资源,灵活创新教学形式。

(四)教学考核方式有待改进

教学考核方式也是影响教学成效的因素,科学合理的考核方式能够发现问题、改进问题,促进教学的改进与提升。高校思想政治理论课教学考核方式对于思想政治理论课教学的改进与提升也起到较大的影响。当前不少高校的考核方式存在不科学、不全面的情况,比如只注重成绩而不注重实践,只注重结果而不注重过程,存在考核方式单一、片面的情况。要提高高校思想政治理论课的教学质量和效果,就要建立科学的教学评价机制,这是提升高校思想政治理论课教学实效性的重要保障。在对于大学生的评价中,当前传统的思想政治理论课教学评价主要是采取结果性评价的方法,更多的是重视对大学生知识的接受程度而忽视了对大学生的思想政治素质和能力的评价。这种单纯的结果性评价只是反映了大学生的记忆力的强弱及应试能力,不能很好地反映大学生分析问题的能力和素质能力,不利于思想政治理论课教学人才培养目标的实现。

高校思想政治理论课要注重改进教学考核方式,在尊重学生个体差异与教学规律的基础上,坚持理论联系实际,运用理论与实践相结合、知识与能力相结合、过程与结业相结合等多种考核方式,对学生的政治素养、思想道德修养、知识能力积累与培养、心理健康发展保持等方面进行客观评价与考核,并且要及时予以反馈,对考核过程发现的问题予以及时解决,这样才能促进思想政治理论课教学改革创新,提升思想政治理论课教学成效。

第四章 新时代高校思想政治理论课教学 改革创新的指导依据和基本原则

第一节 新时代高校思想政治理论课教学 改革创新的指导依据

高校思想政治理论课教学改革创新,要在高校思想政治理论课教学改革创新目标的指导下,立足高校思想政治理论课,以高校思想政治理论课的课程性质、重要功能和基本特点为指导依据来开展。

一、高校思想政治理论课的课程性质

高校思想政治理论课的性质,就是高校思想政治理论课自身具有的本质规定性,高校思想政治理论课具有自身的特点,这也是高校思想政治理论课教学改革创新的立足点。高校思想政治理论课作为一种课程,除了具有一般课程的本质属性外,还具有自身独特的质的规定性。《中共中央 国务院关于进一步加强和改进大学生思想政治教育的意见》明确指出:"高等学校思想政治理论课是大学生思想政治教育的主渠道。思想政治理论课是大学生的必修课,是帮助大学生树立正确世界观、人生观、价值观的重要途径,体现了社会主义大学的本质要求。"由此可见,高校思想政治理论课具有以下特点:高校是大学生的必修课程,是对大学生进行政治理论教育、思想品德观念教育等方面教育的必修课程,其教学成效的取得要注重理论与实际相结合。

一方面,高校思想政治理论课是对大学生进行政治和理论教育的必修课程。高校思想政治理论课是由国家统一制定和实施的,是每个学生的必修公共基础课。高校思想政治理论课的内容是体现无产阶级和广大人民群众意志,反映马克思主义意识形态要求,反映社会主义核心价值观要求,是由国家统一设立的,由国家统一制定教学基本要求,编写统一教材,对课程的检查和评估也遵循国家统一制定的指标的课程。高校思想政治理论课具有自身的特殊性,是同其他哲学社会科学和其他课程有区别的课程。高校思想政治理论课是一门事关大学生的政治方向性的课程,是一门政治教育课程,体现了社会主义大学的本质特征。高校思想政治理论课是每位大学生的必修课程,但又区别于其他必修课程。邓小平指出,社会主义精神文明建设的根本目的是要全面提高人的素质,培养有理想、有道德、有文化、有纪律并立志为人民、为祖国、为人类作贡献的"四有"新人。其中的"有理想"指的就是树立社会主义和共产主义的理想。邓小平指出,对青年大学生要抓紧四项基本原则的教育、马克思主义基本理论的教育。高校对大学生思想政治教育的有效进行,关系到社会主义的建设者和接班人的培养,关系到党和国家的前途和命运。

另一方面,高校思想政治理论课是培养大学生思想品德、价值观念的必修课程。高校思想政治理论课体现了社会主义大学的本质特征和要求，是一门对大学生进行思想、政治和道德教育的德育课程，在于通过课程教育来培养我国社会主义合格建设者和可靠接班人。思想政治理论课的主要任务是对学生进行马克思主义理论和思想政治教育，引导大学生树立正确的世界观、人生观、价值观，在于促进大学生思想政治素质的提升。高校思想政治理论课对大学生进行的马克思主义理论教育和思想品德教育不是一般意义上的单纯的科学文化教育，而是通过这些理论知识的教育来培养大学生正确的思想道德观念。高校思想政治理论课是一种专门的思想教育和品德教育，其根本目的在于使大学生树立科学的世界观、人生观、价值观和道德观。高校思想政治理论课的教育教学中不是把马克思主义和思想品德方面的理论知识当作一般的知识来学习，而是希望通过马克思主义相关理论的学习教育引导大学生树立科学的世界观，掌握科学的方法论，教育要引导大学生树立以社会主义集体主义为核心的人生观和价值观，同时能够自觉地将所学知识运用到实践中去分析问题和解决问题。高等学校思想政治理论课是大学生思想政治教育的主渠道，是帮助大学生树立正确世界观、人生观、价值观、道德观的重要途径，这是对高校思想政治理论课的性质的准确定位，也是高校思想政治理论课教学改革创新的依据之一。同时，高校思想政治理论课是一门注重理论与实际相结合的课程。

高校思想政治理论课通过课堂教学的方式对大学生进行马克思主义理论和思想政治教育的课程，旨在教育大学生掌握马克思主义相关理论知识，提升自身思想道德素质。要教育引导大学生在理论知识学习的基础上，把知识内化成自身的思想道德素质，并外化为自身的行为和行为习惯，并在学习生活中学以致用。高校思想政治理论课具有很强的实践性，是理论与实际联系紧密的课程。高校思想政治理论课是一个知、情、意、信、行的完整过程，不仅仅是学习单一的专业知识，更是知识能力、素质水平的统合提升，而且要在行动实践中加以运用,其课程教学成效的发挥需要理论和实践的紧密结合。

二、高校思想政治理论课的重要功能

高校思想政治理论课的功能,指的是高校思想政治理论课所具有的效能和重要的社会作用。作为实现立德树人目标的关键课程,高校思想政治理论课是开展大学生思想政治教育的主渠道,具有自身特定的教学内容,具有自身的作用和效能,对于大学生的教育培养起到了十分重要的作用。高校思想政治理论课教学改革创新要注重充分发挥思想政治理论课的功能,这样才能提升高校思想政治理论课教学实效性。高校思想政治理论课的功能主要包括以下三个方面:

(一)高校思想政治理论课具有导向功能

高校思想政治理论课自身独特的性质决定其具有导向功能,主要指的是政治上、思想上和行为上的导向。高校思想政治理论课作为思想政治教育的主渠道,其导向功能是由思想政治教育的目的性和方向性所决定的,体现了马克思主义理论体系和无产阶级意识形态的特征。高校思想政治理论课教学,除了要通过教学培养大学生掌握马克思主义理论相关知识,更重要的是教育引导大学生用马克思主义相关理论作为指导,树立正确的世界观、人生观和价值观,树立马克思主义的信念、信仰并在行动中坚持和发展马克思主义。

当前,高校思想政治理论课的课程主要包括《马克思主义基本原理》《中国近现代史纲要》《毛泽东思想和中国特色社会主义理论体系概论》《思想道德修养和法律基础》《形势与政策》等。通过高校思想政治理论课教学,大学生会对党和国家的发展历史、指导思想等内容有系统全面的了解,从而在选择人生道路的过程中有了正确的政治、思想导向。其中,《马克思主义基本原理》主要是讲解马克思主义的世界观和方法论,是把握马克思主义、正确认识人类社会发展基本规律的课程。《毛泽东思想和中国特色社会主义理论体系概论》主要是讲解中国共产党把马克思主义基本原理与中国实际相结合的历史进程,是对马克思主义中国化理论成果的重要阐释,能够帮助大学生系统地掌握毛泽东思想、邓小平理论、"三个代表"重要思想、科学发展观以及习近平新时代中国特色社会主义理论体系等基本理论,坚定在党的领导下走中国特色社会主义道路的理想信念。《中国近现代史纲要》主要讲解的是中国的近现代史,阐述中国近代以来抵御外来侵略、争取民族独立、实现人民解放的历史,帮助大学生了解国史、国情,领会党和人民选择马克思主义、选择中国共产党、选择社会主义道路的正确性。《思想道德修养和法律基础》主要是对大学生进行社会主义道德教育和法制教育,提高大学生的思想道德素质,增强大学生的社会主义法制观念。《形势与政策》主要是让大学生了解国际国内时事政治,把握党情国情,明确时代发展的特点和要求。由以上课程内容可见,高校思想政治理论课教学的开展,主要是引导大学生坚定政治立场,培养大学生树立理想信念。高校思想政治理论课对于大学生确立社会主义和共产主义的信念,树立为中国特色社会主义而奋斗的崇高理想具有重要的引导作用。高校思想政治理论课能够在政治上、思想上、行为上对大学生进行正确引导,能够引导大学生坚定正确的政治立场,树立正确的理想信念,选择正确的行为方式。

(二)高校思想政治理论课具有保障功能

高校开展思想政治教育的目的首先是要培养符合党和国家发展要求的建设者和接班人,而高校思想政治理论课是开展大学生思想政治教育的主渠道。马克思在关于国家发展的学说中指出,无产阶级通过革命建立起国家政权,在此基础上对人民群众进行社会主义的文化和政治教育以加强人民群众对国家政权的认可和拥护。高校思想政治理论课主要是通过思想政治理论课教学的开展,培养大学生树立正确的思想道德观念,并在行动上坚持正确的行为导向,为实现社会主义共同理想和共产主义远大理想而奋斗。高校思想政治理论课是进行大学生思想政治教育的重要途径,具有十分重要的政治保障功能。通过高校思想政治理论课教学,可以教育引导广大青年学生坚定政治立场、树立理想信念、选择正确行为,为实现中华民族伟大复兴"中国梦"而努力,为广大人民的根本利益而服务。高校思想政治理论课教学,为党和国家培养具有坚定政治立场和理想信念的社会主义建设者和接班人,具有政治保障功能。同时,新时代高校思想政治理论课教学也强调为大学生个人的成长成才和全面发展服务,为他们能最大限度地实现自身的社会价值和人生价值服务。通过高校思想政治理论课教学,在知识上、思想上等方面促进大学生综合素质的提升,促进个人成长成才,引导大学生实现人生价值。

(三)高校思想政治理论课具有人才培养功能

高校思想政治理论课具有人才培养功能,体现了思想政治教育的阶级性和政治性,也体现了高校人才素质提升的重要性。马克思、恩格斯指出:"共产党一分钟也不停止培养工人尽可能更加明确地认识资产阶级和无产阶级间敌对情形的意识。"[1]恩格斯曾经批判了杜林的超阶级、超历史的永恒道德论,科学地论证了道德的产生是具有经济根源和阶级基础的,他指出:"一切以往的道德论归根到底都是当时的社会经济状况的产物。而社会直到现在还是在阶级对立中运动的,所以道德始终是阶级的道德。"[2]由此可见,马克思、恩格斯都指出了思想政治教育的重要性。马克思主义特别重视

---

① 《马克思恩格斯全集》(第4卷),人民出版社,1958年,第503页。
② 《马克思恩格斯全集》(第20卷),人民出版社,1971年,第103页。

对青年一代尤其是大学生的思想理论教育。在马克思看来,"最先进的工人完全了解,他们阶级的未来,从而也是人类的未来,完全取决于正在成长的工人一代的教育"①。恩格斯也指出,大学生群体对革命具有重要的作用,大学生"负有使命同自己从事体力劳动的工人兄弟在一个队伍里肩并肩地在即将来临的革命中发挥巨大作用"②。列宁也认为,教育要发挥培养青年的重要作用,指出要"应该使培养、教育和训练现代青年的全部事业,成为培养青年的共产主义道德的事业"③。

在我国改革开放和社会主义现代化建设的新的历史时期,学校应当把正确的政治方向放在第一位。坚持四项基本原则的社会主义教育方向,这是进行思想理论教育教学的根本前提。高校思想政治理论课的育人功能,就是要通过高校思想政治理论课,确保教育的政治方向,使大学生成为中国特色社会主义事业的合格建设者和可靠接班人。通过高校思想政治理论课教学,达到提高大学生政治觉悟和思想认识水平的最终目的。一方面,通过高校思想政治理论课教学,提高大学生的思想水平和认识能力。高校思想政治理论课教导学生的是马克思主义相关理论和思想道德方面的知识,教育引导学生掌握和运用这些知识去指导自身行动、改造外部世界。另一方面,通过高校思想政治理论课教学,提高大学生综合素质。高校思想政治理论课的教育教学,必须坚持以马克思列宁主义、毛泽东思想、中国特色社会主义理论体系为指导,坚持社会主义方向,抵制各种错误思潮,为建设中国特色社会主义培养合格的未来建设者与接班人。只有高校思想政治理论课教学真正坚持以马克思列宁主义、毛泽东思想、中国特色社会主义理论体系为指导,坚持社会主义大方向,抵制各种错误思潮,才能培养大学生坚定正

---

① 《马克思恩格斯全集》(第16卷),人民出版社,1964年,第271页。
② 《马克思恩格斯全集》(第22卷),人民出版社,1995年,第487页。
③ 《列宁全集》(第39卷),人民出版社,1986年,第303页。

确政治立场、坚定理想信念,以科学的世界观、方法论武装头脑,指导行为。在此基础上,有了正确的指导思想,就会有正确的行为选择。通过高校思想政治理论课学习,大学生的自身专业能力等各方面综合素质也会得到提升。

三、高校思想政治理论课教学的基本特点

高校思想政治理论课具有自身的特点,这是由高校思想政治理论课教学的性质、地位和作用、功能等方面所决定的。高校思想政治理论课教学在高校思想政治教育工作中具有特殊的地位和作用。高校思想政治理论课教学与其他各门课程的教学相比,既有共同点和相似之处,更有自己独有的特点。

(一)高校思想政治理论课教学具有政治性

作为上层建筑的一个重要组成部分,高校思想政治理论课在巩固和完善社会主义制度,建设富强、民主、文明、和谐、美丽的社会主义现代化国家,培养社会主义"四有"新人等方面发挥着十分重要的作用。高校思想政治理论课主要是教育引导大学生掌握马克思主义立场、观点和方法,树立正确的世界观、人生观和价值观,坚定中国特色社会主义的共同理想和信念,培养大学生运用马克思主义基本立场、观点和方法分析问题、解决问题的能力,培养大学生成为有理想、有道德、有文化、有纪律的社会主义现代化事业的建设者和接班人。新时代高校思想政治理论课教学成效的高低,直接影响着大学生政治思想素质和道德素质的高低,关系到社会主义的前途和命运。高校思想政治理论课教学的政治性是马克思主义理论鲜明阶级性的体现和内在要求,高校思想政治理论课教学要始终体现这一特性。同时,马克思主义理论也是不断发展的理论,中国特色社会主义理论体系是马列主义基本原理同当代中国实践相结合的产物,是当代中国的马克思主义。新时代,随

着马克思主义的不断充实发展,高校思想政治理论课的教学内容也需要不断更新、充实和完善。高校思想政治理论课教学要及时体现和充分反映马克思主义在理论和实践上的重大发展和突破,充分反映现实国际国内形势的发展变化,紧扣党和国家的重大方针政策和战略决策,要体现时代的特征和社会的不断进步与发展。

(二)高校思想政治理论课教学具有科学性

高校思想政治理论课教学具有科学性的特点,这是由马克思主义理论本身的科学性特点所决定的,也是由高校思想政治理论课教学特点所决定的。一方面,高校思想政治理论课教学内容具有科学性。高校思想政治理论课涵盖马克思列宁主义、毛泽东思想、中国特色社会主义理论体系等内容,是一脉相承的、系统完整的、科学的理论体系。它们是我们认识世界和改造世界的强大思想武器,揭示了自然界、思维和人类社会政治、经济、文化、社会、生态等诸领域事物发展的客观规律。高校思想政治理论课教学是系统讲授马克思主义的基本知识,传授马克思主义基本立场、观点和方法的课程,在开展教学过程中,要注重讲授马克思主义世界观、人生观、价值观。针对大学生普遍关心和生活中遇到的重大理论和实践问题,教育引导大学生成长成才。另一方面,高校思想政治理论课教学方法具有科学性。高校思想政治理论课的科学性要求高校在开展思想政治理论课教学的过程中,要注重教学方法的科学有效的选取,要注重结合教学规律运用教学艺术,将马克思主义相关理论知识有效地教授给大学生。只有把握高校思想政治理论课教学方法的科学性,才能真正实现思想政治理论课教育教学的根本目的。

(三)高校思想政治理论课教学具有实践性

高校思想政治理论课教学注重培养学生掌握马克思主义理论相关知识,注重教育引导学生学以致用,将正确的思想运用到实践中去。高校思想政治理论课不同于其他一般教育课程,其教育教学过程具有实践性。

一方面,高校思想政治理论课的教学内容具有实践性。高校思想政治理论课内容主要体现了国际国内形势发展特点和要求,反映当代社会实践情况。高校思想政治理论课教师要深入社会实践,主动掌握当前国际国内社会发展情况特点,提升自我知识结构水平,不断丰富教学内容,结合现实情况从理论和实践结合的角度进行教学。另一方面,高校思想政治理论课教学具有教学方法的实践性。高校思想政治理论课教学要同实践性环节相结合,引导学生在理论学习的基础上提高科学文化素质与思想道德素质,并深入实践,践行正确思想道德观念。高校思想政治理论课教学要注重把大学生的社会实践活动纳入教学中来,有组织有计划地开展丰富多彩的社会实践活动,让大学生到改革开放的实践中去参观、考察,从事社会调查、志愿者服务等活动,在实践中学会理论联系实际,学以致用。

高校思想政治理论课教学改革只有在正确认识和把握了高校思想政治理论课教育教学特点的基础上才能更好地开展。

第二节　新时代高校思想政治理论课教学改革创新的基本原则

"原则是指人们说话或行事所依据的法则或标准。"[1]高校思想政治理论课教学改革创新原则指的是高校思想政治理论课教学改革创新过程中,依据高校思想政治理论课教学改革创新目标,从思想政治理论课教学改革创

---

[1]　思想政治教育学原理编写组:《思想政治教育学原理》,高等教育出版社,2016年,第230页。

新的客观要求与规律性认识中归纳形成的对思想政治理论课教学改革创新具有指导意义的基本准则。高校思想政治理论课教学改革创新必须以基本原则为导向,坚持正确的基本原则保证教学改革的科学性。

一、坚持党的领导

高校思想政治理论课承担着对大学生进行系统的马克思主义理论教育和开展党的基本政策等方面教育的任务,目的在于培养中国特色社会主义事业的合格建设者和可靠接班人。在高校思想政治理论课教学改革创新过程中要坚持党的领导。高校思想政治理论课教学以马克思主义和马克思主义中国化最新理论成果为指导,在全球化、信息化的新时代面临着各种冲击和挑战,特别是思想领域中的挑战。高校思想政治理论课教学改革创新必须坚持党的领导,站稳政治立场,明确政治方向,这是高校进行思想政治理论课教学改革创新必须坚持的首要原则。习近平总书记指出:"办好中国的事情,关键在党。"①中共中央宣传部、教育部印发的《关于进一步加强和改进高等学校思想政治理论课的意见》也明确指出,要切实加强和改进党对高校思想政治理论课的领导,高校党委要切实负起政治责任,为高校思想政治理论课的建设和发展提供良好的环境与条件。党政军民学,东西南北中。在我国,党是领导一切的。同时,党的百年历史成就也告诉我们,只有坚持中国共产党的领导,才能发展好社会主义各项事业。党的领导是新时代高校思想政治理论课教学改革创新的重要保证,为高校思想政治理论课教学改革指明了方向。高校思想政治理论课教学改革创新,必须在党的领导下积

---

① 《习近平总书记主持召开学校思想政治理论课教师座谈会强调:用新时代中国特色社会主义思想铸魂育人　贯彻党的教育方针落实立德树人根本任务》,《人民日报》,2019 年 3 月 19 日。

极拓展教学改革的格局,在党的领导下开展各项工作。

第一,高校思想政治理论课教学改革创新,必须在党的宏观组织协调下开展。高校思想政治理论课教学改革创新,需要党和国家从宏观上的组织协调和保障,积极营造合理有效、互助配合的教学改革良好氛围,要时刻坚持党的领导。要在党委统一领导、党政齐抓共管、有关部门各负其责、全社会协同配合的总体工作部署中,大力推动形成各个部门、各门课程、各个环节的育人合力,把思想政治教育贯穿于高校教学的全过程,实现全员、全过程、全方位育人的大格局,继而推动形成全党全社会支持配合高校思想政治理论课教学改革创新,广大师生积极上好思政课的良好氛围。

第二,高校思想政治理论课教学改革创新,必须在党的领导下组建一支强大的工作队伍。高校思想政治理论课的教学改革创新需要发挥教学改革工作队伍的重要作用。要在党的统一领导下严把质量观,配齐建强思想政治理论课教师队伍。高校思想政治理论课教师队伍要以政治素养为统领,坚定马克思主义信仰和"四个意识",坚持"四个自信",自觉做到"两个维护"。同时,各级党委还要统筹规划,推进包括地方党政领导干部、社科理论界专家、高校党委书记(校长)、院(系)党政负责人以及日常思想政治教育骨干等人员队伍建设,协调多方力量共同讲好"思政课",共同支持与配合思想政治理论课教学改革。

第三,高校思想政治理论课教学改革创新,必须发挥各级党委的领导主体责任。习近平总书记指出:"党委要保证高校正确办学方向,掌握高校思想政治工作主导权,保证高校始终成为培养社会主义事业建设者和接班人的坚强阵地。各级党委要把高校思想政治工作摆在重要位置,加强领导和指导,形成党委统一领导、各部门各方面齐抓共管的工作格局。"①在高校思想政治理论课教学改革创新过程中,要明确高校党委的主体责任。高校党委要全面领导高校思政课教学工作,把方向、管大局,坚持高校意识形态工作第一线,确保思想政治理论课教学改革的顺利进行。只有在党的领导部署下,高校思想政治理论课教学改革创新才能取得成功。高校思想政治理论课改革创新过程中,要加强党的领导,切实发挥党的领导作用。在这方面,党中央负责高校思想政治理论课的顶层设计,地方各级各层党委负责政策落实,承担起工作职责和主体责任;高校党委则需组织推进形成高校党委书记、校长带头抓思想政治理论课的工作机制,负责落实党中央和各级政府关于思想政治理论课教学改革创新的各项政策,统筹利用校内外教育教学资源,全面负责各校的思想政治理论课教学改革创新工作。

二、把握思想政治教育相关规律

高校思想政治理论课是高校思想政治工作的中心环节,是高校思想政治工作的主渠道,承担着培养社会主义事业合格建设者和接班人的重任,是针对大学生专门进行的主流意识形态的思想理论教育活动,高校思想政治理论课教学改革创新必须坚持思想政治教育工作规律、教书育人规律和学生成长规律等方面思想理论教育相关规律,不断提高教学改革创新的质量与水平。

（一）把握高校思想政治工作规律

高校思想政治理论课是高校思想政治工作的主渠道,是体现社会主义

---

① 习近平:《把思想政治教育工作贯穿教育教学全过程开创我国高等教育事业发展新局面》,《人民日报》,2016 年 12 月 9 日。

大学本质特征的课程,关系着"培养人"这一根本问题。高校思想政治理论课教学改革创新必须按照高校思想政治工作的一般规律来开展,切实地承担起培养担当民族复兴大任的时代新人、培养德智体美劳全面发展的社会主义事业建设者和接班人的重任。习近平总书记在全国高校思想政治工作会议上强调,做好高校思想政治教育工作,必须从以下几个方面着手:

第一,我国高等教育肩负着培养德智体美劳全面发展的社会主义事业建设者和接班人的重大任务,必须坚持正确政治方向。第二,办好我们的高校,必须坚持以马克思主义为指导,全面贯彻党的教育方针。要坚持不懈传播马克思主义科学理论,抓好马克思主义理论教育,为学生一生成长奠定科学的思想基础。要坚持不懈培育和弘扬社会主义核心价值观,引导广大师生做社会主义核心价值观的坚定信仰者、积极传播者、模范践行者。要坚持不懈促进高校和谐稳定,培育理性平和的健康心态,加强人文关怀和心理疏导,把高校建设成为安定团结的模范之地。要坚持不懈培育优良校风和学风,使高校发展做到治理有方、管理到位、风清气正。第三,思想政治工作从根本上说是做人的工作,必须围绕学生、关照学生、服务学生,不断提高学生思想水平、政治觉悟、道德品质、文化素养,让学生成为德才兼备、全面发展的人才。第四,做好高校思想政治工作,要因事而化、因时而进、因势而新。要遵循思想政治工作规律,遵循教书育人规律,遵循学生成长规律,不断提高工作能力水平。第五,高校教师要坚持教育者先受教育,努力成为先进思想文化的传播者、党执政的坚定支持者,更好担起学生健康成长指导者和引路人的责任。要加强师德师风建设,坚持教书和育人相统一,坚持言传和身教相统一,坚持潜心问道和关注社会相统一,坚持学术自由和学术规范相统一,引导广大教师以德立身、以德立学、以德施教。第六,办好我国高等教育,必须坚持党的领导,牢牢掌握党对高校工作的领导权,使高校成为坚持党的领导的坚强阵地。党委要保证高校正确办学方向,掌握高校思想政治工作主导权,保证高校始终成为培养社会主义事业建设者和接班人的坚强阵地。各级党委要把高校思想政治工作摆在重要位置,加强领导和指导,形成党委统一领导、各部门各方面齐抓共管的工作格局。①

可见,高校思想政治理论课教学改革创新过程中,要把握好高校思想政治工作规律,要坚持社会主义办学方向,坚持党的领导,以马克思主义为指导,全面贯彻党的教育方针;要结合学生实际做到围绕学生、关照学生、服务学生,切实提高学生思想政治素质。《关于新时代加强和改进思想政治工作的意见》也指出,要"坚持遵循思想政治工作规律,把显性教育与隐性教育、解决思想问题与解决实际问题、广泛覆盖与分类指导结合起来,因地、因人、因事、因时制宜开展工作。坚持守正创新,推进理念创新、手段创新、基层工作创新,使新时代思想政治工作始终保持生机活力"②。高校思想政治工作要主动适应新时代大学生的实际需求,包括求知需求、被尊重的需求、人生价值实现的需求等方面,教育思想要经得起实践检验,教育内容和教育方式要符合学生成长规律,适应学生的需求;要适应时代发展,因事而化、因时而进、因势而新,推动自身的改革创新;要重视工作队伍建设,夯实师资队伍。

(二)把握教书育人规律

坚持教书育人相统一是高校思想政治理论课教学改革创新必须遵循的基本原则之一。高校思想政治理论课教学不同于其他学科教育,对大学生开展理论知识教育的过程也是对大学生进行思想政治教育的过程,思想政治理论课教师要遵循教书育人规律,不断充实与提高自己,夯实个人基本功,提高思政教育效能。高校思想政治理论课教学改革创新要注重把握教

---

① 参见习近平:《把思想政治教育工作贯穿教育教学全过程开创我国高等教育事业发展新局面》,《人民日报》,2016 年 12 月 9 日。

② 中共中央、国务院印发:《关于新时代加强和改进思想政治工作的意见》,http://www.gov.cn/xinwen/2021－07/12/content_5624392.htm。

书育人规律。高校思想政治理论课教学的过程就是教书育人的过程,实现课程教书育人的有机统一,关键在于发挥思想政治理论课教师的积极作用,只有思想政治理论课教师作用的有效发挥,才能将教书育人落到实处。要将教书育人转化为思想政治理论课教师的工作内容与方法,转换为思想政治理论课教师的职业责任与担当。一方面,思想政治理论课教师要不断丰富自身学识、拓宽个人视野,传授马克思主义相关知识;另一方面,思想政治理论课教师要加强立德树人。思想政治理论课教师要弘师德提正气,用自身行动感化学生,成为学生成长路上的引路人。思想政治理论课教师不仅要传授知识,还要做大学生的人生导师,要尽到教书育人、立德树人的职责,坚持教书和育人相统一、言传和身教相统一,做好青年成长的引路人。同时,高校思想政治理论课教师要强化科学教育的基本功。教育教学要有科学方法、有效方式、合适渠道,教师要注重结合时代发展形势和大学生特点需求,采取灵活有效的教学方式方法来开展教学,才能提高思想政治理论课教学成效。

(三)把握学生成长规律

高校思想政治理论课的授课对象是大学生,在开展思想政治理论课教学改革创新的过程中要注重遵循大学生成长规律,坚持"以生为本"。传统的高校思想政治课教学强调"教"是知识传播的主要过程,将大学生的学习过程视为被动的接受过程,更多的是以教师为中心,以课堂为中心,以课本为中心,片面强调了教师的作用而忽视了大学生的个体价值、主动性等,导致大学生的积极性、主动性发挥不足。《中共中央 国务院关于进一步加强和改进大学生思想政治教育的意见》指出,思想政治教育要坚持以人为本。习近平总书记在全国高校思想政治工作会议上也强调:"思想政治工作从根本上说是做人的工作,必须围绕大学生、关照大学生、服务大学生。"①高校思想政治理论课教学改革创新要坚持"以生为本",即以大学生为本,以大学生为教学中心,发挥大学生的自我教育、自我管理、自我服务的主动性和积极性,以大学生的全面发展为目标,不断提升大学生的思想素质。在思想政治理论课教学过程中,大学生是学习的主人,一切教学活动都必须以大学生为中心,尊重大学生的态度、习惯、情感、需要等方面的差异,教师要注重立足大学生实际特点,调动大学生主体性的发挥,培养大学生主动探索、积极思考的能力。同时,教师要关心大学生、尊重大学生,根据大学生的实际情况,采取大学生易于接受的教学手段和方法,不断提高教学的针对性,提高教学的效果和质量。

高校思想政治理论课教学改革创新必须遵循坚持"以生为本",把握大学生成长发展的规律特点。第一,要把握新时代大学生的身心特点。当代大学生具有自身的思想特点与发展需求,不同的学生群体也体现不同的特点。高校思想政治理论课教学改革创新要遵循大学生身心发展的基本规律,结合不同的大学生群体、有针对性地构建有效的教学改革模式,通过教学改革创新来引导大学生立德成人、立志成才,教育引导大学生做社会主义合格建设者和可靠接班人。第二,要把握大学生成长同国家发展之间的紧密关系。当代大学生是社会主义未来的建设者和接班人,高校思想政治理论课教学改革要以培养大学生的时代新人为目标。习近平总书记指出:"我们面临的新时代,既是近代以来中华民族发展的最好时代,也是实现中华民族伟大复兴的最关键时代。广大青年既拥有广阔发展空间,也承载着伟大时代使命。"②高校思想政治理论课改革创新要注意引导大学生将时代责任

---

① 习近平:《把思想政治教育工作贯穿教育教学全过程开创我国高等教育事业发展新局面》,《人民日报》,2016 年 12 月 9 日。

② 习近平:《在北京大学师生座谈会上的讲话》,《人民日报》,2018 年 5 月 2 日。

和历史使命统一起来,激励大学生自觉把个人的理想追求融入国家和民族的伟大事业中去。

高校思想政治理论课改革创新的过程,也是不断提升高校思想政治理论课教学成效、发挥思想政治理论课育人功能的过程。高校思想政治理论课教学改革创新是高校思想政治理论课教师教书育人的体现,教学改革过程中要注重将教书育人原则转化为思想政治理论课教师的工作内容与方法,明确思想政治理论课教师的职业责任与担当。高校思想政治理论课教师一方面要注重对马克思主义相关理论知识的传授,要传授马克思主义的真理之道、理想之道、信仰之道,并用自身人格修养和品德行为去潜移默化影响大学生;另一方面要明确培养时代新人的责任,做到以身作则、教书育人。

三、遵循"八个相统一"要求

习近平总书记在学校思想政治理论课教师座谈会上指出,推进思想政治理论课改革创新,必须坚持政治性和学理性相统一、价值性和知识性相统一、建设性和批判性相统一、理论性和实践性相统一、统一性和多样性相统一、主导性和主体性相统一、灌输性和启发性相统一、显性教育和隐性教育相统一。① "八个相统一"是对高校思想政治理论课历史发展所形成的一系列规律性认识和成功经验的理性升华与一般概括,是新时代高校思想政治理论课内涵式发展的重要原则。高校思想政治理论课是一门集政治教育、思想教育与品德教育于一体的课程,具有极强的实用性。新时代提升高校思想政治理论课改革创新的实效性,必须坚持习近平总书记在学校思想政

---

① 参见《习近平总书记主持召开学校思想政治理论课教师座谈会强调:用新时代中国特色社会主义思想铸魂育人 贯彻党的教育方针落实立德树人根本任务》,《人民日报》,2019 年 3 月 19 日。

治理论课教师座谈会中所提到的"八个相统一"基本原则。

（一）坚持政治性和学理性相统一

"要坚持政治性和学理性相统一，以透彻的学理分析回应学生，以彻底的思想理论说服学生，用真理的强大力量引导学生。"[1]高校思想政治理论课教学改革创新必须坚持政治性与学理性相统一的原则，这是首要坚持的基本原则。坚持政治性和学理性相统一是由社会主义的办学方向和思想政治理论课的课程性质所决定的，体现为通过政治表达学理，通过学理展现政治。高校思想政治理论课教学改革创新，必须将政治话语转换为学术话语，将政治学理化，将理论政治化。高校思想政治理论课是党和国家开展思想政治工作的重要阵地，主要是对马克思主义及其指导下的社会主义意识形态进行宣传与教育的课程，其教学成效的优劣事关社会主义未来建设者和接班人的培养，事关党和国家的根本利益，必须坚持"政治性与学理性相统一"的基本原则。只有将政治性和学理性统一起来，高校思想政治理论课教学成效才能得到切实提升。

1. 坚持政治性和学理性相统一的内涵要求

第一，坚持"政治性"即坚持马克思主义的指导地位、坚持社会主义的办学方向、坚持正确的政治方向与站稳政治立场。政治性主要表现在教学改革创新过程中的政治导向、政治任务、教学队伍的政治担当等方面。讲政治是高校思想政治理论课的首要要求。高校思想政治理论课开展的目的，在于提升大学生的政治理论，引导大学生坚定政治立场，强化大学生的政治担当意识。高校思想政治理论课的任务是培养社会主义未来建设者和接班人，关键任务在于"立德树人"，要解决的是"培养什么人、怎样培养人、为谁

---

[1]　《习近平总书记主持召开学校思想政治理论课教师座谈会强调：用新时代中国特色社会主义思想铸魂育人　贯彻党的教育方针落实立德树人根本任务》，《人民日报》，2019 年 3 月 19 日。

培养人"的根本问题。高校思想政治理论课与其他课程最显著的区别就是思想政治理论课是为社会主义意识形态服务的,必须把政治性放在首位,落实好国家意识形态对该课程的整体导向要求。高校思想政治理论课教学改革创新要坚持马克思主义对意识形态领域的指导地位,确保教学改革始终保持正确的政治方向,将该课程的政治性与大学生成长的需求深度融合,实现育人目标与意识形态目标的有机统一。

第二,坚持"学理性"即把握高校思想政治理论课的科学性。思想政治理论课的学理性主要表现在马克思主义的学理性、哲学社会科学各学科的学理性与理论运用的学理性等方面。高校思想政治理论课教学改革创新坚持政治性与学理性相统一,即坚持以政治性为主导,用正确的政治方向指导思想政治理论课的改革创新;以科学的理论知识为基础,用学术语言讲政治,引导大学生坚定政治方向与立场。学理性是高校思想政治理论课的内在属性,高校思想政治理论课所形成的知识体系和真理体系具有深刻的学理性,这也是思想政治理论课的特点所在。"理论只要说服人,就能掌握群众;而理论只要彻底,就能说服人。所谓彻底,就是抓住事物的根本。"①因此,高校思想政治理论课教师应当学懂弄通马克思主义,夯实理论功底并将马克思主义给学生讲透彻,提升学生对于思想政治理论课的"获得感"。高校思想政治理论课教学改革创新要坚持政治性和学理性相统一,忽视学理片面讲政治或是离开政治单纯讲学理均不可取。高校在思想政治理论课教学改革创新过程中,要把握好政治性与学理性的关系。在开展高校思想政治理论课教学过程中,缺乏学理性的思想政治理论课是乏味的,缺乏政治性的思想政治理论课是不合要求的。因此,要以正确的政治方向为基础,让思想政治理论课在教学过程中富有学理性。

---

① 《马克思恩格斯文集》(第 1 卷),人民出版社,2009 年,第 11 页。

2. 坚持政治性和学理性相统一的具体做法

高校思想政治理论课教学改革创新要处理好坚持政治性与坚持学理性之间的关系,要做到价值导向和理论教育相统一。高校思想政治理论课教学要将政治教育融入学理阐释中,利用学理阐释解决政治问题。坚持政治性和学理性相统一,需要发挥教师、学生、学校和社会多方面因素的作用。高校思想政治理论课教师要具备政治素质与理论素养,教师首先要对马克思主义理论真学、真懂、真信、真用;同时,开展思想政治理论课教学要注重以政治引领学理研究,以学术的方式讲政治,就要始终确保正确的政治方向,一方面要以政治为引领,深化对理论的理解,另一方面要注重从学理上开展研究,将研究成果变成教学内容,提升教师教育教学的胜任力,提升理论的穿透力。就大学生而言,要用真理的态度来对待政治,将政治理论转化为坚定的政治信念,坚定政治立场,树立理想信念,积极学习并善于运用马克思主义的立场、观点和方法去处理问题。高校要形成敬畏政治、尊重学理的校园氛围,将政治性放在首位,将学理性作为重要标准。各级党委要将习近平总书记关于思想政治工作的重要讲话精神落实到位,要深入了解高校思想政治理论课教学效果,及时发现并解决问题,营造良好的教学改革创新环境,为高校思想政治理论课教学改革创新提供基础保障。实现政治性和学理性的辩证统一最根本的就是要用好思想政治理论课课堂教学这个主渠道,深刻领悟政治性,正确认识学理性,在教学过程中实现政治性和学理性相统一。

(二)坚持价值性和知识性相统一

"要坚持价值性和知识性相统一,寓价值观引导于知识传授之中。"①知

---

① 《习近平总书记主持召开学校思想政治理论课教师座谈会强调:用新时代中国特色社会主义思想铸魂育人　贯彻党的教育方针落实立德树人根本任务》,《人民日报》,2019 年 3 月 19 日。

识教育属于认识论的范畴,价值引导属于价值论的范畴。高校思想政治理论课以马克思主义理论与思想品德教育为主要内容,是一个对大学生进行马克思主义理论与思想品德知识教育的过程。高校思想政治理论课教学改革创新要坚持价值性和知识性相统一,寓价值观引导于知识传授之中。这就要求高校思想政治理论课教学改革创新过程中,注重做到思想政治理论课教学以知识传授为载体,引导大学生树立正确的马克思主义世界观与方法论,以正确的世界观、人生观与价值观来指导实践;以价值引导引领知识传授,寓主导意识形态于具体的知识教学过程中,确保思想政治理论课教学的价值引领性。坚持价值性和知识性相统一体现了思想政治理论课的实践要求以及自身特点。新时代高校思想政治理论课教学改革创新,目的在于提升高校思想政治理论课教学成效,提升大学生思想政治理论课获得感,要坚持价值性和知识性的统一,寓正确价值观的引导于知识传授之中,在传授知识的过程中加强大学生的价值观教育。

1. 坚持价值性和知识性相统一的内涵要求

第一,坚持"价值性"指的是坚持思想政治理论课的价值引领性。价值性体现了高校思想政治理论课的重要作用。高校思想政治理论课所坚持的价值性指在对大学生进行马克思主义相关理论知识的传授过程中,不断增强对大学生的价值引领作用,这是思想政治理论课的根本要求。高校在开展思想政治理论课教学改革创新的过程中,要注重在提升思想政治理论课获得感的同时坚持价值性,坚定不移地坚持正确的价值导向和政治方向,以价值引导为初心,对大学生进行正确的价值导向,引导大学生树立坚定的理想信念,充分发挥思想政治理论课作为意识形态教育主阵地的作用。

第二,坚持"知识性"指的是教育引导大学生掌握马克思主义相关理论知识。知识性回答了思想政治理论课"是什么"的基本问题。高校思想政治理论课是一门以马克思主义理论为主要内容的课程。知识性是高校思想政治理论课的基本属性,具有价值事实与知识体系支撑。只有将马克思主义理论融入课堂,利用彻底的理论来说服大学生,利用普遍真理解决实际问题,启迪大学生自发形成正确的价值观和崇高的社会理想,才能使得大学生对马克思主义相关理论真懂、真信,并将其落实到实际行动中去。

2.坚持价值性和知识性相统一的具体做法

高校思想政治理论课教学改革过程要将知识性教育和价值性教育两者统一起来,单纯重视知识性或价值性都有失偏颇。重价值性轻知识性,思想政治理论课将缺乏学理性,空洞而缺乏说服力,只有注重价值性,才能体现思想政治理论课的价值引领作用。但也不能重知识性轻价值性,只有通过彻底的理论诠释,高校思想政治理论课才具有说服力和感召力。坚持价值性和知识性相统一,是由思想政治理论课的知识属性和价值属性二者之间内在逻辑所决定的。因此,新时代大学生思想政治理论课获得感的提升,要将价值性与知识性统一起来,将对马克思主义理论的知识传授寓于其价值性引领之中,也将价值性引领寓于其知识性传授之中,进行知识和信仰的转化,具体包括以下三个方面:

第一,要通过知识传播形成价值信仰。也就是说,高校要通过思想政治理论课教学内容的传播来体现其价值性。高校思想政治理论课教师要把握教材精神,提升理论素养,传播马克思主义相关理论知识。高校思想政治理论课教师要注重在对大学生知识传授的过程中进行价值导向,注重提升思想政治理论课的感染力和说服力。教师要在传授知识的过程中融入思想引导和价值观塑造,让大学生感受到马克思主义相关理论的感染力,要引导大学生深化政治认知,厚植理想信念,坚定信心信仰,通过思想政治理论课教育教学来提升大学生认知的获得感和思想的获得感。要用广博的理论、彻底的思想来吸引和说服大学生,以知识成果滋养价值观念,增强思想政治理论课的吸引力。教师要通过思想政治理论课教学,讲清楚马克思主义理论并对大学生进行引导,让大学生在获得思想启迪的过程中坚定马克思主义信仰,从而达到坚持价值性和知识性相统一。未来中国特色社会主义事业建设需要的人才是全面发展的人才,不仅仅需要知识丰富的人才,更重要的是他们的综合素质能得到全面发展,其中德育在大学生德、智、体、美、劳等全面发展诸多方面中居于主导地位,关系到整个教育的根本发展。习近平总书记强调:"要坚持把立德树人作为中心环节,把思想政治工作贯穿教育教学全过程,实现全程育人、全方位育人,努力开创我国高等教育事业发展新局面。"①高校思政课不仅仅是让大学生获得知识和技能,更重要的是要培养大学生树立正确的价值观念,促进大学生保持健康的心理,培养大学生健全的人格,强化大学生的道德规范,培养大学生养成良好的生活习惯和保持良好的精神状态,促进大学生的全面发展。而这需要不断改变过去传统的教学模式,积极加强高校思政课教学模式改革,坚持立德树人、以德为先的教育导向,提高思想政治理论课教学的针对性和实效性。

第二,要注重把握大学生思想特点。大学生的情感和意志是其认知和信仰形成的重要影响因素。高校思想政治理论课教学改革创新要依据时代发展要求和大学生实际情况及时进行方法与内容的更新,以科学、全面、与时俱进的知识体系支撑价值引领。高校思想政治理论课教师要时刻关注大学生道德、情感和意志的最新动态,结合大学生的实际情况因势利导,及时给予理论指导和疑惑解答。高校思想政治理论课教学改革创新要符合大学生成长发展规律,思想政治理论课教学过程要深刻把握大学生身心成长规律,结合不同学生群体特点因材施教,有针对性地进行教学改革创新。

第三,要重视引导大学生学以致用,将所学所思落到实处。高校思想政

---

① 习近平:《把思想政治教育工作贯穿教育教学全过程开创我国高等教育事业发展新局面》,《人民日报》,2016 年 12 月 9 日。

治理论课教学改革创新要注重将对学生的知识培养、价值培养转化到学生的行为落实中去,要注重抓好实践这一关键环节,实现大学生的知识体系向信仰体系的转化,从而实现信仰到行为的落实。高校思想政治理论课教学改革创新要以实践的观点为指导,结合时代发展要求来开展。高校思想政治理论课教学改革创新过程中,要以实践为导向,锻炼学生的实践能力,增强学生的实干精神,教育引导学生做到学以致用、知行合一。

(三)坚持建设性和批判性相统一

"要坚持建设性和批判性相统一,传导主流意识形态,直面各种错误观点和思潮。"[1]高校思想政治理论课的守正创新面临着诸多挑战,高校思想政治理论课教学改革创新必须坚持建设性和批判性相统一,坚持以辩证唯物主义和历史唯物主义的理论为指导。建设性与批判性是不可分割的两个方面,两者相辅相成,互为一体,共同服务于思想政治理论课的创新发展。建设性和批判性都是为了提升大学生思想政治理论课获得感,都致力于高校思想政治理论课改革创新目标的达成。

1. 坚持建设性和批判性相统一的内涵要求

第一,坚持"建设性"即坚持完善和发展高校思想政治理论课教学,不断加强高校思想政治理论课各方面建设。建设性是对思想政治理论课的发展与完善,具有推动性作用,会在教学实践中转化为推动思想政治理论课不断改进的积极力量,是推进高校思想政治理论课教学改革创新不可缺少的部分。坚持思想政治理论课的建设性,就是要在教学过程中不断完善思想政治理论课发展的内生要素,包括教师队伍建设、教材体系建设、学科建设等诸多方面,要推动思想政治理论课教学方式方法的改革,不断提升其吸引力

---

[1] 《习近平总书记主持召开学校思想政治理论课教师座谈会强调:用新时代中国特色社会主义思想铸魂育人 贯彻党的教育方针落实立德树人根本任务》,《人民日报》,2019 年 3 月 19 日。

和感染力,要加强社会主义意识形态教育,弘扬主旋律,传播正能量,帮助大学生树立正确的价值导向,自觉做马克思主义的坚定信仰者、模范践行者和积极传播者。

第二,坚持"批判性"即坚持以马克思主义原则来看待问题。高校思想政治理论课教学改革创新过程中要坚持批判性,要在教学实践过程中剔除错误的思想和抵制不良的思潮,不断推动思想政治理论课的发展与完善。之所以要求高校思想政治理论课教学改革创新必须坚持批判性,是由新时代马克思主义意识形态教育所面临的严峻形势所决定的。当今时代,国际国内环境都有了新特点,这对于当前高校开展思想政治理论课教育都产生了挑战。国际社会方面,西方敌对势力到处宣扬西方的价值观,大肆进行文化渗透,企图通过西方价值理念的渗透来动摇甚至取代我国意识形态中的马克思主义的指导地位;国内形势方面,改革开放的实行也带来了各种社会思潮,这些多元思潮对人们思想也造成了不同程度的冲击。特别是当前我国的改革开放进入深水区、攻坚区,主流与非主流思潮同时存在。高校思想政治理论课教学改革创新要遵循马克思主义指导下的批判性原则,要坚持批判性,引导大学生批判国外所倡导的普世价值论、自由主义、历史虚无主义等错误思潮,要坚定立场,学会理性思考,避免被错误思潮所迷惑。

当今时代是全球化、信息化的时代,各种社会思潮交织并存,互联网的发展更让别有用心的不法分子趁机作祟,通过网络来宣扬各种错误思想,企图以此来影响大学生正确价值观的树立。因此,高校思想政治理论课教学改革创新要坚持批判性。教师在进行思想政治理论课教学过程中,要时刻发扬斗争精神,提高意识形态敏锐性与鉴别力,要认清社会主义意识形态的对立面,辨别各种错误观点,抵制各种错误思潮,结合教学内容做出科学的、正确的、有力的批判。高校思想政治理论课教学改革创新成效的提升,需要将建设性和批判性深入结合,不能将两者割裂开来。单强调建设性或单强调批判性都是不可取的,因为单强调建设性会使得大学生忽视非主流意识形态、错误思想等思潮,无法深刻体会所处时代的复杂性和多样化;单强调批判性会淡化大学生的社会主义意识形态,不利于社会主义主流意识形态的建设与发展。因此,高校思想政治理论课教学改革创新要坚持建设性和批判性的统一。

2. 坚持建设性和批判性相统一的具体做法

高校思想政治理论课教学改革创新的过程中,要注重采取将建设性和批判性有机结合起来,将二者在思想政治理论课获得感的实践之中统一起来。只有将建设性和批判性统一起来,高校思想政治理论课教学改革创新才能取得成效。一方面,建设发展好思想政治理论课,发挥好主渠道的作用。通过思想政治理论课的不断完善与发展,进一步传导正能量。另一方面,用批判的态度面对错误思潮,敢于进行甄别与批判,维护社会主流意识形态地位。

高校思想政治理论课教学改革创新要坚持建设性和批判性的统一,将两者有机结合起来,具体包括以下方面:第一,要坚持主流意识形态,加强思想政治理论课建设。要明确责任意识与阵地意识,这是开展思想政治理论课教学的思想前提。要巩固主流思想,传播正能量,引导大学生坚定政治立场,明辨政治意识形态的本质,树立正确理想信念。与此同时,要警惕西方以及社会上存在的错误思潮、不正确观点对大学生思想观念的不良影响,对错误的思想观点进行批判,引导大学生认清错误思潮的本质,树立正确的思想观念。要对大学生进行积极引导,引领大学生明辨多元化的意识形态,认同并践行主流意识形态,避免错误思潮的渗透,将对祖国的认同体现于行为实践中。第二,要坚持问题意识。高校思想政治理论课教学改革创新要有强烈的问题意识,坚持问题导向,重视教学实践过程中出现的问题,发现并解决问题,并在解决问题的过程中得以深化。要特别关注错误思潮的危害与实质,也要特别关注具有前沿性、时代性的真问题,并予以正确的分析和科学的解答,在破解问题的实践中实现理论的创新与发展。

(四)坚持理论性和实践性相统一

"要坚持理论性和实践性相统一,用科学理论培养人,重视思政课的实践性,把思政小课堂同社会大课堂结合起来,教育引导大学生立鸿鹄志,做奋斗者。"[①]高校思想政治理论课教学改革创新要求坚持理论性和实践性相统一。高校思想政治理论课既富含学理性与知识性,又必须通过实践检验与反馈,是需要实践来支撑的课程。只有将课堂教学与社会实践相结合,才能将知识理论运用出去,才能不断发展创新高校思想政治理论课教学成效,达到思想政治理论课教学的最终目标。在高校思想政治理论课教学改革创新过程中,教师要注重通过实践不断加强自身知识理论水平的提升,学生要注重通过教学实践活动的积极参与来丰富提升自身的理论知识水平,并积极将所学理论知识运用于具体的实践中,将爱国情与报国志融入中国特色社会主义建设事业中。高校思想政治理论课教学改革创新,要始终坚持理论性和实践性的有机统一,通过科学的理论知识来指导具体实践,同时通过具体实践丰富理论知识,以理论领实践,以实践证理论。

1.坚持理论性和实践性相统一的内涵要求

第一,坚持理论性即坚持思想政治课知识理论的科学性理论性。理论性是思想政治理论课的基本属性,指向的是思想政治理论课的逻辑性和阐释性。高校思想政治理论课教学改革创新要以马克思主义理论为理论根基,帮助学生掌握马克思主义相关科学理论知识。通过思想政治理论课教学,以包含知识性和思想性的教学内容教育学生。高校思想政治理论课教

---

① 《习近平总书记主持召开学校思想政治理论课教师座谈会强调:用新时代中国特色社会主义思想铸魂育人 贯彻党的教育方针落实立德树人根本任务》,《人民日报》,2019 年 3 月 19 日。

学内容是对历史经验的抽象理解和高度概括,是具有系统性和科学性的知识体系,具有很强的理论性。高校思想政治理论课教学改革创新,就是要提高大学生掌握马克思主义等理论知识,不断提升大学生的理论水平。高校思想政治理论课教学改革创新强调理论性,有利于提升大学生的知识获得感,有利于大学生将课堂上的客观真理内化为主体意识,促进大学生形成正确的世界观,掌握正确的方法论。

第二,坚持实践性即重视思想政治理论课的实践性,注重将思政小课堂和社会大课堂结合起来,将课堂学习与课外实践结合起来。实践观点是马克思主义理论的基本观点,理论只有作用于实践才能更好地发挥作用,理论的形成来源于实践,最终目的也是作用于实践,理论的最终目的就是指导人的行动。坚持实践性,是高校思想政治理论课教学改革创新必须考虑的重要方面。高校思想政治理论课教学改革创新要注重大学生的思想观念和行为发展,要强调大学生对于所学理论知识"内化于心,外化于行",要通过实践来学习和践行所学知识。通过社会大课堂的各种实践,不断提升自我的知识理论水平,同时在实践中践行所学的理论知识,用正确的思想来指导自我的行为,将正确的理念践行到实际的行动中去。高校思想政治理论课的理论教学只有与实践相结合起来,运用到实践中去,思想政治理论课的作用才能得到发挥,思想政治理论课的价值才能得到体现。而且,通过实践,高校思想政治理论课教学内容才会不断地向干富发展。

"思想政治理论课就是要培养正确的、告诉未知的、理清混乱的和抵御错误的。"[①]新时代高校思想政治理论课教学改革创新要通过理论知识的传授,帮助大学生掌握马克思主义的基本理论、基本方法,引导大学生学习理

---

① 刘富胜、赵久烟:《增强大学生思想政治理论课获得感要坚持"四个结合"》,《思想理论教育导刊》,2017 年第 6 期。

论知识,明确思想政治理论课对其自身成长进步的价值,增强获得感。要结合新时代的背景和形势发展,不断推进理论创新,实现理论逻辑向实践逻辑的转化,让大学生认同掌握马克思主义理论,并在实践过程中践行马克思主义理论。

2.坚持理论性和实践性相统一的具体做法

高校思想政治理论课教学改革创新过程中,在重视提升大学生理论认知的同时也要重视大学生行为的锻炼和转化,通过理论见诸实践活动的开展促使大学生提升获得感。第一,重视思想政治理论课理论性的传播。高校思想政治理论课具有理论性,高校思想政治理论课教学改革创新要重视大学生对思想政治理论课理论性的掌握,培养大学生具备科学的理论知识。第二,重视思想政治理论课实践性的特点。在开展理论知识传授的过程中,要注重通过丰富教学内容、创新教学方法等途径,通过课堂教学、课外实践等方式,让大学生更好地掌握马克思主义科学理论,丰富自我知识储备。

新时代思想政治理论课要注重大学生的感官体验,帮助大学生在实践教育的过程中丰富理论知识,将所学到的知识运用到解决现实存在的困惑和疑难问题中去。通过课堂教学与课外实践的结合,使得大学生通过自身实践、切实体验而获得理论知识,运用理论知识,帮助大学生掌握认识世界和改造世界的方法,并让大学生将所掌握的理论方法在实践中得以运用,提升大学生获得感。高校思想政治理论课教学改革创新要注重坚持理论联系实际,这是提高高校思政课教学实效性的关键。高校思想政治理论课教学不仅仅是为了向大学生传授知识和先进的思想,更重要的是要提高大学生运用理论知识的能力,培养他们的问题意识,提高他们正确处理问题和认识社会的能力。

高校思想政治理论课教学要注重理论联系实际。"在历史上出现的一切社会关系和国家关系,一切宗教制度和法律制度,一切理论观点,只有理解了每一个与之相应的时代的物质生活条件,并且从这些物质条件中被引申出来的时候,才能理解。"①高校思想政治理论课教学开展的过程中,教学理论传授上首先要联系实际,包括联系历史和当前的社会实际,要用丰富生动的中国特色社会主义实践事实来解答大学生在学习、生活中遇到的困惑与难题,加深大学生对基本理论的理解,对大学生进行正确的引导,使大学生正确认识当前中国特色社会主义事业建设的客观规律。另外,要积极开展社会实践教学,积极引导大学生深入社会实际,促使大学生正确认识当前的政治、经济形势,正确认识和对待社会中出现的各种情况。

(五)坚持统一性和多样性相统一

"要坚持统一性和多样性相统一,落实教学目标、课程设置、教材使用、教学管理等方面的统一要求,又因地制宜、因时制宜、因材施教。"②高校思想政治理论课教学改革创新要坚持统一性和多样性相统一。高校思想政治理论课的教学目标具有统一性,要求课程设置、教材编写使用、教学管理具有统一性,都是出于党和国家的社会大宏观环境当中。但每个学校具有不同的实际情况,包括社会资源、教学环境、教学对象等各个方面,因此必须进行多样化教学。坚持统一性与多样性相统一,即坚持大的宏观教学环境的良好统一态势,结合各学校的多样特点具体开展,从而来提升大学生获得感。统一性和多样性是辩证统一的,坚持统一性是坚持多样性的前提,多样性是统一性的表现形式,要服从和服务于统一性;统一性寓于多样性中,坚持二者的辩证统一有利于切实提升大学生获得感。

1. 坚持统一性和多样性相统一的内涵要求

第一,坚持"统一性"即坚持在党和国家的正确领导下,落实教学目标、

① 《马克思恩格斯选集》(第二卷),人民出版社,1995年,第38页。
② 《习近平总书记主持召开学校思想政治理论课教师座谈会强调:用新时代中国特色社会主义思想铸魂育人 贯彻党的教育方针落实立德树人根本任务》,《人民日报》,2019年3月19日。

课程设置、教材使用、教学管理等方面的统一要求。只有首先坚持统一性，才能保证思想政治理论课教学改革创新的有序进行。统一性包括思想政治理论课教学目标的统一、课程设置的统一、教材使用的统一、教学管理的统一多个方面。其中以教学目标的统一为前提，其他方面服务于这个前提，其他方面的统一首先要坚持教学目标的统一。同时，要保证教学目标的统一的落实，课程设置的统一性是标准，教材使用的统一性是必要条件，教学管理的统一性是重要保证。在统一的教学目标的指导下，课程设置要适应时代发展与理论武装的需要，要进一步明确课程名称、学时与学分安排、基本内容等，课程设置要不断科学完善，为促进改善教学效果、规范教学秩序、提升获得感而进行设置；教材编写要具有统一性，要按照党中央和国家的要求，结合马克思主义相关理论的知识体系，统一编写科学性理论性的学习教材；教学管理的统一性要求强化管理教学过程的各个环节，实行集体备课，建设规范的教研室，健全考核与评价机制，全方位、多层次地检查教学全过程等方面。

第二，坚持"多样性"即结合具体情况坚持因地制宜、因时制宜、因材施教。多样性表现为在思想政治理论课教学过程中注重差异，结合各高校实际情况，从实际出发，因地因时采取不同的策略，因材施教。新时代是多元的时代，坚持多样性有利于大学生个性化需求的满足，有利于更好地促进大学生的成长成才。坚持多样性，就要坚持"以生为本"，以大学生的实际情况为立足点，了解大学生不同个体之间的差异性，实现教育教学探索的多样化，充分尊重大学生不同特性、不同层次、不同专业、不同地区的多样性。高校思想政治理论课教学改革创新要注重根据不同地区的多样性、不同学校的差异性进行教学改革；要把握不同大学生特性的多样性，在教学改革过程中要重视大学生的差异性，了解大学生的不同个性需求，并在此基础上满足大学生的发展需要。

高校思想政治理论课教学改革创新要根据大学生层次和专业的多样性,因材施教,对不同专业、不同层次的大学生要有针对性地开展教学改革。一方面,坚持多样性要注重教学方法的多样性。要在坚持顶层设计统一的基础上推动教学方式方法的多样性,采取灵活有效的、学生乐于接受的教学方式方法。在教学过程中,要注重探索新的教学模式,采取问题导入、情景再现、实践考察等教学方法,同时运用媒体网络资源,采取学生喜闻乐见的教学方式,进而增强学生的获得感。另一方面,坚持多样性要促进教学设施与教学环境的多样化。营造积极向上的校园文化环境,创设好多样的教学设施,利用好具有教育功能的展览馆、博物馆、文化馆,充分利用校内外的教学资源,营造多样化的良好教学环境。同时,坚持多样性也要求教学管理手段多样化,创新管理模式,运用多种管理手段,推动考核方式多样化。

2. 坚持统一性和多样性相统一的具体做法

高校思想政治理论课教学改革创新要坚持统一性和多样性的统一,处理好统一性和多样性的关系,在统一性统领多样性、多样性中坚持统一性的过程中提升大学生获得感。第一,坚持统一性统领多样性。统一性是多样性的前提,高校要将统一性要求严格落实,统一性要统领多样性。要按照党中央的统一部署,在教学目标、课程设置、教材使用、教学管理等方面落实统一。比如师资队伍建设方面,要严格按照政治要强、情怀要深、思维要新、视野要广、自律要严、人格要正的要求遴选教师队伍,提升教师的综合素质。教学安排方面,要按照上级要求严格落实学时学分,确保教学任务的落实,等等。第二,在坚持统一性的过程中尊重多样性。统一性的坚持需要通过多样性的发挥。要结合具体地点、具体时间、具体对象来因地制宜、因时制宜、因材施教。高校思想政治理论课教学改革创新要结合时代发展要求和大学生特点,结合具体的教育教学环境情况,有针对性地构建科学可行的思想政治理论课教学模式,在统一性为统领的前提下坚持多样性。总而言之,高校思想政治理论课教学改革创新要坚持统一性和多样性相统一,只有将统一性和多样性高度统一起来,才能够提升大学生获得感,思想政治理论课教学成效才能得以提升。

(六)坚持主导性和主体性相统一

"要坚持主导性和主体性相统一,思政课教学离不开教师的主导,同时要加大对学生的认知规律和接受特点的研究,发挥学生主体性作用。"[①]高校思想政治理论课教学改革创新要坚持主导性和主体性相统一,这主要是针对教师和学生的关系而言。高校思想政治理论课教学开展的过程中,教师和学生作为教育者和受教育者,是思想政治理论课教学活动中的两大核心因素,处理好两者的关系事关高校思想政治理论课教学改革创新成效。在教学活动中,教师起着主导作用,没有教师的参与,就会失去方向。大学生是教学活动的能动主体,不激发和利用大学生的积极性和主动性,教学活动难以收到良好的效果。有获得感的思想政治理论课,离不开教师的主导作用与大学生的主体作用的共同发挥。

1. 坚持主导性和主体性相统一的内涵要求

第一,坚持主导性即坚持教师的主导性,发挥教师主导性作用。高校思想政治理论课教师的主导性直接表现在传授知识、思想道德教育、能力培养和信念培育等方面。在思想政治理论课教学过程中,教师要积极发挥主导性作用,发挥"师者"的引领作用,主导教学活动。思想政治理论课教师的专业自主性与主观能动性的发挥直接影响着思想政治理论课获得感的质量。习近平总书记指出:"办好思想政治理论课……关键在发挥教师的积极性、

主动性、创造性。"[1]教师在榜样与示范作用方面有很大影响,在与大学生的联系交流中扮演着主导者的角色,其言行举止、人格魅力等直接影响着大学生,影响着大学生获得感。新时代,高校思想政治理论课教师要首先提升自身知识水平、人格魅力等各方面综合素质,并在此基础上创新教学方式方法,发挥教育主导性作用,提升思想政治理论课教学成效。

第二,坚持主体性即坚持学生学习的主体性,发挥学生主体性作用。大学生的主体性表现在学习过程中的积极性和主动性,在学习上的动机、态度、行为等方面的主体性。高校思想政治理论课教学改革创新要取得良好成效,不仅要发挥教师的主导性,而且要发挥学生的主体性。要增强大学生在学习过程中的主动接受性,使大学生积极主动促进自我成长成才。只有发挥大学生的主体作用,高校思想政治理论课教学改革创新才能真正让学生有所学、有所用,达到改革创新的成效。只有将大学生的主体性充分发挥出来,让大学生真正成为思想政治理论学习的主人,充分挖掘大学生的内在潜力,才能使得教师的主导性作用得以有效发挥,才能切实提升高校思想政治理论课教学改革创新成效。高校思想政治理论课教学过程中,教师的主导性与大学生的主体性相辅相成,辩证统一。教学的过程,是教学相长的过程。教师主导性和学生主体性的有机结合有利于高校思想政治理论课教学改革创新的深入推进,一方面,教师主导性和学生主体性的有机结合有利于师生关系的正确认识和处理,有利于促进思想政治理论课的课程与教学的相关研究;另一方面,教师主导性和学生主体性的有机结合能够使得教师的"教"与学生的"学"得以有效协调,提升思想政治理论课教学成效。

---

① 《习近平总书记主持召开学校思想政治理论课教师座谈会强调:用新时代中国特色社会主义思想铸魂育人　贯彻党的教育方针落实立德树人根本任务》,《人民日报》,2019 年 3 月 19 日。

2.坚持主导性和主体性相统一的具体做法

高校思想政治理论课的根本任务在于"立德树人",在于培养大学生德智体美劳全面发展。高校思想政治理论课教学改革创新要将主导性和主体性贯穿全过程,要将两者有机统一起来,不能只重视任何一个方面。过分强调教师主导性忽视学生主体性,将导致思想政治理论课教学过程单向而行,更多地会出现教师"灌输式"说教或是教师所采取的教学方式方法没有针对性;过分强调学生主体性忽视教师主导性,则会导致教学过程无序化或不科学化,导致教学质量和水平的欠缺,从而影响教学改革创新的成效。高校思想政治理论课教学改革创新要注重坚持主导性和主体性相统一,形成教师的"教"与学生的"学"的良性互动,处理协调好教学过程中教师与学生的关系,形成教学相长、良性互动的合力,最终实现教学中知、情、意、行的统一,从而提升大学生获得感,提升教学改革成效。

第一,思想政治理论课教师要发挥教学主导性作用,积极发挥主动性与创造性,在自身具备渊博知识、人格魅力的基础上,教育引导大学生坚定政治信仰,树立正确的马克思主义世界观与方法论。思想政治理论课教师要坚持"以生为本"的教学理念,尊重大学生的主体地位,注意结合教育对象的特点,有针对性地采取教学方式方法,充分发挥自身教育主导性作用。第二,要注重大学生的主体地位的发挥。高校思想政治理论课教学改革创新要注重学生的主体性。教师要注重了解把握大学生的思想实际情况,以大学生的成长发展规律为基准,结合教育对象有针对性地开展思想政治理论课教学,不断提升大学生的综合素质。要坚持教育与自我教育相结合的教学原则,在课堂上与大学生积极互动,充分发挥大学生的积极性创造性,引导和激励大学生主动参与学习。教师主导作用发挥的最终目的是为大学生这个主体服务,是为了促进大学生的全面发展,教师在主导的过程中要始终把大学生的主体作用放在首位,通过大学生主体地位的实现达到教育的目的。

（七）坚持灌输性和启发性相统一

"要坚持灌输性和启发性相统一，注重启发性教育，引导学生发现问题、分析问题、思考问题，在不断启发中让学生水到渠成得出结论。"①高校思想政治理论课教学改革创新要坚持灌输性和启发性相统一。高校思想政治理论课具有理论性学理性特点，知识传授的过程是一个理论宣讲的过程，同时也是一个价值引领的过程。因此，思想政治理论课教师既要给大学生传授科学系统的理论知识，又要注意通过启发的方式来调动学生学习积极主动性，要处理好灌输性和启发性的关系，坚持灌输性和启发性相统一。思想政治理论课教师在对学生进行理论知识传授的过程，要结合学生的需求和特点来开展，注重发现大学生关注的问题，为大学生答疑解惑。在进行理论灌输的同时注重引导大学生自己发现问题，采用启发式教学，通过启发引导来向大学生传授知识，激发大学生学习的积极性、主动性，启发大学生进行思考、探索，促使大学生在自我思考、自我参与中学到知识并运用知识。

1.坚持灌输性和启发性相统一的内涵要求

第一，坚持"灌输性"即坚持通过理论灌输来传授科学理论知识。灌输性指的是运用理论灌输的教学方法，在思想政治理论课教学实践中进行知识传授，通过知识传授来丰富大学生的马克思主义理论知识，提升大学生的马克思主义理论素养，培养大学生树立正确的思想道德观念。灌输是思想政治理论课教学的常见方式。通过灌输式教育，教师通过知识讲授能将大量系统的知识传输给学生，学生能较系统地掌握知识并进行知识建构。当然，灌输式的教学要求采取有效的方式来进行，而不是老师不顾及学生接受

---

① 《习近平总书记主持召开学校思想政治理论课教师座谈会强调：用新时代中国特色社会主义思想铸魂育人　贯彻党的教育方针落实立德树人根本任务》，《人民日报》，2019年3月19日。

情况,将理论知识进行的"单向度灌输",这样的灌输会导致学生无法真正接受和理解所学知识,难以达到预期教学效果。这样的灌输没有立足大学生的个体差异,没有做到因材施教,难以提升大学生的学习积极性。同时,思想政治理论课教师在对大学生进行灌输教育的过程中,要坚持社会主义的办学方向和马克思主义的指导地位,要明确正确的价值导向,教育引导大学生追求真理,提升大学生明辨是非的能力。

第二,坚持"启发性"即通过启发引导的方式方法对大学生进行教育教学。新时代思想政治理论课教学要重视对大学生的启发引导,在教学过程中要注重坚持启发性。也就是说,教师在思想政治理论课教学过程中要坚持问题导向,引导大学生关注重大理论和实践问题,并对此深入思考,通过启发教学教育学生理解接受知识,提升学生发现问题、分析问题和解决问题的能力。

2.坚持灌输性和启发性相统一的具体做法

高校思想政治理论课教学改革创新,要坚持把灌输性和启发性高度统一起来。在进行思想政治理论课教学过程中,要注重通过灌输来传播马克思主义相关理论知识,同时要通过启发引导让大学生积极主动进行学习,在理论灌输的过程中融入启发式教学,在启发式教学过程中将理论知识进行传授,将灌输性和启发性统一于思想政治理论课教学活动的全过程。

第一,坚持知识传授的灌输性。教师通过主导地位的发挥,传授知识来促进大学生的知识建构,帮助大学生获取马克思主义相关理论知识,建构思维框架以及情感图式。思想政治理论课教师首先要有坚定的政治立场、正确的价值观念、丰富的马克思主义理论学识,在此基础上,按照教学目标创设教学情境,在教学过程中选择合适的教学内容和方法,激发学生学习的主动性和创造性,通过课堂教学课外实践等形式,对大学生进行马克思主义相关知识传授。

第二,坚持教学过程的启发性。坚持思想政治理论课的启发性,首先要了解大学生特点,要对大学生思想发展的情况进行全面了解,把握思想政治教育规律。在此基础上,教师结合受教育者的特点情况有针对性地设计教学环节,在具体的教学环节中进行有效启发,从而使得思想政治理论课教学具有针对性。另外,要对大学生的困惑给予解答。高校思想政治理论课教学改革创新要以大学生的思想困惑为教学起点,重视大学生的需求,把握大学生关注的问题,结合大学生的疑惑来开展教育教学,启发大学生主动思考问题、分析和解决问题,从而达到知识传授、价值引导的目的,同时,在教学活动开展过程中遵循大学生思想发展的规律,启发大学生进行独立思考。

高校思想政治理论课教学改革创新要在教学过程中将灌输性和启发性相结合起来,以灌输性为基础来达到正确价值导向的目标,以启发性引导大学生运用多元化视角认识真理,提升思想政治理论课教学改革创新成效,完成思想政治理论课立德树人的目标。

(八)坚持显性教育和隐性教育相统一

"要坚持显性教育和隐性教育相统一,挖掘其他课程和教学方式中蕴含的思想政治教育资源,实现全员全程全方位育人。"①高校思想政治理论课教学改革创新要坚持显性教育与隐性教育相统一。显性教育具有集中组织、目的明确等特点,主要指的是利用各种公开手段、公开场所,有领导、有组织、有系统的教育方法。高校思想政治理论课的显性教育通常表现为课堂为主要依托,以专题教育、主题研讨、文件报告等为主要形式来开展教育;隐性教育则具有潜移默化的特点,是相对于显性教育而言的另一种教育方法,计划性、组织性不强。高校思想政治理论课教学改革创新必须坚持显性教

---

① 《习近平总书记主持召开学校思想政治理论课教师座谈会强调:用新时代中国特色社会主义思想铸魂育人　贯彻党的教育方针落实立德树人根本任务》,《人民日报》,2019 年 3 月 19 日。

育和隐性教育相统一,把这两种基本模式有机结合起来。坚持显性教育和隐性教育相统一是思想政治工作"三全育人"的必然要求,思想政治理论课承担着培养人才的重要任务,要在发挥课程显性教育关键作用的同时发挥其他课程和部门隐性教育的功能,促进思政课程与课程思政的同向同行、协同发力,体现"课程思政"教学理念,实现全员、全过程、全方位育人。

1.坚持显性教育和隐性教育相统一的内涵要求

第一,坚持"显性教育"即坚持通过有组织、有计划地进行系统、公开、外显的教学方式来开展高校思想政治理论课教学。高校思想政治理论课教学显性教育主要是指根据思想政治理论课教学目标和要求,在固定的时间和固定的场所内集中开展系统的马克思主义理论教育活动,从而教育引导大学生形成正确的思想道德观念。高校思想政治理论课显性教育具有目的明确、可控性高、可操作性强等特点和优势。坚持显性教育有利于思想政治理论课更好地发挥主渠道的作用。坚持显性教育,有利于对大学生进行价值观念培育、思想理论宣传。

第二,坚持"隐性教育"则是要注重挖掘其他课程和教学方式中蕴含的思想政治教育资源,实现全员全程全方位育人。隐性教育主要指的是以隐蔽的形式对大学生进行教育,通过潜移默化等隐性方式来丰富大学生的知识建构、促进大学生正确价值观的形成。隐性教育主要表现为将马克思主义相关理论知识积极融入其他每一课程,充分挖掘各方面的思想政治育人资源,体现"课程思政"理念,发挥其他各门课程、学校各个部门的思想政治育人作用,将对大学生的思想政治教育渗透在日常生活、学习过程中的各个环节中去,将全员全过程全方位育人落实到位。隐性教育具有形式灵活、作用深远等特点,隐性教育比显性教育更能达到潜移默化、润物无声的效果。通过隐性教育,能很好地使大学生自主接受教育,坚持隐性教育有利于更好地发挥各方面协同育人的功能。显性教育和隐性教育都具有自身的特点和优势,但也有相应的缺点和不足,比如显性教育具有教学形式单一、灌输性强、不易被大学生乐于接受等特点,隐性教育存在系统性不足、随意性大等特点,因此高校在思想政治理论课教学改革创新的过程中,要将显性教育和隐性教育有机统一起来。

2. 坚持显性教育和隐性教育相统一的具体做法

新时代高校思想政治理论课教学改革创新要注重将显性教育和隐性教育统一起来,实现优势互补,提升教学改革实效性,提升大学生思想政治理论课获得感。高校思想政治理论课教学改革创新过程中要兼顾显性教育与隐性教育,在发挥好思想政治理论课主渠道的关键作用的同时,也要注重其他思政元素育人作用的发挥,坚持"课程思政"理念,实现全员全程全方位育人。

第一,要开展好显性教育。高校思想政治理论课教师要结合思想政治理论课教学目标任务,在思政课程视域下,根据教学目标和教学内容严格制定落实教学方案,充分发挥思想政治理论课主渠道作用,有计划、有组织地开展思想政治理论课教学。

第二,要注重隐性教育的开展。在开展好显性教育的同时,高校思想政治理论课的教学改革创新要注重发挥各教育资源的隐性教育功效,要根据不同阶段大学生的特点和需求,以思想政治理论课为核心,辅之以极具特色的素质教育,挖掘利用其他各课程、各部门的思想政治育人元素,将各个部门协调起来,促进课内与课外、线上与线下、课程思政与思政课程协同育人,树立"大思政"育人观,形成各个部门、各门课程与思想政治理论课协同合作、同向同行的"大德育"育人大局,使思想政治教育贯穿于大学生成长成才全过程。

高校思想政治理论课教学改革创新要以"八个相统一"要求为原则,"八个相统一"要求具有丰富的科学内涵,其中,坚持政治性和学理性相统一、价值性和知识性相统一、建设性和批判性相统一的原则,体现了思想政治理论课课程的本质内涵;坚持理论性和实践性相统一、统一性和多样性相统一的原则,符合课程发展的客观规律;坚持主导性和主体性相统一、灌输性和启发性相统一、显性教育和隐性教育相统一,是从教学方法层面确立的高校思想政治理论课内涵式发展的重要原则。总而言之,"八个相统一"原则是针对思想政治理论课教学过程中所出现的理论与实践相脱离、大学生主体性发挥不到位、教学启发性不足等问题而提出的应对之法。这"八对关系"中,每一对关系的两个方面都密不可分,要将每对关系有机统一起来,这是新时代高校思想政治理论课教学改革创新必须遵循的重要原则。

第五章 新时代高校思想政治理论课教学改革创新的机制构建

第一节 新时代高校思想政治理论课教学改革创新的基本思路

高校思想政治理论课教学改革创新过程中要注重把握科学思路，只有在科学思路的指导下，才能确保高校思想政治理论课教学改革创新的顺利进行。高校思想政治课教学改革创新要明确基本遵循、定位规划。

一、新时代高校思想政治理论课教学改革创新的基本遵循

（一）把握教学改革方向，明确高校思想政治理论课"为谁培养人"

高校思想政治理论课教学改革创新首先要把握好改革创新的正确方

向,明确高校思想政治理论课教学"为谁培养人"的问题,沿着正确的方向进行改革创新。高校思想政治理论课作为高校开展思想政治教育的主阵地,是落实立德树人根本任务的关键课程,要明确"为谁培养人"这一问题,这关乎学校思想政治理论课政治立场和价值导向。习近平总书记指出:"高校要全面贯彻党的教育方针,坚持'四个服务',把牢社会主义办学方向,巩固马克思主义在意识形态领域的指导地位,不断强化思想政治引领,自觉担负起为中华民族伟大复兴和中国特色社会主义事业培养合格建设者和可靠接班人的神圣使命。"①由此可见,高校思想政治理论课教学改革创新要以"四个服务"为方向标,要做到"为人民服务,为中国共产党治国理政服务,为巩固和发展中国特色社会主义制度服务,为改革开放和社会主义现代化建设服务",具体体现为:

第一,坚持以人民为中心,坚持为人民服务。高校思想政治理论课教学改革创新要坚持以学生为本,联系学生实际,关注学生需求。高校思想政治理论课教学改革创新要接地气,反映大学生所思所想、所忧所虑,为大学生答疑解惑。

第二,高校思想政治理论课教学改革创新必须坚持为中国共产党治国理政服务。高校思想政治理论课要注重讲好中国故事,教育引导大学生明确党的路线、方针、政策,认识中国特色社会主义伟大实践,认识党在进行社会主义建设实践的过程中所总结出来的关于革命、建设、改革等方面的经验,掌握党的发展以来特别是党的十八大以来一系列治国理政的新方略。

第三,高校思想政治理论课改革创新必须坚持为巩固和发展中国特色社会主义制度服务。制度问题是国家之本,中国特色社会主义制度是被历

---

① 《习近平总书记主持召开学校思想政治理论课教师座谈会强调:用新时代中国特色社会主义思想铸魂育人 贯彻党的教育方针落实立德树人根本任务》,《人民日报》,2019 年 3 月 19 日。

史证明了的符合我国发展特点的正确道路,党和国家的有序治理需要充分发挥制度的作用,这样才能不断推进我国现代化事业向前发展。高校思想政治理论课教学改革创新必须始终坚持社会主义办学方向,服务于中国特色社会主义制度,为加强和巩固中国特色社会主义制度发挥作用。

第四,高校思想政治理论课教学改革创新必须坚持为改革开放和社会主义现代化建设服务。改革是国家、民族的生存发展之道,是推动国家社会向前发展的重要动力,是实现中华民族伟大复兴的正确抉择,坚持改革开放是实现社会主义现代化的必由之路。沿着社会主义正确道路而进行的改革开放,四十多年以来使我国各项事业特别是经济水平得以快速发展,是被实践证明的正确的决策。改革开放促进了全面小康社会的建成,推动了我国经济社会的发展,促进了我国各项事业的进步。高校思想政治理论课要引领大学生融入新时代改革开放实践中,让大学生在深入感受到社会进步的丰硕成果的同时,也了解社会主义现代化建设过程中存在的问题,引领大学生为实现中华民族伟大复兴"中国梦"而努力奋斗。

(二)明确教学改革目标:厘清高校思想政治理论课"培养什么人"

高校思想政治理论课教学改革创新要明确改革创新的目标,厘清高校思想政治理论课教学"培养什么人"的问题,把握好改革创新的目标任务来进行改革创新。高校思想政治理论课教学改革创新旨在提升高校思想政治理论课教学改革成效,落实立德树人根本任务。"培养什么人"是高校开展思想政治理论课教学改革创新需要回答的关键问题。关于人才培养问题,党和国家历来都十分重视并不断明确提出要求。党的十九大报告提出:"要培养担当民族复兴大任的时代新人。"2019 年 3 月,习近平总书记在学校思想政治理论课教师座谈会发表的重要讲话中,明确回答了在新的时代背景下"培养什么人",指出新时代要培养"能够担当民族复兴大任、德智体美劳全面发展的时代新人和社会主义建设者和接班人"①。这是对"培养什么人"这一问题的全面定位、科学概括。

首先,高校思想政治理论课要培养能担当民族复兴大任的时代新人。新时代有着新形势新情况,生活于新时代的大学生面临着新机遇、新挑战,也承担着新使命。当代大学生是我国"全面建成小康社会"第一个百年奋斗目标的亲历者和见证者,是"建成富强民主文明和谐美丽的社会主义现代化强国"第二个百年奋斗目标的生力军和中坚力量。高校思想政治理论课要培养能够"担当民族复兴大任"的时代新人,在传播马克思主义相关理论知识的前提下,着重培养青年大学生的责任感、使命感,培养大学生自觉将自身成长成才与民族复兴的历史使命联系起来。其次,高校学校思想政治理论课要培养德智体美劳全面发展的社会主义建设者和接班人。新时代大学生是我国社会主义事业未来的建设者和接班人。高校思想政治理论课具备鲜明的政治属性,是在党和国家领导下传播马克思主义理论和党的最新理论成果的课程,目的就在于培养拥护党和国家的社会主义建设者和接班人。高校思想政治理论课教学改革创新立足培养能够担当民族复兴大任、德智体美劳全面发展的时代新人和社会主义建设者和接班人,才能最终为实现中华民族伟大复兴的中国梦提供人才保障,落实高校思想政治理论课教学改革根本目标。

(三)抓准教学改革方法:落实高校思想政治理论课"怎样培养人"

高校思想政治理论课教学改革创新要抓准改革创新的方法,落实高校思想政治理论课教学"怎样培养人"的问题,把握好改革创新的方法策略来进行改革创新。高校思想政治理论课教学改革创新,重点要具有抓好改革

---

① 《习近平总书记主持召开学校思想政治理论课教师座谈会强调:用新时代中国特色社会主义思想铸魂育人 贯彻党的教育方针落实立德树人根本任务》,《人民日报》,2019 年 3 月 19 日。

创新策略方法,选取有效可行的路径,把人才培养工作落到实处。高校人才培养的过程主要是教师对大学生进行培养的过程,其中教师和学生是关键的影响因素,要把握好两者的关系,发挥好两者的作用。新时代高校思想政治理论课人才培养,要注意处理好思想政治理论课教师和当代大学生的关系。

第一,高校思想政治理论课教师要以"六个要"为标准来提升自身各方面综合素质。高校思想政治理论课教师要注重自身综合素质能力的提升。高校思想政治理论课是落实立德树人根本任务的关键课程,高校思想政治理论课教师作为开展思想政治理论课教学的关键主体,要具有自身的素质能力,才能在人才培养的过程中充分发挥作用。习近平总书记在学校思想政治理论课教师座谈会上指出:"思政课教师做到政治要强,情怀要深,思维要新,视野要广,自律要严,人格要正。"①"六个要"是对广大思想政治理论课教师提出的要求,新时代的思政课教师需要不断按照"六个要"标准来定位自身角色,履行自身职责。高校思想政治理论课教师不仅要具有丰富的学识、高超的教育教学能力,还要具备高尚的品格,通过规范自身的言行举止,对大学生进行言传身教,引导大学生树立正确的思想道德观念。

第二,高校思想政治理论课教师要坚持以"八个相统一"为遵循,深入把握思想政治理论课教学规律,探索教学方法,提升教学本领。

第三,高校思想政治理论课教师要结合大学生特点来教育引导。大学生是思想政治理论课教学开展过程中的受教育者,在学习过程中处于主体地位。同时,大学生处于人生观、价值观、世界观形成的关键时期,需要精心引导和培养。在开展思想政治理论课教学的过程中,高校思想政治理论课

---

① 《习近平总书记主持召开学校思想政治理论课教师座谈会强调:用新时代中国特色社会主义思想铸魂育人　贯彻党的教育方针落实立德树人根本任务》,《人民日报》,2019 年 3 月 19 日。

教师要注重大学生主体作用的发挥,选取灵活有效的教育教学方法策略,提高大学生学习的主动性与积极性,营造良好学习氛围,让大学生主动融入课堂,积极参与到学习中去。高校思想政治理论课教师除了要具备丰富的马克思主义相关理论知识,还要结合时代发展新形势新情况,结合大学生特点,在对大学生进行课堂知识传授、课后释疑解惑中结合新时代特点进行教育引导,不断提升思想政治理论课教学成效。

二、新时代高校思想政治理论课教学改革创新的定位规划

高校思想政治理论课教学改革创新要立足时代发展新形势新要求,通过教学改革创新发挥高校思想政治理论课"铸魂育人"的重要作用。改革开放以来,我国社会主义建设伟大事业各方面都取得了较大的进展,与此同时,社会的发展对于新时代人才培养也提出了新的要求。当前,我国的经济、政治、文化、社会、生态等各方面发展具有了新特点,中国特色社会主义进入新时代,党和国家对思想政治理论课教学也更加重视。高校思想政治理论课教学改革创新要注重从以下方面做好定位规划:

(一)明确新时代高校思想政治理论课的功能定位

当今时代是经济全球化、价值多元化、信息化网络化的时代,社会上各种思潮涌现在人们的生活当中。中国特色社会主义进入新时代,在社会主义伟大事业建设的过程中,意识形态教育、爱国主义教育等成为高校人才培养的重要内容。一直以来,党和国家十分重视高校思想政治理论课的重要地位,新时代更加给予明确的新定位,这是高校思想政治理论课教学改革创新必须明确的基本问题。

中央宣传部、教育部印发的《普通高校思想政治理论课建设体系创新计

划》,明确了思想政治理论课在意识形态领域的重要作用,强调了思想政治理论课在高校教育中"核心课程"的地位。① 教育部印发的《新时代高校思想政治理论课教学工作基本要求》,再次强调思想政治理论课的"核心课程"地位,并在此基础上强调要将思想政治理论课作为高等教育发展的灵魂课程进行建设。② 2019 年 3 月,习近平总书记在北京主持召开学校思想政治理论课教师座谈会并发表重要讲话。会上,习近平总书记强调了思想政治理论课是落实立德树人根本任务的关键课程,谈到了党中央对思政课的高度重视,提出各高校要推进思想政治理论课改革创新,增强其思想性、理论性、亲和力和针对性。③ 2019 年 4 月,教育部印发《普通高等学校思想政治理论课教师队伍培养规划(2019—2023 年)》的通知,对新时代高校思想政治理论课教师队伍建设进行了部署。④ 2019 年 9 月,教育部党组关于印发《"新时代高校思想政治理论课创优行动"工作方案》的通知,要求充分发挥高校思政课落实立德树人根本任务关键课程作用,全面推动习近平新时代中国特色社会主义思想进教材、进课堂、进大学生头脑,建设一支专职为主、专兼结合、数量充足、素质优良的思政课教师队伍,培育一批优质教学资源,打造一大批内容准确、思想深刻、形式活泼的优质示范课堂。⑤ 高校思想政治理论课教学改革创新要明确新时代高校思想政治理论课的功能定位,通过教学

---

① 参见《中央宣传部 教育部关于印发〈普通高校思想政治理论课建设体系创新计划〉的通知》(教社科〔2015〕2 号),http://www. moe. gov. cn/srcsite/A13/moe_772/201508/t20150811_199379. html。

② 参见《教育部关于印发〈新时代高校思想政治理论课教学工作基本要求〉的通知》(教社科〔2018〕2 号),http://www. moe. gov. cn/srcsite/A13/moe_772/201804/t20180424_334099. html。

③ 参见《习近平总书记主持召开学校思想政治理论课教师座谈会强调:用新时代中国特色社会主义思想铸魂育人 贯彻党的教育方针落实立德树人根本任务》,《人民日报》,2019 年 3 月 19 日。

④ 参见《教育部关于印发〈普通高等学校思想政治理论课教师队伍培养规划(2019—2023 年)〉的通知》(教社科函〔2019〕10 号),http://www. moe. gov. cn/srcsite/A13/moe_772/201904/t20190428_379873. html。

⑤ 参见教育部党组印发《"新时代高校思想政治理论课创优行动"工作方案》,http://www. moe. gov. cn/jyb_xwfb/gzdt_gzdt/s5987/201909/t20190916_399352. html。

改革创新不断发挥高校思想政治理论课的重要时代功能。

（二）做好高校思想政治理论课教学的内容规划

新时代高校思想政治理论课教学改革创新要注重思想政治理论课教学内容的科学规划，结合时代发展大局丰富思想政治理论课教学内容，提升思想政治理论课教学成效。联系新时代中国特色社会主义建设发展的新格局，结合"第二个百年目标"实现的新要求，这是对高校思想政治理论课教学内容进行系统规划所必须考虑的重要方面。因此，高校思想政治理论课内容的改革创新，必须贴近新时代中国马克思主义理论发展新实际，深入贯彻落实习近平新时代中国特色社会主义思想。2015年1月，中共中央办公厅、国务院办公厅印发《关于进一步加强和改进新形势下高校宣传思想工作的意见》，强调切实推动中国特色社会主义理论体系进教材进课堂进头脑。[1] 2015年7月，中央宣传部、教育部印发《普通高校思想政治理论课建设体系创新计划》，指出高校思想政治理论课建设要坚定政治立场，贯彻落实党的政策方针，深入贯彻落实《关于进一步加强和改进新形势下高校宣传思想工作的意见》精神。[2] 2018年4月，教育部发布《新时代高校思想政治理论课教学工作基本要求》，指出高校思想政治理论课创新发展，要紧密结合马克思主义中国化最新理论成果和新时代中国特色社会主义伟大实践。

第一，在理论内容层面，要不断推进党的理论成果的"三进"工作，不断丰富发展思想政治理论课理论层面内容规划，以科学理论武装大学生头脑，引导大学生树立共产主义世界观、人生观和价值观，站稳政治立场，坚定政治信念。

---

[1]　参见中共中央办公厅、国务院办公厅印发《关于进一步加强和改进新形势下高校宣传思想工作的意见》，http://www.gov.cn/xinwen/2015-01/19/content_2806397.htm。

[2]　参见《中央宣传部 教育部关于印发〈普通高校思想政治理论课建设体系创新计划〉的通知》（教社科〔2015〕2号），http://www.moe.gov.cn/srcsite/A13/moe_772/201508/t20150811_199379.html。

第二,在实践内容层面,要引导大学生将马克思主义经典理论同中国特色社会主义建设实践结合起来,依据新时代发展需要和现代化强国建设需要,以中国特色社会主义经济建设、政治建设、文化建设以及生态文明建设等各方面取得的瞩目成绩作为思想政治教育的实践内容,引导大学生在祖国的伟大实践和历史成就下树立道路自信、理论自信、制度自信和文化自信。[①]

(三)构建高校思想政治理论课教学体制机制

科学完善的体制机制是新时代高校思想政治理论课教学改革创新的根本保障,是高校思想政治教学改革创新得以进行的必要条件。新时代高校思想政治理论课教学改革创新要结合当前高校思想政治工作特点要求,建立健全思想政治理论课教学体制机制,确保思想政治理论课教学改革创新深入推进。同时,习近平总书记在全国高校思想政治工作会议上指出,高校思想政治理论课要"坚持在改进中加强,提升思想政治教育亲和力和针对性,满足学生成长发展需求和期待,其他各门课都要守好一段渠、种好责任田,使各类课程与思想政治理论课同向同行,形成协同效应"[②]。新时代高校思想政治理论课教学改革创新要秉持"课程思政"理念,要促进"思政课程"与"课程思政"同向同行,在发挥思想政治理论课本身作用的基础上,促进各类课程与思想政治理论课协同育人。

对于高校思想政治理论课教学体制机制的建立健全,党和国家颁布的相关文件都提出了相应的要求。2018 年,教育部印发的《新时代高校思想政治理论课教学工作基本要求》要求落实高校主体责任,建立健全教学管理制

---

① 参见《教育部关于印发〈新时代高校思想政治理论课教学工作基本要求〉的通知》(教社科〔2018〕2 号〕,http://www.moe.gov.cn/srcsite/A13/moe_772/201804/t20180424_334099.html。

② 习近平:《在全国高校思想政治工作会议上讲话》,《人民日报》,2016 年 12 月 9 日。

度体系,推动各类课程与思想政治理论课同向同行,形成协同效应。①《关于加快建设高水平本科教育全面提高人才培养能力的意见》提出强化课程思政和专业思政。在构建全员、全过程、全方位"三全育人"大格局过程中,着力推动高校全面加强课程思政建设,强化每一位教师的立德树人意识,挖掘各类课程中的思政资源,打造一批课程思政示范课堂,选树一批课程思政优秀教师,构筑思政课与专业课优势互补,衔接紧密的协同育人格局。② 2019年8月,中共中央办公厅、国务院办公厅印发的《关于深化新时代学校思想政治理论课改革创新的若干意见》再次提出,思想政治理论课的改革发展,要在"大中小"一体化基础上,协同推进课程思政建设。一方面,要在基础教育阶段深刻挖掘基础必修课中的德育因素,激发教师的育人责任与担当;另一方面,持续深入高等教育阶段专业课程思政育人功能建设,形成协同育人机制。打造范围广、衔接紧、类型丰、层次明、结构稳的一体化、全方位思政育人体系。③ 2019年9月,教育部党组印发的《"新时代高校思想政治理论课创优行动"工作方案》提出,要完善高校思政课建设格局。积极建设"思政课程 + 课程思政"大格局,制定专项工作方案,全面推进"课程思政"建设,使各类课程与思政课同向同行,形成协同效应。通过推动思政课教学与日常思想政治教育结合,思政课实践教学与大学生社会实践活动统筹;加强民办高校、中外合作办学思政课建设,推动向民办高校选派思政课教师,或组建专门讲师团、教授团承担相关民办高校思政课教学任务;建立家庭参与思想政治理论教育的工作机制等具体途径将"思政课程 + 课程思政"大格局构筑

---

① 参见《教育部关于印发〈新时代高校思想政治理论课教学工作基本要求〉的通知》(教社科〔2018〕2号),http://www.moe.gov.cn/srcsite/A13/moe_772/201804/t20180424_334099.html。

② 参见《教育部关于加快建设高水平本科教育全面提高人才培养能力的意见》(教高〔2018〕2号),http://www.moe.gov.cn/srcsite/A08/s7056/201810/t20181017_351887.html。

③ 参见中共中央办公厅、国务院办公厅印发《关于深化新时代学校思想政治理论课改革创新的若干意见》,http://www.gov.cn/zhengce/2019-08/14/content_5421252.htm。

落到实处。①

（四）创新高校思想政治理论课教学方式方法

教学方式方法是影响教学成效的重要方面,灵活有效的教学方法是高校思想政治理论课教学实效性得以提升的重要影响因素。新时代高校思想政治理论课教学改革创新要注重创新高校思想政治理论课教学方式方法,改变传统的单一的授课方式,采取灵活多样的学生喜闻乐见的教学方式。同时,新时代是信息化网络化时代,多媒体与大学生的学习生活息息相关。网络新媒体平台扩大了大学生社会参与领域,拓宽了大学生的社会参与渠道,大学生有了更加多元化的选择与途径。高校思想政治理论课教学要求教师要积极利用互联网等新媒体平台,结合大学生特点需求,采取大学生喜闻乐见、易于接受的教学方式方法,从而更好地传播思想政治理论课教学内容,提高思想政治理论课教学成效。

一方面,要加强思想政治理论课实践教学。教育部印发的《高等学校思想政治理论课建设标准》将实践教学纳入教学方案,统筹思想政治理论课各门课的实践教学,重点强调落实实践教学学分制度,并对教学内容、配套经费、教师责任等方面做具体规定。文件要求将思政课实践教学建设成为全员参与、设置稳定的常设课程,高校应保证校外实践教学基地供给,强调了实践教学的重要性。② 2018 年,《新时代高校思想政治理论课教学工作基本要求》再次强调以学分分配形式保障本专科思想政治理论课实践教学开展。③ 2019 年 3 月,习近平总书记在学校思想政治理论课教师座谈会上再次

---

① 参见教育部党组印发《"新时代高校思想政治理论课创优行动"工作方案》,http://www.moe. gov. cn/jyb_xwfb/gzdt_gzdt/s5987/201909/t20190916_399352. html。

② 参见《教育部关于印发〈高等学校思想政治理论课建设标准〉的通知》(教社科〔2015〕3号),http://www. moe. gov. cn/srcsite/A13/moe_772/201509/t20150923_210168. html。

③ 参见《教育部关于印发〈新时代高校思想政治理论课教学工作基本要求〉的通知》(教社科〔2018〕2 号),http://www. moe. gov. cn/srcsite/A13/moe_772/201804/t20180424_334099. html。

强调,要加强思政课实践教学深化以增强新时代思想政治理论课的亲和力和实效性。[①]

另一方面,要积极利用网络平台。信息化网络化的当今时代,大学生的学习生活都与网络紧密相连,网络已经成为大学生日常生活必不可少的工具。2018 年教育部颁发的《关于加快建设高水平本科教育全面提高人才培养能力的意见》指出,在深化思想政治理论课实践教学过程中要善于发挥"互联网＋"的推动作用,善用新技术结合新方法,推动创新创业教育与专业教育、思想政治教育紧密结合。强调推进现代信息技术与教育教学深度融合,重塑教育教学形态。打破传统课堂时空限制,依托网络平台进行智慧课堂建设;创新思政课管理服务机制,打造联动共建的思想政治教育云服务体系;结合前沿科技,引领智慧时代文化发展,推进大数据、VR 技术、5G 网络、人工智能等前沿科技助力思政课建设发展。[②]

高校思想政治理论课教学改革创新要注重积极利用网络平台的优势特点,充分发挥网络平台的积极作用,结合网络特点对学生进行教育引导。

第二节　新时代高校思想政治理论课教学改革创新的保障机制

高校思想政治课教学改革创新保障机制是高校思想政治理论课教学改

[①]　参见《习近平总书记主持召开学校思想政治理论课教师座谈会强调:用新时代中国特色社会主义思想铸魂育人　贯彻党的教育方针落实立德树人根本任务》,《人民日报》,2019 年 3 月 19 日。

[②]　参见《教育部关于加快建设高水平本科教育全面提高人才培养能力的意见》(教高〔2018〕2号),http://www.moe.gov.cn/srcsite/A08/s7056/201810/t20181017_351887.html。

革创新得以顺利开展的保障,只有建立科学有效的保障机制,才能确保高校思想政治理论课教学改革创新的顺利进行。高校思想政治课教学改革创新涉及面十分广泛,是一项系统工程,需要在领导组织、师资队伍、物质条件等方面加强保障,建立健全相关体制机制。只有完善和加强各方面保障机制,高校思想政治理论课教学改革创新才能得以深入开展,取得切实成效。

一、健全领导组织保障机制

组织保障机制是高校思想政治理论课教学改革创新的根本,高校进行思想政治理论课教学改革创新首先需要建立健全组织保障机制。高校思想政治理论课教学的组织管理直接关系到教学目标和教学任务的实现,在高校思想政治理论课教学改革过程中要积极完善健全各项制度和组织机制,特别是组织保障机制,这样才能确保高校思想政治理论课教学改革顺利进行。

(一)健全校领导负责机制

高校思想政治理论课教学改革创新的顺利进行,首先要建立并落实校领导负责机制。高校要真正落实学校党委统一领导、主管校领导负责的机制。高校思想政治理论课教学不仅仅是马克思主义学院的任务,也是学校其他各部门共同的责任,需要学校领导来进行组织、规划和部署。只有在校领导统一部署规划下,马克思主义学院才能和其他部门互相配合、协调,高校思想政治理论课教学改革创新工作才能得以推动。中共中央宣传部、教育部《关于进一步加强和改进高等学校思想政治理论课的意见》中指出:"高等学校党委要切实负起政治责任,加强对思想政治理论课的领导。学校要有一名副书记和一名副校长主管思想政治理论课教学。学校宣传、教务、思想政治理论课教学单位等部门要各负其责,相互配合,共同做好思想政治理论课教育教学工作。"①习近平总书记在全国高校思想政治工作会议上也强调:"各级党委要把高校思想政治工作摆在重要位置,加强领导和指导,形成党委统一领导、各部门各方面齐抓共管的工作格局。……高校党委对学校工作实行全面领导,承担管党治党、办学治校主体责任,把方向、管大局、作决策、保落实。"②由此可见,高校思想政治理论课教学改革创新要顺利进行,必须建立完善由校主管领导组成的领导机构,由负责思想政治理论课教学的马克思主义学院、教务处、宣传部、学生处等各相关职能部门协同组织执行,学校党委及主管领导统一领导、组织、部署,负责协调各部门之间的工作,促使各部门在各司其职的同时互相配合,相互协作。

(二)充分发挥马克思主义学院作用

思想政治理论课的开展需要设立独立、专门的教学机构,这是高校思想政治理论课教学改革创新得以推进的必要条件。"各高等学校应当建立独立的、直属学校领导的思想政治理论课教学科研二级机构。该机构是思想政治理论课教学部门和马克思主义理论研究机构,又是马克思主义理论学科点的依托单位。其职责是:统一管理思想政治理论课教师,负责思想政治理论课教学、科研、社会服务和相关管理工作;负责马克思主义理论学科建设、人才培养和教学科研梯队建设等工作。"③可见,党中央特别强调高校对思想政治理论课的重视,提出要建立独立的思想政治理论课教学科研机构,要构建专业的思想政治理论课教师队伍,要加强马克思主义理论学科建设,这是从教学组织管理上保障高校思想政治理论课课程建设、学科发展的一项重要的举措,对于开展思想政治理论课教学管理等工作具有十分重要的

---

①③ 《中共中央宣传部 教育部〈关于进一步加强和改进高等学校思想政治理论课的意见〉实施方案》的通知(教社政〔2005〕5号),http://www.moe.gov.cn/srcsite/A13/moe_772/200503/t20050302_80414.html。

② 习近平:《把思想政治工作贯穿教育教学全过程 开创我国高等教育事业发展新局面》,《人民日报》,2016年12月9日。

意义。

思想政治理论课教学管理机构具有行政管理权和决策自主权,作为一个独立教学科研机构与学校其他职能部门并行,凸显出思想政治理论课的重要性,有利于提高思想政治理论课教师的认同感与归属感,促进教师工作积极性的提高,提高思想政治理论课教学管理效能,从而有利于进一步推进思想政治理论课学科建设与教学改革,提高思想政治理论课教学成效。同时,思想政治理论课教学管理机构的独立设立,在管理过程中直属学校领导,这样有利于提高工作效率与质量,能够更加及时准确地接收上级部门相关信息,更加有效地贯彻落实党中央以及上级主管部门有关思想政治理论课的相关精神与要求,从而更好地把握党中央的精神,更好地开展思想政治理论课教学,提高思想政治理论课教学实效性。

目前绝大部分院校特别是一本院校都基本设立了马克思主义学院,马克思主义学院是关于思想政治理论课的独立教学科研机构,主要负责《马克思主义基本原理》《中国近现代史纲要》《毛泽东思想和中国特色社会主义理论体系概论》《思想道德修养与法律基础》《形势与政策》等思想政治理论课的教学与研究工作,通过各项工作的开展推进马克思主义的发展与创新,不断完善马克思主义学科建设。高校思想政治理论课教学改革创新要重视发挥马克思主义学院作为思想政治理论课独立教学科研管理机构的作用。

(三)成立专业有效的指导机构

专业有效的指导机构对于高校思想政治理论课教学改革创新具有重要的作用。高校思想政治理论课教学改革创新实效性的提升,需要发挥思想政治理论课专业指导机构的作用,通过成立思想政治理论课专业指导机构来提高高校思想政治理论课的教学效果和教学,提升高校思想政治理论课教学改革创新的针对性和实效性。高校思想政治理论课教学改革创新要求高校建立专业的、有效的指导机构,建立健全相关体制,通过专家指导发挥作用。比如,成立思想政治理论课教学指导委员会、思想政治理论课教学质量督导委员会等指导机构,通过这些思想政治理论课专业指导机构作用的发挥,来不断提升思想政治理论课教学成效。

第一,成立思想政治理论课教学指导委员会。通过建立思想政治理论课教学指导委员会来对思想政治理论课教学工作进行全面指导和协调,规划思想政治理论课教学发展,整合各种教学资源,形成完整教学体系,促进思想政治理论相关工作有计划、有组织、有指导。高校思想政治理论课教学指导委员会的人员架构上,要构建"全员育人"格局,可由学校党委书记担任委员会主任,分管思想政治理论课教学工作的党委副书记及教学副校长担任副主任,学校党委宣传部、学工部、教务处、马克思主义学院负责人及思想政治理论课教学专家等人员组成委员会委员。同时,充分发挥思想政治理论课专家的作用,发挥思想政治理论课各个教研室中教学专家的作用,以各教研室为单位,成立思想政治理论课教学研究组,针对各教研室在思想政治理论课教学过程中的重点、难点、热点问题进行研究探讨,深化研究思想政治理论课教学内容,创新研究思想政治理论课教学方法,不断增强思想政治理论课教学的针对性和实效性。同时,可以由教务处主要负责,成立"教师发展中心",主要承担教学改革过程中相关工作的开展。

第二,成立思想政治理论课教学质量督导委员会。新时代高校思想政治理论课教学改革创新,也要发挥思想政治理论课教学督导的作用。关于思想政治理论课教学质量督导委员会方面,可组成由学校党委书记、主管教学的副校长及马克思主义学院、教务处等部门负责人组成的思想政治理论课教学质量督导委员会,通过制定科学的思想政治理论课教学质量标准,定期深入课堂进行听课调研,对思想政治理论课教学质量进行监督,同时及时对监督情况进行反馈与评价,结合相关考核评价制度来发现并解决思想政治理论课教学过程中存在的问题,保障思想政治理论课教学的有序进行和质量提升,从而提高高校思想政治理论课教学改革创新实效性。

（四）健全落实教学长效机制

教学长效机制保障是高校思想政治理论课教学改革创新的基本保障,是高校思想政治理论课教学得以有序、有效运作的前提。要保证高校思想政治理论课教学改革创新的顺利进行,提升高校思想政治理论课教学改革创新的实际效果,高校应健全落实思想政治理论课教学长效机制。

首先,要建立健全科学合理的思想政治理论课教学工作计划。高校在制定思想政治理论课教学工作计划的过程中,要把握方向性,在正确方向指导的基础上注重计划的科学性、合理性、可行性。

其次,要建立健全严格的思想政治理论课教学管理机制。高校思想政治理论课教学改革创新要注重对思想政治理论课教学的管理,落实严格的管理制度。高校要明确思想政治理论课专兼职教师的工作责任,严格思想政治理论课教学管理,对思想政治理论课教师在师德师风、言行举止、教学工作开展等方面进行严格的规定。同时,要建立健全科学的思想政治理论课教学考核评价制度。高校要对思想政治理论课日常教学相关情况进行管理,对思想政治理论课教学成效、大学生的思想政治理论课学习成效进行科学的考核与评价,通过考试管理、评教评学、听课议教、总结反馈等多种方式来检验思想政治理论课教师教学成果以及大学生学习接纳情况,及时发现教学过程中存在的问题并采取有效措施解决问题。通过相关教学体制机制的健全落实来对思想政治理论课教学进行全过程管理、全方位监督。推进思想政治理论课教学改革创新的有序进行,才能不断提升思想政治理论课教学的质量与水平,才能切实提升高校思想政治理论课教学改革的成效。

二、完善师资队伍保障机制

　　教师在教学过程中作为教育者发挥着重要的主导作用,优质的师资队伍是教学得以顺利开展的关键因素。"一个学校能不能为社会主义建设培养合格的人才,培养德智体美全面发展、有社会主义觉悟的有文化的劳动者,关键在教师。"①作为高校教师队伍的重要组成部分,高校思想政治理论课教师是思想政治理论课教学的主要承担者和教学主体,是"承担高等学校思政课教育教学和研究职责的专兼职教师,是高等学校教师队伍中承担开展马克思主义理论教育、用习近平新时代中国特色社会主义思想铸魂育人的中坚力量"②。高校思想政治理论课教师承担着培养大学生正确思想道德观念的重要任务,与其他学科专业教师相比,身份更加特殊,责任更加重大。高校思想政治理论课教学改革创新要注重建立健全思想政治理论课教师队伍保障机制。

　　(一)健全师资队伍专业化建设制度

　　高校思想政治教育工作队伍是加强和改进大学生思想政治教育的组织保证,高校思想政治理论课教学改革创新要求思想政治理论课教师队伍专业化。随着高校思想政治教育工作的不断推进,高校思想政治理论课师资队伍建设也不断向前发展。不过当前高校在思想政治理论课教师队伍建设上还存在不少问题,包括思想政治理论课教师数量不足、专业性不高、素质水平不强等方面,高校教师队伍专业化建设仍有待加强。因思想政治理论课教师队伍人数不足,有些高校实行思想政治理论课教师专兼职队伍工作

---

① 《邓小平文选》(第二卷),人民出版社,1994年,第103页。
② 《新时代高等学校思想政治理论课教师队伍建设规定》(中华人民共和国教育部令第46号),http://www.moe.gov.cn/srcsite/A02/s5911/moe_621/202002/t20200207_418877.html。

制,聘请一些兼职教师来担任思想政治理论课教学相关工作,而由于思想政治理论课兼职教师在专业性、工作时间安排等方面存在着一些不足,从而影响了思想政治理论课教学的质量和水平。因此,高校思想政治理论课教学改革创新,要十分重视加强思想政治理论课教师队伍的专业化建设,打造一支专业性强、教学质量和水平高的思想政治理论课教师队伍。《中共中央 国务院关于进一步加强和改进大学生思想政治教育的意见》强调:"思想政治理论课教师是大学生思想政治教育的主体,要根据学科和课程的内容、特点,负责对大学生进行思想理论教育、思想品德教育和人文素质教育。"[①]中共中央宣传部、教育部《关于进一步加强和改进高等学校思想政治理论课的意见》中明确指出,"提高高等学校思想政治理论课教育教学质量和水平,关键在教师","要按照专兼结合的原则,不断优化和充实高等学校思想政治理论课教师队伍"。[②] 习近平总书记在学校思想政治理论课教师座谈会上强调,思政课教师"政治要强,情怀要深,思维要新,视野要广,自律要严,人格要正"[③]。高校思想政治理论课教学改革创新要提高思想认识,按照党中央的要求,结合高校实际情况,培养一批坚持正确政治方向、具有深厚教书育人情怀,思维新、视野广、业务精湛、师德高尚、结构合理的师资队伍。

（二）完善师资队伍选聘任用制度

高校思想政治理论课师资队伍的选聘与培训,是充分发挥思想政治理论课师资队伍作用的前提,只有选好配强高校思想政治理论课教师队伍,才能开展落实高校思想政治理论课教学工作,提高高校思想政治理论课教学

---

① 《中共中央 国务院关于进一步加强和改进大学生思想政治教育的意见》,http://www.moe.gov.cn/s78/A12/szs_lef/moe_1407/moe_1408/tnull_20566.html。

② 《中共中央宣传部 教育部关于进一步加强和改进高等学校思想政治理论课的意见》(教社政〔2005〕5号)。

③ 《习近平总书记主持召开学校思想政治理论课教师座谈会强调:用新时代中国特色社会主义思想铸魂育人 贯彻党的教育方针落实立德树人根本任务》,《人民日报》,2019年3月19日。

改革创新的实效性。首先,要做好高校思想政治理论课专业教师队伍的选聘配备。教育部颁发的《新时代高等学校思想政治理论课教师队伍建设规定》(中华人民共和国教育部令第46号)指出:"高等学校应当配齐建强思政课专职教师队伍,建设专职为主、专兼结合、数量充足、素质优良的思政课教师队伍。"[1]配齐高校思想政治理论课教师,是加强高校思想政治理论课师资队伍建设的前提。高校要"结合思想政治理论课教师岗位实际合理确定选聘条件,加强后备人才储备,充分保障思想政治理论课教学和科研用人需求制定合理的选聘计划"[2]。在高校思政课教师队伍选聘上,高校要重视思想政治理论课专职教师队伍建设。"高等学校应当根据全日制在校生总数,严格按照师生比不低于1∶350的比例核定专职思政课教师岗位。"[3]同时,"高等学校应当注重选拔高素质人才从事马克思主义理论学习研究和教育教学,加强思政课教师队伍后备人才思想政治工作"[4]。高校要按照专职为主、专兼结合的原则来选聘配齐思想政治理论课教师,通过人才引进、招聘录用、岗位转收等方式,夯实思想政治理论课专职教师队伍,吸纳能够承当思想政治理论课教学任务的教师,通过大力引进优秀的思想政治理论课教师、鼓励符合条件的校内党团工作者、辅导员转任专职思想政治理论课教师来夯实思想政治理论课教师队伍,加强思想政治理论课教师队伍建设。

其次,高校要重视思想政治理论课师资队伍专兼结合建设。高校可实行特聘教师、兼职教师制度。对于特聘、兼职教师的吸纳,高等学校可"统筹

① 《新时代高等学校思想政治理论课教师队伍建设规定》(中华人民共和国教育部令第46号),http://www.moe.gov.cn/srcsite/A02/s5911/moe_621/202002/t20200207_418877.html。
② 《中央宣传部 教育部关于印发〈普通高校思想政治理论课建设体系创新计划〉的通知》(教社科〔2015〕2号),http://www.moe.gov.cn/srcsite/A13/moe_772/201508/t20150811_199379.html。
③ 《新时代高等学校思想政治理论课教师队伍建设规定》(中华人民共和国教育部令第46号),http://www.moe.gov.cn/srcsite/A02/s5911/moe_621/202002/t20200207_418877.html。
④ 《新时代高等学校思想政治理论课教师队伍建设规定》(中华人民共和国教育部令第46号),http://www.moe.gov.cn/srcsite/A02/s5911/moe_621/202002/t20200207_418877.html。

地方党政领导干部、企事业单位管理专家、社科理论界专家、各行业先进模范以及高等学校党委书记校长、院(系)党政负责人、名家大师和专业课骨干、日常思想政治教育骨干等讲授思政课……建立两院院士、国有企业领导等人士经常性进高校、上思政课讲台的长效机制"①。高校可根据一定的标准聘请符合条件的专家学者、党政领导干部和先进优秀模范等兼任思想政治理论课教师。同时,高校在进行思想政治理论课教师聘任的过程中,一定要严格按照思想政治理论课任职资格进行选聘。"高等学校应当严把思政课教师政治关、师德关、业务关,明确思政课教师任职条件,根据国家有关规定和本规定要求,制定思政课教师规范或者在聘任合同中明确思政课教师权利义务与职责。"②高校在开展思想政治理论课教师选聘的过程中,一定要严把思政课教师政治关、师德关、业务关,结合在符合国家要求的前提下制定的思政课教师规范,明确思想政治理论课教师任职资格,严格把好思想政治理论课教师聘用,聘用符合思想政治理论课教师岗位要求的教育人才,夯实思想政治理论课教师队伍。

习近平总书记在同北京师范大学师生座谈时强调:"做好老师,是每一个老师应该认真思考和探索的问题,也是每一个老师的理想和追求。做好老师要有理想信念、道德情操、扎实学识、仁爱之心。"③习近平总书记在全国高校思想政治工作会议上讲话也指出:"要加强师德师风建设,坚持教书和育人相统一,坚持言传和身教相统一,坚持潜心问道和关注社会相统一,坚持学术自由和学术规范相统一,引导广大教师以德立身、以德立学、以德施

---

① 《新时代高等学校思想政治理论课教师队伍建设规定》(中华人民共和国教育部令第46号),http://www.moe.gov.cn/srcsite/A02/s5911/moe_621/202002/t20200207_418877.html。

② 《新时代高等学校思想政治理论课教师队伍建设规定》(中华人民共和国教育部令第46号),http://www.moe.gov.cn/srcsite/A02/s5911/moe_621/202002/t20200207_418877.html。

③ 习近平:《做党和人民满意的好老师——同北京师范大学师生代表座谈时的讲话》,《人民日报》,2019年9月10日。

教。"①高校思想政治理论课教学改革创新,要加强对思想政治理论课教师队伍的选聘。同时,要进一步完善思想政治理论课教师职务聘任制度,打破教师职务终身制。在现行教师职务聘任制度的基础上,有重点地实行和完善以合同管理为基础的职业聘任制度,落实准入准出制度,实行动态管理,增强教师的职业危机感,激活教师的积极性,努力提高自身各方面素质与能力,成为优秀的思想政治理论课教师。

(三)健全师资队伍管理培训机制

完善的师资队伍保障机制要注重师资队伍的管理,高校思想政治理论课教学改革创新要重视师资队伍管理机制的建立健全。高校思想政治理论课教学改革创新要注重在思想政治理论课教师管理、培养培训上建立健全相关制度。

1.要加强对思想政治理论课教师的规范管理,建立健全相关考核评价制度

思想政治理论课教师队伍的规范管理是开展高校思想政治理论课教学改革创新的必然要求,只有对思想政治理论课教师队伍进行规范管理,才能促进思想政治理论课教学有效开展,提高思想政治理论课教学成效。如果不加强对思想政治理论课教师的规范管理,就会影响思想政治理论课教师队伍的质量和水平,影响思想政治理论课教学效果。"高等学校应当加强对思政课教师的考核,健全退出机制,对政治立场、政治方向、政治原则、政治道路上不能同党中央保持一致的,或理论素养、教学水平达不到标准的教师,不得继续担任思政课教师或马克思主义理论学科研究生导师。"②

高校要建立健全思想政治理论课教师考核评价制度,对思想政治理论

---

① 习近平:《在全国高校思想政治工作会议上讲话》,《人民日报》,2016 年 12 月 9 日。

② 《新时代高等学校思想政治理论课教师队伍建设规定》(中华人民共和国教育部令第 46号),http://www.moe.gov.cn/srcsite/A02/s5911/moe_621/202002/t20200207_418877.html。

课教师要进行定期考核评价,并将考核结果作为思想政治理论课教师的福利待遇、职务聘任和晋级等参考的重要依据。同时,要建立相应的奖惩制度,对于考核结果不达标的思想政治理论课教师,要采取相应的措施,实行转岗分流或待岗学习提升等。通过健全落实考核评价制度来促使思想政治理论课教师明确自身的岗位职责,不断增强自身的责任感,不断提升自身的能力。一方面,要重视对思政课教师在思想素质、政治素质、师德师风等方面的考核。作为"传道授业解惑"的师者,特别是作为思想政治理论课教师,考核的首要因素是教师的思想素质、政治素质和师德师风。"在思想素质、政治素质、师德师风等方面存在突出问题的,在专业技术职务(职称)评聘中实行'一票否决'。"①另一方面,要重视思政课教师在教学质量和水平上的考核。"思政课教师的首要岗位职责是讲好思政课。思政课教师要引导学生立德成人、立志成才,树立正确世界观、人生观、价值观,坚定对马克思主义的信仰,坚定对社会主义和共产主义的信念,增强中国特色社会主义道路自信、理论自信、制度自信、文化自信,厚植爱国主义情怀,把爱国情、强国志、报国行自觉融入坚持和发展中国特色社会主义事业、建设社会主义现代化强国、实现中华民族伟大复兴的奋斗之中,为培养德智体美劳全面发展的社会主义建设者和接班人作出积极贡献。"②

可见,思想政治理论课教师肩负着培养时代新人的重任,上好思政课是思政课教师的首要岗位职责。高校在对思想政治理论课教师进行考核评价的过程中,要注重将思想政治理论课教学质量作为重要的衡量标准。"将课堂教学质量等作为重要评价标准,鼓励教师把主要精力放在研究教学内容、创新教学方法、提高教学实效上。要探索建立符合思想政治理论课教师职

①② 《新时代高等学校思想政治理论课教师队伍建设规定》(中华人民共和国教育部令第46号),http://www.moe.gov.cn/srcsite/A02/s5911/moe_621/202002/t20200207_418877.html。

业特点的职务职称评聘标准,提高教学和教学研究占比,引导和鼓励思想政治理论课教师将更多时间和精力投入到教学中。"①考核评价机制要注重对于考核评价结果的反馈,对于考核结果好的给予相应的奖励,并在评优评先、职务晋升等方面予以优先考虑;对于考核结果差的给予相应的惩罚,将不适合从事思想政治理论课教学的教师分流或转岗出去。只有对思想政治理论课教师进行规范管理,夯实思想政治理论课教师队伍,才能提升思想政治理论课教学质量和水平。

其次,要加强对思想政治理论课教师的培养培训,建立健全培养培训制度。高校要加强思政课教师队伍的培养培训,要建立分层次、多形式的培训体系,不断提高教师队伍的整体素质。高校要按照党中央、上级部门的部署,注重开展落实思想政治理论课教师的培养培训工作。结合高等学校思政课教师研修基地所开展的培训,组织思想政治理论课教师参加学习研讨等活动,保证思政课专职教师参加专业培训的数量和质量。一方面,要注重对新任教师的岗前培训。思想政治理论课新任教师在上岗前要参加岗前培训,通过岗前培训提升能力,使得新任教师进一步明确并适应岗位要求,提高工作能力。只有开展岗前培训,新任教师才能尽快适应岗位工作,明确作为思政课教师的要求,更好地履行自我职责,更好地上好思想政治理论课。另一方面,高校要注重培训形式多样化。高校可通过多种方式来对思想政治理论课教师进行培训,通过开展各种形式的培训来提高教师的业务素质能力。可通过理论学习、教学研讨、实地考察、有经验老教师点对点指导等多种方式,来开展思想政治理论课教师的培训工作,要鼓励支持教师积极参与在职培训、脱产进修、交流考察、访学观摩等活动,促进思想政治理论课教

---

① 《中央宣传部 教育部关于印发〈普通高校思想政治理论课建设体系创新计划〉的通知》(教社科〔2015〕2 号),http://www.moe.gov.cn/srcsite/A13/moe_772/201508/t20150811_199379.html。

师不断开阔视野,提升整体素质,提高教学质量和水平。同时,高校也要注重拓展思政教师培训渠道,定期组织思政课教师外出社会实践,实地了解中国改革发展成果、实地考察和比较分析国内外经济社会发展状况,创造条件支持思政课教师到地方党政机关、企事业单位、基层等开展实践锻炼。

三、加强物质条件保障机制

"高等学校应当切实提高专职思政课教师待遇,要因地制宜设立思政课教师岗位津贴。高等学校要为思政课教师的教学科研工作创造便利条件,配备满足教学科研需要的办公空间、硬件设备和图书资料。"①高校思想政治理论课教学改革创新要注重加强思想政治理论课教学物质条件的保障,在工资待遇、工作场地、设备设施等各个方面要提供保障,在教学科研经费、教学资源等方面也要予以支持。一定的经费物质保障是高校思想政治理论课教学改革创新的物质基础和前提条件。只有加强物质条件保障,高校思想政治理论课教学改革创新才有开展的可能,高校思想政治理论课教学成效才能得以提升。当前也存在不少高校在物质条件保障机制方面不健全,对于思想政治理论课教学改革所需的相关物质条件支持不足,与其他专业相比投入少的情况,这都严重制约了思想政治理论课教学改革创新的进行,影响了思想政治理论课教学实效性的提高。高校要加强思想政治理论课教学改革创新物质条件保障机制建设,建立专项经费预算,落实好思想政治理论课教学改革创新工作的物质条件保障,推动思想政治理论课教学改革创新工作的深入进行。

①《新时代高等学校思想政治理论课教师队伍建设规定》(中华人民共和国教育部令第46号),http://www.moe.gov.cn/srcsite/A02/s5911/moe_621/202002/t20200207_418877.html。

新时代高校思想政治理论课教学改革创新机制研究

（一）完善教学基本设备建设

要有效开展思想政治理论课教学工作，首先要有比较完善的思想政治理论课教学相关基本设备，基本教学设备是开展高校思想政治理论课教学改革创新的基本条件。高校要加强完善思想政治理论课教学相关基本设备建设，包括教师教学科研的办公场所、教学所需的设备资料等方面，只有首先完善教学相关基本设备，才能更好地开展思想政治理论课教学、研究，落实思想政治理论课教学工作，推动思想政治理论课教学改革创新。

一方面，高校要注重为思想政治理论课教师提供良好的工作环境，包括工作办公室和教学教室等方面的保障。比如，要给予思想政治理论课教师充足的办公空间，同时在图书、资料、现代化教学设备等的提供上也要满足教师教学需求。教学效果的提升离不开现代化的教学手段和各种教学资料的利用，高校要重视对相关资料设备的提供。

另一方面，高校要注重为大学生学习思想政治理论课创设良好的学习环境，包括教室学习环境和课外学习环境。高校要给思想政治理论课教学的开展提供足够的学习空间，为大学生学习思想政治理论课提供良好的教室环境条件。同时，高校也要注重课堂外思想政治理论课学习环境的创设，发挥第二课堂的作用，发挥校内外思想政治教育资源的作用。高校要加大对思想政治理论课教学基本设备建设经费的投入，落实专项经费，推进思想政治理论课实践教学基地建设，支持大学生开展社会调查、志愿服务、暑期调研等活动。通过物质条件的支持，促进大学生在了解国情、认识社会中不断提高思想道德素质，从而促进思想政治理论课教学改革创新成效的提升。

（二）提升师资队伍建设经费投入

高校思想政治理论课师资队伍作为提高思想政治理论课教学成效的关键因素，加强对思想政治理论课师资队伍经费的投入，事关高校思想政治理论课教学改革成效的提升。高校要建设一支精干、高效的师资队伍，而必要的专项经费是建设队伍的物质基础。当前存在大部分高校尤其是一些地方院校的思想政治理论课教师的工作条件和环境不够完善、知识业务水平不高等情况。因此,高校要加强思想政治理论课师资队伍经费投入,为开展好思想政治理论课教学提供物质保证。只有通过加大经费投入,不断改善思想政治理论课教师的生活、工作环境和条件,才能增强思想政治理论课教师的归属感,更好地发挥教书育人的作用。

第一,改善思想政治理论课教师的工资待遇。高校要确保思想政治理论课专业教师待遇不低于其他专业教师的待遇,首先要在工资待遇上予以保证。第二,加大对思想政治理论课教师培训经费的投入。目前存在一些高校思想政治理论课教师学历层次较低、知识水平、业务技能不足等情况,高校要支持、保障思想政治理论课教师外出参加培训和业务交流、进修等,加大对思想政治理论课教师培训的经费投入,加强对思想政治理论课教师综合素质的提升。

(三)加大科研经费投入

高校思想政治理论课教学改革过程中,思想政治理论课的教学科研是重要的组成部分,高校要重视加大对思想政治理论课教学科研经费的投入,不断推进思想政治理论课教学科研向前发展。高校要加大对思想政治理论课教学科研经费的资助。通过教学科研经费的加大投入,促进思想政治理论课教师更好地开展教学科研工作,提升思想政治理论课教学成效。当前不少高校存在思想政治理论课教学科研针对性不强、水平不足、经费投入少等情况。高校要加大思想政治理论课教学科研经费投入,对思想政治理论课在教学、科研方面提供物质保障,鼓励教师开展思想政治理论课教学相关研究,比如课程建设、教师队伍建设、学科建设以及教学中重要理论和实际问题等方面的研究,通过结合教学实际问题研究来发现问题并解决问题,提升教学改革项目成果的质量和水平。

第三节　新时代高校思想政治理论课教学改革创新的实现路径

高校思想政治理论课教学改革创新要将具体规划落到实处,需要采取有效的策略路径。高校思想政治理论课教学改革创新需要通过创设思想政治理论课教学改革创新良好环境、构建思想政治理论课有力话语体系、提升思想政治理论课教师综合素质、优化思想政治理论课内容体系、创新思想政治理论课教学手段方法、改革思想政治理论课教学考核评价方式等路径来实现。

一、创设思想政治理论课教学改革创新良好环境

良好的教学环境是教学改革得以顺利进行的重要条件,对于高校思想政治理论课教学改革创新的深入开展具有十分重要的作用。高校思想政治理论课教学改革创新的开展,需要良好的思想政治理论课教学环境。高校要利用校内外教学环境的优势,发挥校内外教学环境的有利作用,进一步加强校内外良好教育环境的创设,通过良好教学环境氛围的营造,为高校思想政治理论课教学改革提供好的大环境。

(一)利用良好的政治环境

高校思想政治理论课教学改革创新是针对思想政治理论课教学进行的改革创新。高校思想政治理论课程作为铸魂育人的"关键课程"具有特殊的教书育人的作用,思想政治理论课的授课内容是基于现行的政治制度的需

求而设计的,与国内外社会政治制度和现实政治状况密切相关。高校思想政治理论课教学是思想政治理论课教师用一定政治观点、道德规范对大学生进行有目的、有计划、有组织的教育引导,使他们形成符合党和国家、社会发展要求的思想品德的教学活动,主要是对大学生开展马克思列宁主义理论教育,党的路线、方针、政策教育,爱国主义、国际主义和革命传统教育等方面的内容,旨在通过思想政治理论课教学使大学生了解并掌握中国特色社会主义理论的基本内容,树立辩证唯物主义和历史唯物主义的世界观,同时在行动上拥护党和国家、拥护社会主义。政治环境是高校思想政治理论课教学中最直观的素材和理论联系实际时最直接的参照,发挥政治环境的优势能增强思想政治理论课的说服力和关注度。高校思想政治理论课教学的改革创新首先需要良好的政治环境。高校要充分利用政治环境优势来进一步推动思想政治理论课教学的改革创新。

当前的政治环境优势主要包括以下两个方面:第一,党和国家对思想政治理论课建设的重视。党和国家历来十分重视学校思想政治理论课建设,特别是党的十九大以来,以习近平同志为核心的党中央对做好学校思想政治工作、办好思想政治理论课作出了重要部署。党中央对思想政治理论课建设的高度重视,为办好思想政治理论课指明了方向。第二,国家各方面的良好发展。新中国成立以来特别是改革开放以来,在党中央的正确领导下,我国各项事业都取得了伟大进展。当前的中国经济发展、政治稳定、文化繁荣,特别在建党一百周年之际,我国实现了"第一个百年目标"——全面建成小康社会,当前正在"第一个百年目标"实现的基础上向"第二个百年目标"的实现而向前发展,为建设社会主义现代化强国而不断前进。目前,我国是世界第二大经济体,社会主义民主政治不断发展,国家文化软实力不断提升,社会建设、生态建设、军队建设等各方面均得到了较大的发展,人民生活幸福感不断增强。当代大学生是"第一个百年目标"实现的见证者,也是"第二个百年目标"实现的中坚力量。

高校思想政治理论课教学改革创新要发挥政治环境优势,展现中国特色社会主义优势,增强师生对思想政治理论课的认同。当前,高校要通过思想政治理论课教学进一步将党和国家对思想政治理论课建设的重视、将党和国家发展的良好态势展现出来,使得大学生课程学习的过程中进一步参与中国特色社会主义、了解中国特色与中国优势,增强自我对国家的认同。同时,要进一步创设思想政治理论课教学改革创新的良好环境。党和国家对思想政治理论课建设的重视程度的不断加强,我国社会主义建设事业发展的不断深入,这都是高校思想政治理论课教学改革创新所处的良好政治环境。良好的政治环境为高校思想政治理论课教学的有效开展提供了大环境大氛围,高校要积极加以利用,发挥政治环境的优势。

(二)营造良好的校园环境

校园是大学生接受系统教育的最重要场所,良好校园环境是思想政治理论课教学得以顺利开展的重要影响因素之一。良好的校园环境不仅可以让大学生习得思想政治理论课知识,还可以对大学生进行氛围感染而加强对大学生的思想政治教育,高校思想政治理论课教学实效性的发挥离不开良好的校园环境建设。高校思想政治理论课教学改革创新要注重营造良好的校园环境,利用校园环境优势营造良好的思想政治理论课教学氛围,为思想政治理论课教学改革创新的开展提供有利条件。中共中央、国务院印发的《关于新时代加强和改进思想政治工作的意见》强调:"要构建共同推进思想政治工作的大格局。完善领导体制和工作机制,完善党委统一领导、党政齐抓共管、宣传部门组织协调、有关部门和人民团体分工负责、全党全社会共同参与的思想政治工作大格局。"①可见,高校要构建思想政治理论课工作大格局,发挥党委以及各部门的协同育人作用。高校思想政治理论课教学开展过程中,校园环境对于大学生的影响十分密切,要营造良好的校园环境,从而推动思想政治理论课教学改革创新的深入进行。

一方面,要高度重视思想政治理论课。高校要把思想政治理论课建设摆在重要位置,在各方面提供条件确保思想政治理论课顺利开展,发挥各部门、各院系在思想政治教育方面的作用,实现全员、全过程、全方位育人,提升思想政治理论课教学实效性。学校对思想政治理论课的重视是高校思想政治理论课教学改革创新的必要条件,为高校思想政治理论课教学改革创新营造了良好的校园氛围。另一方面,要积极利用校园的思想政治育人资源。高校要注重将思想政治理论课教育引领融入大学生日常生活中去。校园是大学生学习、生活过程中要接触的环境,高校要充分利用校园资源,挖掘思想政治教育元素,积极利用环境来开展对大学生的教育。其一,教育引导大学生通过调研、志愿服务等活动来进行自我管理和自我教育;其二,充分挖掘校园思想政治教育元素,利用各种校园红色文化资源来开展教育,比如通过校园物质环境打造、校园名师先贤事迹宣传、校园思政优秀作品展示等方式来将思想政治教育元素融入校园环境和大学生生活中,发挥校园思想政治教育对大学生的潜移默化的教育作用。

(三)把握良好的网络环境

当今时代是信息化网络化的时代,当代大学生的学习、生活与网络环境息息相关。网络具有自身的特点,包括信息传播速度快、内容广、渠道多等方面,网络媒体起到了双向的作用。处于信息网络时代的大学生,其思想形

---

① 中共中央、国务院印发:《关于新时代加强和改进思想政治工作的意见》,http://www.gov.cn/xinwen/2021-07/12/content_5624392.htm。

成受到多方面信息的影响。对于高校思想政治理论课而言,信息化网络化的环境既是机遇,更是挑战,网络环境对于思想政治理论课教学的开展有利也有弊。网络教学环境能通过影像、声音等技术,迅速为大学生接收相关信息提供资源,有利于提高思想政治理论课的教学效率。但与此同时,通过网络对于信息接受的快速便捷也产生了负面影响。大学生在通过网络接收主流文化的同时也接触到西方各种思潮,其正确价值观的形成会受到各种思潮的影响。

针对网络上各种思潮对大学生正确价值观形成的影响,高校思想政治理论课教学改革创新要注重抓住机遇,把握网络环境优势,运用网络平台对大学生进行及时、正确的教育引导,通过网络平台进一步传播马克思主义相关理论知识,引导大学生坚定理想信念。高校思想政治理论课教学改革创新要利用网络环境优势,通过发挥网络媒体的积极作用来提高思想政治理论课认同度,提高思想政治理论课教学成效,从而提升思想政治理论课教学改革创新成效。一方面,利用网络平台打造思想政治理论课网络阵地。比如创设红色网站、名师课堂、思想政治特色活动等方式,积极利用网络平台对马克思主义相关理论、党和国家的方针政策进行宣讲,让学生快捷有效地学习掌握相关理论知识,从而增强自身的马克思主义理论相关知识。另一方面,通过网络平台来树立典型、宣扬正义,让学生从先进事例中得以学习,以先进典型为榜样。

二、构建思想政治理论课有力话语体系

话语是以语言为媒介,在一定环境中说话人与受话人之间的沟通活动,话语具有实践性,而且话语和思想相互促进,高校思想政治理论课教学改革需要构建有力的话语体系。一方面,话语具有实践性。恩格斯指出:"语言是从劳动中并和劳动一起产生出来的,这个解释是唯一正确的。"①马克思也指出:"通过生产而发展和改造着自身,造成新的力量和新的观念,造成新的交往方式,新的需要和新的语言。"②可见,马克思和恩格斯认为,语言是社会的产物,语言来源于社会实践。话语是思想借助语言载体的外在表达,具有实践性。因此,思想政治教育话语要注重源于教学实践和现实生活,这样才能被大学生所理解。另一方面,话语和思想相互促进。马克思指出:"语言是思想的直接现实……思想通过词的形式具有自己本身的内容。"③可见,马克思认为,话语是人的思想的反映。思想和语言是相互促进的,话语依赖于思想而产生,思想通过话语得以表达体现。

高校思想政治理论课作为大学生思想政治教育的主渠道与主课堂,是落实立德树人根本任务的关键课程。教学过程中,教师通过语言去向学生传授知识、表达观点。高校思想政治理论课教学开展的过程,是思想政治理论课教师和大学生进行对话的过程,教学话语发挥了重要的作用。话语是说话者与受话者之间的载体与桥梁,是思想政治理论课教学过程中教师的"教"与学生的"学"必不可少的载体。思想政治教育话语作为一种权力话语具备意识形态性与学术性的特点,受一定社会主导意识形态所支配。高校思想政治理论课的话语是思想政治教育实践活动的重要载体,对于马克思主义相关理论知识的传播起着十分重要的作用。进入新时代,高校思想政治理论课面临多重话语空间的严峻考验。高校思想政治理论课教学改革创新必须牢牢掌握话语权,构建思想政治理论课教学有力话语体系,通过发挥教学话语体系的作用来提升思想政治理论课教学成效。

---

① 《马克思恩格斯文集》(第9卷),人民出版社,2009年,第533~534页。
② 《马克思恩格斯文集》(第8卷),人民出版社,2009年,第145~146页。
③ 《马克思恩格斯全集》(第3卷),人民出版社,1960年,第525~523页。

（一）坚持话语主体的有机统一

高校思想政治理论课教学开展的过程中，从宏观而言，高校思想政治理论课的话语主体包括主流意识形态的传播者与受众者两大主体，要坚持话语主体的有机统一。

第一，思想政治理论课话语体系的传播者主要是指"思政课话语体系的主导者、发起者和实施者。它是一个多结构、多层次的体系，既有组织主体，也有个人主体，既有直接主体，也有间接主体"①。高校思想政治理论课话语主体的传播者主要包括以下方面：其一，主导者。高校思想政治理论课话语主体传播者中的主导者是党和国家。高校思想政治理论课是传递主流意识形态的主阵地，是党和国家意志的体现。党和国家是思想政治理论课话语的主导者，发挥着重要的主导作用。其二，发起者。高校思想政治理论课话语主体传播者中的发起者是思想政治理论课教材编写和审定专家以及相关管理者。结合党和国家的要求，将相关理论知识编制成教材来发起对大学生的思想政治理论课教育。其三，实施者。高校思想政治理论课话语主体传播者中的实施者是思想政治理论课教师。高校思想政治理论课话语主体几个不同方面具有相应的特点，党和国家、教材编审专家属于间接主体，思想政治理论课教师属于直接主体，是在课堂上传递主流意识形态的最重要主体，通过思想政治理论课教师作用的发挥来传播党和国家的意志。

第二，思想政治理论课话语的受众者即接受主体则指"思想政治理论课话语的接受者，他们既是话语活动的参与者，同时也通过自身的主观能动性，对于话语的选择和推动起着能动的作用"②。高校思想政治理论课话语受众者主要是指大学生。当代大学生作为学习主体具有主观能动性，既包

---

①② 于智慧：《多重话语空间对高校思政课话语体系建构的影响》，《社会科学》，2017 年第 11 期。

括对话语选择的能动性和对话语改造的能动性。当代大学生具有自身思想特点,在面对多种话语的情况下,通过对话语的评判和反馈,会选择接受或不接受某种话语。同时,大学生会结合自身的思想认识以及社会实践,对话语传播主体的话语进行再加工和创造。作为高校思想政治理论课话语受众者,当代大学生具有主观能动性,对传播主体所传授的主流意识形态具有选择性与创造性。同时,当今时代具有话语权多样化、话语空间复杂的情况,高校在开展思想政治理论课教学改革创新的过程中,要注重思想政治理论课话语体系各层次话语主体之间的相互配合、相互作用,这样才能提高思想政治理论课教学改革创新的实效性。

（二）提高话语内容的丰富性时代性

高校思想政治理论课是党和国家开展思想政治教育的主阵地,其教学成效的高低影响着大学生的培养效果,影响着中国的社会主义现代化建设。高校通过思想政治理论课教学来对大学生进行马克思主义理论教育和思想品德教育,教育大学生树立正确的马克思主义的世界观、人生观和价值观,提高大学生的认识能力与实践能力,指导大学生运用马克思主义基本立场、基本观点和基本方法去分析问题、解决问题。

新时代高校思想政治理论课教学改革创新要注重提高思想政治理论课话语内容的丰富性时代性。一方面,教材编写上要注意内容的丰富性时代性。新时代高校思想政治理论课教学改革创新要注重结合时代发展特征和当代大学生特点,将习近平新时代中国特色社会主义思想及时融入高校思想政治理论课教学内容当中去,注重实现理论话语内容与教学话语内容的时代转化。要注重结合历史发展和社会形势,编写适合历史发展现实、时代发展要求的教材供学生学习。另一方面,教师教学的过程中要注意话语的时代化生活化。思想政治理论课教师作为思想政治理论课的直接传播主体,是思想政治理论课话语的实施者,是和大学生有着直接接触的教育者,在开展思想政治理论课教学的过程中,教师要注意体现思想政治理论课话语内容的时代化与生活化。高校思想政治理论课话语内容包括理论话语内容和教学话语内容。其中,理论话语内容主要指的是思想政治理论课教师所了解与掌握的马克思主义理论知识与思想道德知识,教学话语内容指的是教师对理论话语内容的再加工与再创造。理论话语内容是教学话语内容的加工素材,教学话语内容可以更好地实现理论话语内容的价值,在理论话语向教学话语转化的过程中,高校思想政治理论课教师要注重发挥自身的主观能动性,实现理论话语内容与教学话语内容的时代化与生活化。因此高校思想政治理论课教师应该首先加强自身对马克思主义相关理论知识的学习,把握马克思主义理论体系的本质内涵,完成马克思主义理论知识的内化过程。同时,高校思想政治理论课教师要结合时代发展特征和要求,将所学的马克思主义相关理论与时代发展实际结合起来,认真学习习近平新时代中国特色社会主义思想。在此基础上,高校思想政治理论课教师通过思想政治理论课教学,运用贴近学生实际的时代化、生活化语言来进行知识传授、思想指引,这样才能提高思想政治理论课教学改革创新的实效性。

(三)加强话语方式的灵活性感染性

话语方式是连接话语主体的中介力量,是话语内容得以转化的重要途径,是处于一定的话语情境、体现话语主体专业素养的方式。话语方式是由特定情境中的话语关系所决定的,具体表征为单向对话与双向对话两种情况。其中,单向对话话语方式忽视大学生的主体性,割裂了教师主导性与学生主体性的关系,更多的是把大学生视为被动的知识接收者,注重知识的灌输而忽视大学生对于知识的接受程度。双向对话话语方式则有利于把握教师的主导性与学生的主体性,尊重教师与大学生的双重主体地位。

高校思想政治理论课教学改革创新要注重加强话语方式的灵活性、感染性,要注重发挥教师主导性和学生主体性,坚持传统与现代的结合,采取灵活有效的话语方式以传播话语内容。新时代高校思想政治理论课教学过程中,时代发展具有新形势新情况,当代大学生也有新特点新要求。新时代意味着思想政治理论课具有新的话语内容,而新的话语内容需要借助新的话语方式才能更好地实现对话语接受者的意识形态感染与教育。高校要结合时代发展形势和大学生特点需求,改变传统的单向度话语方式,有针对性地采取灵活有效的话语方式,加强话语方式的灵活性、感染性,才能使得思想政治理论课教学适应时代发展,才能提升思想政治理论课教学成效。高校思想政治理论课教师作为思想政治理论的直接传播主体,在进行思想政治理论课教学的过程中,要对新时代新的话语内容以双向对话的方式进行传播,注重在知识传播的过程中发挥教师的主导性与大学生的主体性。高校思想政治理论课教师要充分尊重大学生的主体地位,在思想政治理论课教学中实现与大学生的双向对话,在注重发挥教师的引导作用的基础上充分发挥大学生的积极性和主动性,通过师生之间的平等对话,营造平等、自由、民主的学习状态与氛围。加强话语方式的灵活性与感染性,采取双向对话的话语方式,是高校思想政治理论课教学改革创新要考虑的话语方式,是一种适应时代发展的创新方式。

三、提升思想政治理论课教师综合素质

高等学校具有十分重要的职能,是培养人才的教学中心。在培养人才方面发挥着重要的作用。[1] 高等学校开展的各类教育,都在为促进个人全面发展打下基础,对学生思想行为的形成起到十分重要的作用。[2] 教师是学校

---

[1]　参见卢晓中:《高等教育概论》,高等教育出版社,2009 年,第 12 页。
[2]　参见扈中平、李方、张俊洪等:《现代教育学》,高等教育出版社,2000 年,第 57 ~ 62 页。

开展教育的实施者,教师素质的高低会对教学效果产生直接的影响。习近平总书记在学校思想政治理论课教师座谈会上指出:"办好思想政治理论课的关键在教师,在于发挥教师的积极性、主动性与创造性。"①高校思想政治理论课教师作为高校教育队伍中的特殊群体,职责在于培养大学生的正确政治意识,提升大学生的马克思主义理论素养以及思想道德修养等方面的综合素质,思想政治理论课教师素质的高低影响着学生素质培养质量的高低,影响着大学生的成才发展。高校思想政治理论课教学实效性的提升需要高校思想政治理论课教师切实发挥高校思想政治理论课教学的主导作用,需要思想政治理论课教师提升自我的综合素质,在开展思想政治理论课教学的过程中,通过自我学识、人格魅力、教学技能等来感染学生、教育学生。

习近平总书记在学校思想政治理论课教师座谈会上指出,思政课教师要做到"政治要强,情怀要深,思维要新,视野要广,自律要严,人格要正"。习近平总书记提出的"六个要"是高校思想政治理论课教师综合素质提升的总体要求,"六个要"相辅相成,是高校思想政治理论课教师提高综合素质的价值引领,为思想政治理论课教师综合素质的提升提供了方向与指引。其中,"政治要强"要求思想政治理论课教师要做到政治立场坚定、政治意识明确、政治知识深厚,理想信念坚定;"情怀要深"要求思想政治理论课教师要做到心怀国家民族,关心家国大事,关心学生成长;"思维要新"要求思想政治理论课教师要做到思想创新、教学创新,在思想政治理论课教学过程中不断创新提升教学成效;"视野要广"要求思想政治理论课教师要做到学识渊博、视野宽广;"自律要严"要求思想政治理论课教师要做到严格自律;"人格

---

① 《习近平总书记主持召开学校思想政治理论课教师座谈会强调:用新时代中国特色社会主义思想铸魂育人 贯彻党的教育方针落实立德树人根本任务》,《人民日报》,2019年3月19日。

要正"要求思想政治理论课教师要做到身先示范、人格高尚。新时代,高校
思想政治理论课教师要发挥教书育人的作用,以"六个要"标准严格要求自
己,不断提升自身综合素质,为培养社会主义未来合格的建设者和接班人而
努力。

(一)坚定理想信念,厚植家国情怀

高校思想政治理论课教师首先要做到"政治要强""情怀要深",明确自
身的育人重任,明确自身的政治使命与教师职责。首先,要坚定政治立场,
坚定理想信念。高校开展思想政治理论课教学的过程中,思想政治理论课
教师作为教学主导者担负着落实铸魂育人、立德树人根本任务,对于大学生
具有直接影响。高校思想政治理论课教师首先要有坚定的政治立场和坚定
的理想信念,才能给学生以正确的教育引导。相较于其他专业课教师而言,
高校思想政治理论课教师必须有更高的政治觉悟,更坚定的政治立场,明确
自身肩负的为党育人、为国育才的时代重任。在思想政治理论课教学过程
中自觉与党中央保持一致,坚定自己的政治态度和政治立场。

一方面,高校思想政治理论课教师要注重提升自身的政治思想素质。
首先,高校思想政治理论课教师要明确自身的政治任务,同时要加强政治理
论学习,坚定理想信念。高校思想政治理论课教师首先要明确自身的职责
与使命,明确作为思想政治理论课教师要为党和国家的教育事业发展而奋
斗,为社会主义建设事业培养时代新人,要坚持"四个服务"意识,即为人民
服务、为中国特色社会主义服务、为改革开放服务和社会主义现代化建设服
务。要明确"为谁培养人"与"培养什么人",积极履行义务与职责。其次,要
加强政治理论学习,提升马克思主义理论素养。高校思想政治理论课要坚
守马克思主义在意识形态领域的指导地位,坚持马克思主义的与时俱进,坚
持培育大学生德智体美劳全面发展的基本原则。思想政治理论课教师作为
课程教学主体,应该积极发挥主观能动性,具有扎实的专业学识,努力提高

自己的马克思主义理论素养。高校思想政治理论课要丰富自身的政治理论学识,自觉学习掌握马克思主义相关理论知识,学习掌握党的基本理论、基本路线、方针政策,要深入了解当今的国际国内形势的发展特点。高校思想政治理论课教师要通过多种途径不断增强自身的政治理论水平,只有教师首先具有渊博的学识才能给予学生全面的指导。在此基础上,新时代高校思想政治理论课教师要坚定"四个自信",即坚定道路自信、理论自信、制度自信和文化自信,积极做马克思主义理论的传播者。高校思想政治理论课教师应该坚持马克思主义的与时俱进,用马克思主义理论中国化的最新成果教育指导学生,用习近平新时代中国特色社会主义思想教导学生,引导大学生树立马克思主义的世界观与方法论,教育大学生为实现社会主义现代化强国与中华民族伟大复兴而自觉努力奋斗。

另一方面,要厚植家国情怀,投身教育事业。高校思想政治理论课教师应该具有深厚的家国情怀,以培养时代新人为己任,为党育人,为国育才。高校思想政治课教学开展过程中,教师要做到关注国际国内形势发展,关注社会现实、网络热点,在教学过程中教育引导大学生正确看待国际国内问题,保持立场坚定,头脑清醒,同时在教学中以情感人,关注学生的成长成才。

(二)开拓创新思维,拓宽扩大视野

高校思想政治理论课教师要做到"思维要新""视野要广",在思想政治理论课教学过程中不断创新思维、拓宽视野,探索教书育人的有效路径。高校思想政治理论课教师要运用马克思主义历史唯物主义和辩证唯物主义的思维方法和广阔的视野来看待和分析、解决问题,要用新思维、广视野来探索思想政治理论课教学,提升思想政治理论课教学成效。

高校思想政治理论课教师在开展思想政治理论课教学的过程中要用新的思维方法和广的视野视角,把握好大学生的成长规律,引导他们树立正确的世界观、人生观和价值观。一方面,高校思想政治理论课教师要具有创新思维。在开展思想政治理论课教学的过程中,要"因事而化、因时而进、因势而新"。结合新时代发展形势要求和大学生特点需求,不断更新拓展陈旧落后的教学内容,不断改进创新教学方式,以新的视角、新的教学理念去应对教学中出现的新问题和新情况;要结合大学生的成长成才规律引导大学生形成对世界和中国发展趋势的正确认识,培养大学生自觉肩负起时代责任。高校思想政治理论课教师要根据实际,发挥主观能动性,以贴近大学生的手段与方式来开展思想政治理论课教学工作。另一方面,高校思想政治理论课教师要具有广阔的视野。在开展思想政治理论课教学过程中,作为理论课知识的传授者和大学生的引路人,思想政治理论课教师的视野对大学生的视野具有较大的影响。高校思想政治理论课教师要拥有宽广的视野,在此基础上教育和引导大学生客观、辩证地看待中国与世界的关系,正确理解世界大格局,培养大学生分析问题、解决问题的能力。

(三)坚持严格自律,保持人格正气

高校思想政治理论课教师要做到"自律要严""人格要正",在思想政治理论课教学过程中做到严格自律、身先示范、人格高尚,通过自身魅力去教育感染学生。高校思想政治理论课教师要坚持严格自律,保持人格正气,要对自身品格进行自我约束,做到为人师表、以身示范,不断提升个人品德,教师只有先约束好自身品格才能获得大学生的尊敬。高校思想政治理论课教师要坚持以德立人,努力提高自身的道德修养。在社会主义道德知识学习、恪守教师职业道德规范、培育和践行社会主义核心价值观等方面,高校思想政治理论课教师首先要严格自律,规范自己各方面的行为。高校思想政治理论课教师要恪守《高等学校教师职业道德规范》,从爱国守法、敬业爱生、教书育人、严谨治学、服务社会、为人师表六个方面明确自己的职业责任、道德原则及职业行为,增强教书育人的责任感和使命感。高校思想政治理论课教师应自觉遵守高等学校教师职业道德规范,做到严格自律,同时以身作则,用自身的行为举止去教育影响学生。高校思想政治理论课教师在引导大学生自我约束严格自律时首先应该做到严格约束自身,做到身先示范,言行一致。高校思想政治理论课教师在弘扬社会主义核心价值观的同时也要践行社会主义核心价值观,做正能量的传递者与实行者,用自身的人格魅力去获得大学生的尊敬与认同,用高尚的人格去感染大学生。

高校思想政治理论课其鲜明的政治性和价值导向性,要求思想政治理论课教师自身首先要具有较高的政治素质、坚定的政治信仰,才能引导大学生去认同马克思主义的基本立场、观点和方法。高校思想政治理论课教师首先要做到严格自律。同时,要注重端正人格,包括政治人格、情感人格、学识人格等方面,用自身的人格魅力去教育学生、感染学生,让学生在与老师的接触中以老师为榜样来提高自身的综合素质,为实现中华民族伟大复兴中国梦自觉努力奋斗。

四、优化思想政治理论课内容体系

高校思想政治理论课教学改革创新要注重内容体系的优化。高校思想政治理论课的内容体系包括教材内容与教学内容的两个方面。教材内容主要指的是用于思想政治理论课教学的教材;教学内容则是思想政治教师在遵循教材内容的基础上,通过发挥自己的主观能动性利用教材对大学生开展教学的内容。教材内容与教学内容两者既相互区别又相互联系,共同组成了思想政治理论课内容体系。新时代高校思想政治理论课应遵循教材内容体系向教学内容体系转化的艺术风格,通过思想政治理论课内容体系的优化来提高思想政治理论课教学改革创新的成效。

（一）规范使用统编教材

高校思想政治理论课教学改革创新要注重教材的规范使用,保持教材内容的连贯性与独立性。当前高校思想政治理论课主要包括《马克思主义基本原理概论》《毛泽东思想和中国特色社会主义理论体系概论》《中国近现代史纲要》《思想道德修养与法律基础》《形势与政策》五门课程,其中前四门课程是思想政治理论课主干课程,《形势与政策》也越来越受到重视,成为思想政治理论课必修课程之一。其中,《马克思主义基本原理概论》《毛泽东思想和中国特色社会主义理论体系概论》《中国近现代史纲要》《思想道德修养与法律基础》这四门主干课具有统编教材,《形势与政策》则是结合国际国内发展的现实情况开展专题教学。高校思想政治理论课课程中,每门课程的教材都具有自身侧重的内容。《马克思主义基本原理概论》教材主要解释了什么是马克思主义、为什么学习马克思主义与如何学习马克思主义等问题;《毛泽东思想和中国特色社会主义理论体系概论》教材主要对马克思主义中国化的理论成果进行阐释;《中国近现代史纲要》教材主要介绍了中国人民选择马克思列宁主义、选择中国共产党、选择社会主义的历史过程;《思想道德修养与法律基础》教材则是"思想道德修养"与"法律基础"两方面内容的有机融合。在思想政治理论课教学开展的过程中,课程教材也经历了不断完善发展、不断规范的过程。高校思想政治理论课程体系经历了从初步建立、恢复重建,再到改革创新、改进规范的过程。

自从2005年中共中央宣传部、教育部《关于进一步加强和改进高等学校思想政治理论课的意见》的提出与实施后,高校思想政治理论课程建设走上规范化的道路。结合时代发展,高校思想政治理论课的教材内容不断完善,而且随着社会的不断发展,高校思想政治理论课也不断创新与发展。新时代高校思想政治理论课改革创新实效性的提升,要注重教材内容的连贯性与独立性,要注重教材的规范编写与使用。

(二)优化更新教学内容

高校思想政治理论课是以传播马克思主义相关理论、宣传党和国家相关方针政策为主要内容的课程,教学内容要结合时代发展特点,与时俱进进行优化更新,要把握方向性,体现时代性。党的十九大报告指出:"必须推进马克思主义中国化时代化大众化,建设具有强大凝聚力和引领力的社会主义意识形态,使全体人民在理想信念、价值理念、道德观念上紧紧团结在一起。"①新时代马克思主义的中国化时代化大众化的推进就是习近平新时代中国特色社会主义思想时代化大众化的推进,要将习近平新时代中国特色社会主义思想进教材、进课堂、进头脑。习近平总书记强调,要把学习党的十九大精神作为学校思想政治教育和课堂教学的重要内容。② 新时代高校思想政治理论课教学改革创新,是思想政治理论课教学内容的改革创新。高校思想政治理论课教学内容要与时俱进,优化更新教学内容,将学习贯彻习近平新时代中国特色社会主义思想作为主要内容与各课程学习相结合起来,要把握方向性,体现时代性。

一方面,思想政治理论课教学内容的更新优化首先要加强主导性内容教育,把握政治方向性。新时代高校思想政治理论课教学内容的优化更新要继续加强政治教育的主导地位,加强对大学生在理想信念、社会主义核心价值观、"中国梦"等方面内容的教育,教育引导大学生坚定正确的政治立场,树立正确的政治方向、树立为实现中华民族伟大复兴"中国梦"而奋斗拼搏的理想信念。另一方面,思想政治理论课教学内容的更新优化要将习近平新时代中国特色社会主义思想融入教材中去。习近平新时代中国特色社会主义思想作为马克思主义中国化的最新理论成果,对于我国社会主义伟

---

① 习近平:《决胜全面建成小康社会夺取 新时代中国特色社会主义伟大胜利》,《人民日报》,2017 年 10 月 27 日。

② 参见《研究部署学习宣传贯彻党的十九大精神》,《人民日报》,2017 年 10 月 28 日。

大事业的发展起着十分巨大的指导作用。习近平新时代中国特色社会主义思想是对马克思主义理论与中国特色社会主义理论体系的继承与发展,具有科学性和指导性,是新时代中国特色社会主义事业建设与发展的行动指南,是高校思想政治理论课在新时代的思想引领。思想政治理论课教学内容的更新优化要注重将习近平总书记中国特色社会主义思想融入思想政治理论课各课程教学中去。同时,思想政治理论课教学内容的更新优化要注重思想道德教育。思想道德教育是高校思想政治理论课的基础性内容,旨在教育引导大学生树立正确的世界观、人生观与价值观,掌握马克思主义的科学世界观与方法论,形成符合社会规范与发展要求的思想道德品德。新时代高校思想政治理论课教学改革内容必须与时俱进,坚持正确方向,将习近平新时代中国特色社会主义思想融入其中并注重思想道德教育。

总体而言,高校思想政治理论课教学内容的更新优化注重在传授马克思主义相关理论知识的基础上,结合时代发展特点,与时俱进丰富教学内容。高校思想政治理论课是思想政治教育工作的主阵地、主渠道,主要内容是对大学生进行马克思主义理论教育。而马克思主义理论是发展的理论,随着时代的发展具有时代的内涵。高校要结合时代发展特点,将马克思主义理论中国化的最新成果不断体现到教学内容中去,要注重对原有的基本的马克思主义理论知识的传授,也要注重对发展了的马克思主义理论知识的融合。高校思想政治理论课教学改革创新实效性的提升,要注重结合时代发展特点和要求,不断优化更新教学内容。

五、创新思想政治理论课教学手段方法

高校思想政治理论课教学改革创新要注重教学方式方法的改进创新。高校思想政治理论课教学方式方法是教学内容得以展现的载体,是教师开展教学的重要途径。灵活有效的教学方法是高校思想政治理论课实效性得以提升的关键因素。新时代高校思想政治理论课教学改革创新要结合大学生特点,充分利用各种资源,创新教学方式方法,采取大学生喜闻乐见的教学形式来提高大学生学习的积极性和主动性,从而提升思想政治理论课教学的实效性。高校思想政治理论课教学改革创新要充分利用课堂内外、校园内外的教学资源和平台,合理运用各种教学载体,改革创新思想政治理论课教学方式方法,包括改革创新课堂教学方式方法和课外教学方式方法,充分发挥课堂内外教学因素的作用,采取灵活多样的教学方式方法,不断提升思想政治理论课教学成效。

(一)利用文化资源,采取文化熏陶教育法

习近平总书记指出:"文化是一个国家、一个民族的灵魂。文化兴国运兴,文化强民族强。"①文化是一种社会历史现象,表现为思维方式、价值观念、生活方式、行为规范、艺术文化、科学技术等方面,是对客观世界感性上的知识与经验的升华,是在人们不断实践的过程中产生的,可以对人产生潜移默化、深远持久的影响。大学生的世界观、人生观、价值观受文化所影响,是在其个人长期的生活和学习过程中形成的,是各种文化因素交互影响的结果。中华优秀传统文化、革命文化、社会主义先进文化为思政课程提供深厚的力量,包括"知识与真理的力量、道德与价值的力量、精神与信仰的力量、自信与自立的力量、历史与时代的力量"等方面,新时代加强思政课程建设,需要彰显文化的价值与力量,发挥文化的育人功能。②《关于新时代加强和改进思想政治工作的意见》指出,要"更加注重以文化人以文育人,深入实

---

① 习近平:《决胜全面建成小康社会夺取新时代中国特色社会主义伟大胜利——在中国共产党第十九次全国代表大会上的报告》,人民出版社,2017 年,第 4 页。

② 参见陈金龙:《新时代思想政治理论课建设的文化力量》,《马克思主义理论学科研究》,2019年第 6 期。

施文艺作品质量提升工程,深入实施中华优秀传统文化传承发展工程,推进城乡公共文化服务体系一体建设,更好满足人民精神文化生活新期待"①。高校要积极利用文化资源,在教学内容中加入中华优秀传统文化和革命文化、社会主义先进文化,发挥优秀文化的育人作用,将优秀的文化引进课堂、引进校园,引导大学生积极参加健康有益的文化活动,积极阅读优秀的文化作品,用优秀文化来感染学生。高校思想政治理论课教学改革创新要注重文化在课堂课外教学中的作用。

一方面,课堂上教师要积极利用相关文化资源,讲好中国故事,将各种文化资源的教育因素和课本知识内容结合起来;另一方面,课堂外要积极挖掘文化学习资源,发挥课堂外文化资源的育人作用。首先,高校要积极利用校内文化资源,创设良好的校园文化环境来开展对大学生的思想政治教育。高校思想政治理论课教学改革创新过程中,可通过挖掘校内思想政治教育文化资源,从环境营造、树立典型等方式来进行思想政治理论课教学,提高思想政治理论课教学成效。比如通过典型人物的雕像塑造、宣传栏标语展示、先进人物事迹图片展示等方式来开展对大学生的思想政治理论课教育,提升思想政治理论课教学成果。其次,高校要积极利用校外红色文化资源,通过校外红色资源来加强对大学生的思想政治教育。习近平总书记也多次强调,要用好红色资源,传承好红色基因,把红色江山世世代代传下去。中华民族有很多红色文化教育资源,比如"红船精神""苏区精神""井冈山精神""延安精神""沂蒙山精神""遵义会议精神""长征精神""抗战精神""西柏坡精神"等,高校可结合实际情况,组织学生到红色精神产生的地方进行参观学习,通过实地学习来接受文化熏陶,提升自身的修养。

---

① 中共中央、国务院印发:《关于新时代加强和改进思想政治工作的意见》,http://www.gov.cn/xinwen/2021-07/12/content_5624392.htm。

（二）利用网络资源，采取多媒体网络教学法

当今是信息化网络化的时代，大学生日常的学习生活与网络媒体紧密相关。当今时代，网络媒体作为信息传播的重要载体具有开放性、互动性等特点，人们可以通过网络媒体迅速接收大量的信息。高校思想政治理论课教学改革创新要积极利用网络媒体，发挥网络媒体在思想政治理论课教学改革创新中的作用。高校思想政治理论课教师要积极利用网络资源，发挥网络上的思想政治理论课教育资源的作用。同时，高校思想政治理论课教师要积极创新教学手段，利用多媒体技术开展思想政治理论课教学。多媒体网络教学方法主要是借助计算机技术用声音、图像、视频等多种方式展示教学内容的方法。多媒体网络方法打破传统的单一照着课本印刷内容讲授的教学方法，是在教学过程中通过丰富多样的图片、声音、影像等元素的融入来展示教学内容的方法。多媒体网络方法具有吸引力强、展示力强等特点，是大学生比较喜欢比较乐于接受的方式。活灵活现的视频能够吸引大学生的注意力，引起大学生学习的兴趣，提高大学生学习的积极性。

一方面，将多媒体技术应用到教室教学上，丰富课堂教室教学形式。高校思想政治理论课教师要利用网络载体，采用多媒体网络教学方法。在课堂进行知识讲解的时候，打破传统的单一的照本宣科的教学方式，让学生除了教材文字图案的学习，也通过其他声音、影像的学习来接收相关知识。另一方面，将多媒体网络利用到教室外的教学中去，发挥线上教学作用。线上教学主要是通过利用网络平台，将教室课堂转移到网络上去，利用网络来开展教学。线上教学具有灵活性强、互动性强、时间限制性小等特点，是线下课堂之外的有效补充方式，高校思想政治理论课教学改革创新要注重发挥网络的有利作用，注重线上教学作用的发挥，采取线上线下相结合的教学方式来开展思想政治理论课教学。高校要积极利用网络平台构建线上线下的教学模式，将线上教学与线下教学结合起来。信息化网络化的时代，大学生

的学习、生活很多方面都要通过网络来开展,网络平台作为一种重要的平台对大学生的学习、生活具有很大的影响。

(三)利用活动载体,采取实践活动教学法

高校思想政治理论课教学改革创新需要发挥活动载体的作用,通过实践活动教学让大学生参与其中,提升学习的主动性和积极性。实践教学法是大学生巩固理论知识、加深理论认识的有效途径。有利于学生素养的提高和正确价值观的形成。高校思想政治理论课教师要通过开展实践教学活动,将思想政治理论课教育内容寓于大学生喜闻乐见的实践活动之中,通过实践教学活动来发挥大学生的主观能动性与创造性。高校思想政治理论课教学改革创新要注重发挥校园实践活动和校外实践活动的作用。

一方面,利用校园实践活动开展教育。高校思想政治理论课教学开展过程中,可组织大学生在校内开展相关活动,比如志愿服务活动、诚信教育、寝室文明评比、主题征文比赛、争先创优演讲等活动,校园实践活动是课堂教学的补充与拓展,通过校园实践活动可将思想政治理论课课堂教学与实践育人结合起来,丰富思想政治理论课实践教学形式。另一方面,利用社会实践开展教育。高校思想政治理论课教学改革创新要注重利用社会大课堂,通过实践教学活动的开展来推动学校思政小课堂与社会大课堂有机的结合,促使大学生在实践活动中接触社会,观察、思考和解答问题。比如高校可组织大学生结合教学主题内容深入学校、社区、街道等开展调研实践活动、志愿服务活动等,组织大学生到政府机关、企事业单位、精准扶贫一线开展基层实践锻炼,组织大学生到博物馆、革命圣地和红色地区进行参观调研等,促使大学生通过与社会的接触来更好地接受教育。通过各种活动的举行开展实践教学,有利于深化课堂教学,有利于将第一课堂与第二课堂结合起来,使思想理论教学与生活实践相结合,提高大学生学习的积极性和主动性,提高思想政治理论课教学质量和效果。

（四）利用典型案例，采取案例教学法

案例教学法也是情景教学法，是在教学过程中通过现实案例的重现而让学生加以学习、分析和评判的过程，从而深化学生对相关科学知识的掌握、提升学生的综合素质的一种教学方法。案例教学法具有明确的目的性，主要是通过具有代表性的典型事件，让学生结合案例进行思考和分析、评价，通过对案例特别是先进案例的学习来提升自身的思想道德素养，提升自身分析问题解决问题的能力。同时，案例教学法具有较强的说服力。案例教学一般都是通过对客观真实的具有代表性的事件的重现或描述来让学生学习，都是发生在现实中的真实例子，具有代表性、说服力，在教学过程中能够提供学生学习的积极性。《关于新时代加强和改进思想政治工作的意见》指出，要"充分发挥先进典型示范引领作用，深化时代楷模、道德模范、最美人物、身边好人等学习宣传，持续讲好不同时期英雄模范的感人故事，探索完善先进模范发挥作用的长效机制，把榜样力量转化为亿万群众的生动实践"①。高校思想政治理论课教学改革创新需要发挥案例教学法的作用，在思想政治理论课教育教学中采用案例教学法，能促使思想政治理论课理论知识学习与现实社会和生活实际例子结合起来，有利于吸引学生学习的兴趣，提升思想政治理论课教学成效。

一方面，举行"名师进课堂"教学活动。可通过邀请校内外先进模范、行业典型进课堂的形式来现身说法，邀请地方党政领导干部、企事业单位负责人、社科理论界专家、各行业先进模范、抗战老兵、校内先进典型人物等走进思想政治理论课堂进行讲学，结合自身的优秀经历帮助大学生了解和学习，促使大学生以先进为榜样，以优秀为目标，不断提升自身的综合素质。另一

---

① 中共中央、国务院印发：《关于新时代加强和改进思想政治工作的意见》，http://www.gov.cn/xinwen/2021−07/12/content_5624392.htm。

方面,进行课堂案例分析活动。高校思想政治理论课教师在开展思想政治理论课教学的过程中,可组织大学生对社会历史或当前现实中的案例进行剖析来习得相关理论知识,培养正确价值观念。进行案例教学的过程中,高校思想政治理论课教师要注重选取有针对性的教学案例,设计好对教学案例的思考讨论等环节,包括组织落实好课堂案例的讨论、分析,及时对学生的表现进行点评和总结、案例分析报告的撰写等方面。

六、改革思想政治理论课教学考核评价方式

高校思想政治理论课考核评价是对高校思想政治理论课教学成效的考核评价,是以思想政治理论课教学目标为依据对教学活动及其起到的实际效果进行的判断与评估,是对思想政治理论课教学效果的反馈。科学的高校思想政治理论课考核评价方式能够客观、全面地对思想政治理论课的教学效果进行评估,对于发现和解决思想政治理论课教学过程中存在的问题、提高思想政治理论课教学成效具有积极的促进作用。高校思想政治理论课教学改革创新要注重改革考核评价方式,用科学的考核评价方式来提升思想政治理论课教学成效。高校思想政治理论课教学成效的高低,主要指的是教学任务的落实情况、教学目标的实现情况,关键在"培养什么人"的具体落实情况,即大学生素质能力的提升情况。高校思想政治理论课教学考核评价可从大学生对理论知识的掌握程度、大学生对理论知识的实践运用能力以及大学生思想道德境界的提升情况等几个方面来进行。当前部分高校存在考核评价的过程过于片面、考核指标过于单一等情况,从而导致考核结果不科学不客观。高校思想政治理论课考核评价过程要避免片面性,综合多方面因素科学合理地进行考核评价,同时,要注重将考核评价结果及时反馈到教学中去,从而促进教学成效的提升。只有完善高校思想政治理论课

教学的评价标准,才能及时地发现思想政治理论课教学存在的问题,了解大学生在思想政治理论课学习的真实情况和实际需要,从而有针对性地解决问题,提升思想政治理论课教学成效。新时代高校思想政治理论课教学改革创新需要从以下四个方面来改革考核评价方式:

(一)考核内容上:注重坚持知识考核和能力考核相结合

高校思想政治理论课旨在提升大学生的马克思主义理论素养和思想道德素质,培养大学生树立正确的世界观、人生观与价值观,提高大学生运用马克思主义的观点、立场与方法去分析与解决问题的能力。高校思想政治理论课以马克思主义理论教育和思想品德教育为教学内容,既给大学生传授理论知识,更教育引导大学生将理论知识在"内化于心"的基础上"外化于行"。高校思想政治理论课考核评价应该注重将知识考核与能力考核相结合起来,从这两方面进行综合考核。

一方面,高校思想政治理论课要对大学生学习的知识进行考核。知识考核主要指的是对大学生对思想政治理论课相关知识掌握情况的考核,其中,思想政治理论课相关知识包括马克思主义理论、中国特色社会主义理论体系、中共党史、社会主义法制与道德、国际国内形势情况等内容。知识考核是高校思想政治理论课考核的重要内容之一,要重视大学生对思想政治理论课相关知识的掌握情况。另一方面,高校思想政治理论课要注重对大学生的能力进行考核。能力考核主要指的大学生运用理论知识的能力,即大学生在学习与生活中思想政治素养的表现情况,大学生应对自身与外界挑战的各种能力的表现情况。高校在进行思想政治理论课考核评价的过程中,要重视对大学生各方面能力的重视,通过能力提升引导大学生学以致用。高校思想政治理论课教学考核评价应注重将知识考核与能力考核紧密结合起来,只偏重任何一方都会导致考核的不全面性不科学性,考核评价过程中要注重将两者辩证统一起来。

(二)考核方式上:注重坚持理论考核和实践考核相结合

高校思想政治理论课具有极强的理论性。高校思想政治理论课教学是对大学生进行马克思主义理论与思想品德的教育过程,其涉及的内容大多为理论知识。高校思想政治理论课作为铸魂育人的关键课程,旨在通过对大学生进行马克思主义相关理论知识的传授来提升大学生的马克思主义理论素养与思想道德品质,并指导大学生通过实践活动来将所学知识践行到实际行为中去。因此,大学生在日常学习、生活过程中的表现,是高校思想政治理论课考核评价要考虑的重要方面。高校思想政治理论课考核的内容不仅要涵盖基本理论知识,还要注重对大学生的思想价值观念和社会实践进行引导,要注重将理论考核和实践考核相结合起来,全面考核大学生的学习情况。

一方面,高校要通过理论考核的形式对大学生进行考核。一般而言,理论考核指的是大学生用理论表达的方式把所掌握的知识情况展现出来,一般是通过试卷考试、论文报告撰写等方式来开展。另一方面,高校也要通过实践考核的形式对大学生进行考核。实践考核主要通过实践活动来进行,展现的是大学生在实践过程中的表现情况,通过情景设定、问题创设等形式,让大学生在实践中进行问题的分析与处理,了解大学生的各种表现,了解大学生分析问题解决问题的能力。高校思想政治理论课教学改革创新要注重将理论考核和实践考核结合起来,注重考核形式的多样性。

(三)考核时段上:注重坚持过程考核和结业考核相结合

高校思想政治理论课是随着社会发展要求与大学生思想实际的发展变化而发展变化的,高校思想政治理论课教学具有过程性与动态性。在开展高校思想政治理论课教学的过程中,思想政治理论课的教学内容、教学主体、教学方法等方面都会发生变化,因此高校开展思想政治理论课教学评价需要坚持过程考核和结业考核的有机统一,将两者的考核结果统一起来综合评价。

一方面,高校要注重对大学生的过程性考核。由于不同的大学生具有不同的特点不同的水平,在学习过程体现的能力和倾向性不同,对于知识掌握的进度也有所不同,考核过程不能只是以结业考核来判断其知识与能力的掌握程度,还要重视其学习过程中情况的考核。过程性评价重视大学生的个性差异,重视全面分析大学生的知识掌握情况和能力提升情况。高校思想政治理论课旨在培养大学生成为合格的社会主义事业建设者和接班人,是一个长远的人才培养的过程。大学生综合素质能力的发展情况,需要结合成长过程的表现来衡量。同时,高校在进行过程性考核的过程中,要注重对大学生实践能力进行考核评价,注重全过程地进行考核。另一方面,高校要开展结业考核。结业考核主要注重考核大学生对于基础知识的理解和记忆,是对大学生理论知识掌握情况的考核,主要是在阶段学习之后通过一定的方式来考核大学生学习成效的考核方式。高校思想政治理论课教学改革创新要将过程性考核与结业考核结合起来,只有这样才能更加科学、全面、客观地掌握思想政治理论课教学的情况。

(四)考核评价上:注重坚持科学化多样化

考核评价结果是改进教学的重要依据,科学客观的考核评价结果有利于教学成效的提升。通过教学评价的反馈结果,思想政治理论课教师可以结合相关问题进行反思,通过问题的研究和讨论,思考改进的对策,不断提升教学成效。

首先,高校思想政治理论课教学评价要科学化。高校思想政治理论课教学评价要建立健全科学的评价指标体系。只有科学的教学评价指标体系才能够全面地反映教师教学情况,反映大学生学习情况,才能为教学问题的解决提供指导,才能对教学成效的提升起到促进作用。高校要结合现实情况,不断改进和完善评价指标体系,发挥科学指标体系的指导作用,通过不断优化调整教学方式来提高思想政治理论课教学的实效性。其次,高校思想政治理论课教学评价要多样化。高校应该建立多元化的评价机制,包括评价主体多元化、评价内容多元化等方面。评价过程中,一方面要注重发挥多元主体参与评价的作用。要多采取主观评价和客观评价相结合的方法,既需要大学生进行自我评价,也需要同学之间互相评价;另一方面,要注重将大学生思想素质表现情况、理论知识掌握情况、实践能力的培养状况等多方面情况都纳入教学评价的指标当中。最后,高校要重视发挥考核评价结果对于教学改革的促进作用,要重视将教学评价及时在教学中加以反馈,发挥教学评价对于教学的激励作用与改进指导功能。高校思想政治理论课教师要注重根据相关评价及时地优化和改进教学设计和教学方案,改进创新教学方法,使课堂教学更加有吸引力。

结　语

　　在梳理学界相关理论和分析相关文献资料的基础上，本书立足历史与现实，对新时代高校思想政治理论课教学改革创新机制这一课题进行研究。笔者结合对新时代高校思想政治理论课教学现状进行的理论分析和实证调查，对新时代高校思想政治理论课教学改革创新进行概念界定、理论剖析，研究新时代对高校思想政治理论课教学改革创新提出的新要求，探讨新时代高校思想政治理论课教学改革创新的指导依据和基本原则，结合新时代发展新形势新要求和当代大学生特点，提出新时代高校思想政治理论课教学改革创新路径，构建新时代高校思想政治理论课教学改革创新机制。在对相关文献进行分析的基础上，本书科学设计了信度高、效度高的调查问卷，通过科学选取调研对象开展深入调研，基本把握了广东省高校思想政治理论课教学现状。本书分析了高校思想政治理论课教学现状问题的产生原因，探讨影响高校思想政治理论课教学实效性的因素。结合相关调研数据，总结分析新时代高校思想政治理论课教学现状特点，并在此基础上剖析新时代高校思想政治理论课教学改革创新指导依据和基本原则，提出新时代高校思想政治理论课教学改革创新的对策建议。新时代高校思想政治理论课教学改革创新这一命题的研究,是时代发展对人才培养的要求,是提高高校思想政治理论课教学实效性的必需,具有重要的意义。

研究表明,当前虽然不少高校对于思想政治理论课教学进行了改革创新,但是改革创新的过程中思想政治理论课教学成效仍不明显,思想政治理论课教学还存在不少问题。新时代要加强高校思想政治理论课教育改革创新,要将具体规划落到实处。新时代高校思想政治理论课教育改革创新的有效策略路径包括以下几个方面:创设思想政治理论课教学改革创新良好环境、构建思想政治理论课有力话语体系、提升思想政治理论课教师综合素质、丰富思想政治理论课教学内容、创新思想政治理论课教学方式方法、完善思想政治理论课教学考核评价机制等。只有充分发挥内外部因素的作用,加强各方面的协作,才能深入推进高校思想政治理论课教学改革,提升高校思想政治理论课教学成效。

一、新时代高校思想政治理论课教学改革创新意义重大、环境良好

高校思想政治理论课教学改革创新顺应发展要求。高校思想政治理论课教学改革创新具有重要性和必要性,有利于提高思想政治理论课教学质量和水平、落实立德树人根本任务。一方面,高校思想政治理论课教学改革创新符合党和国家的要求。高校思想政治理论课作为立德树人的关键课程,其作用的发挥事关我国社会主义未来合格建设者和接班人的培养,事关国家发展的长治久安,党和国家高度重视高校思想政治理论课的建设。高校思想政治理论课的教学改革创新有利于不断加强课程建设、提升教学实效性,符合党和国家的要求。另一方面,高校思想政治理论课教学改革创新适应课程教学发展需要。当前,由于各种原因,高校存在思想政治理论课教

学质量和水平不高、教学成效不明显等情况。高校思想政治理论课课程作用的发挥,要求对思想政治理论课教学进行改革创新,分析并解决思想政治理论课教学过程中存在的问题,不断提升思想政治理论课教学成效。

高校思想政治理论课教学改革创新现实意义重大。一方面,高校思想政治理论课教学改革创新有利于因应时代变化提出的挑战和问题,有利于稳定社会主义意识形态局势。新时代,社会主义主流意识形态面临着各种挑战:包括多元社会思潮交织并存、社会主义核心价值观面临挑战等方面,而高校思想政治理论课教学改革创新坚持以马克思主义为指导,培养大学生按照党和国家的要求,坚定理想信念,教育引导大学生培养并践行正确的思想道德观念,为社会主义现代化建设事业而奋斗,这对于促成大学生的思想成熟、理性发展和集体的精神成长,起到积极的作用,通过对大学生的教育培养,引导大学生将所学知识内化于心、外化于行,发挥自己对社会其他人员思想发展的榜样引领作用,有利于巩固国家主流意识形态的安全与稳定。另一方面,高校思想政治理论课教学改革创新有利于加强高校思想政治理论课建设和马克思主义理论学科发展。高校思想政治理论课教学改革创新有利于明确高校思想政治理论课发展建设方向。新时代高校思想政治理论课教学改革创新立足思想政治理论课课程本身,围绕思想政治理论课课程建设与发展中的现实问题,有利于推进高校思想政治理论课建设的针对性与发展的可持续性。同时,高校思想政治理论课教学改革创新的进一步推进与深化,有助于不断总结学科发展经验,探索马克思主义理论学科发展的规律,努力建设一个研究对象明确、功能定位科学的马克思主义理论学科体系。另外,高校思想政治理论课教学改革创新有利于提升高校思想政治教育实效性。新时代高校思想政治理论课教学的改革创新就是坚持以立德树人为根本任务,围绕"培养什么人、怎样培养人、为谁培养人"这一教育的根本问题而展开,注重发挥思想政治理论课教师对大学生健康成长的指导作用,通过改进思想政治理论课教学来对大学生进行思想引导、价值教育、情感熏陶和行为指导,提出思想政治理论课教学改革创新有效路径,有利于促进高校思想政治教育实效性的提升。

高校思想政治理论课教学改革创新环境良好。高校思想政治理论课教学改革创新符合党和国家的要求,是提升高校思想政治理论课教学成效的必然选择。党和国家历来十分重视学校思想政治理论课建设,特别是党的十九大以来,以习近平同志为核心的党中央对做好学校思想政治工作、办好思想政治理论课作出了重要部署。同时,新时代国家各方面良好的发展态势也为高校思想政治理论课教学改革创新创设了良好的条件。新中国成立以来特别是改革开放以来,在党中央的正确领导下,我国各项事业都取得了伟大进展。当前我国在经济、政治、文化、社会、生态等方面都取得了长足的进展,我国社会主义建设事业各方面取得了很高的成就,这都有利于思想政治理论课教学改革创新的进行。高校思想政治理论课教学改革创新要发挥环境优势,展现中国特色社会主义优势,增强师生对思想政治理论课的认同。

二、新时代高校思想政治理论课教学改革创新要注重针对性实效性

新时代高校思想政治理论课教学现状是本书研究的重点内容,是进行思想政治理论课教学改革创新所要考虑的现实依据。通过理论分析和实证研究,笔者判断分析了新时代高校思想政治理论课教学在课堂吸引力、课程内容丰富性、课程教学方法灵活性、师资队伍综合素质、教学考核方式方法等方面的情况,教学改革创新要根据这些具体情况来有针对性地进行。总体而言,当前高校思想政治理论课教学存在以下特点:第一,思想政治理论

课课堂吸引力有待进一步提高。当前大部分高校存在思想政治理论课课堂吸引力不高的情况,大部分学生对思想政治理论课不太感兴趣。第二,思想政治理论课教学内容丰富性有待进一步加强。当前大部分高校大学生认为思想政治理论课教学内容一般甚至枯燥,认为比较有加以丰富改进的必要,高校存在思想政治理论课教学内容的丰富性不足的情况。第三,思想政治理论课教学方法灵活性有待进一步创新。当前大部分高校的大学生认为其所在学校思想政治理论课的教学方法一般,只是偶尔有些吸引力,高校思想政治理论课教学方法灵活性不足。第四,思想政治理论课教师队伍综合素质有待进一步提升。当前大部分高校思想政治理论课教师的素质有待提升,思想政治理论课师资队伍存在知识不够渊博、教学观念陈旧、教学魅力缺乏、教学方式单一等问题。第五,思想政治理论课教学考核方式方法有待进一步改进。当前大部分大学生对当前所在学校思想政治理论课教学考核方式满意度并不高,觉得学校的考核结果并不能全面地反映学生掌握知识的情况,高校思想政治理论课教学的考核方式方法有待进一步改进。针对以上存在的思想政治理论课教学现状问题,新时代高校思想政治理论课教学改革创新要注重针对性、实效性,结合所存在的问题提出解决策略,从而才能切实提升高校思想政治理论课教学成效。

三、新时代高校思想政治理论课教学改革创新需要发挥多方因素协同作用

新时代高校思想政治理论课教学改革创新,是针对思想政治理论课的改革创新,高校思想政治理论课作为落实立德树人根本任务的关键课程,是开展大学生思想政治教育的主渠道和主阵地。新时代高校思想政治理论课改革创新要坚持"八个相统一",发挥各教育因素的协同育人效应,通过教学

理念的协同共识、教学队伍的协同共建、教学内容的协同共融、教学方式的协同共创来实现。

第一,要坚持教学理念的协同共识。一方面,思想政治理论课要和其他各专业课程教学理念有机协同起来。要将立德树人目标贯穿于各课程教学育人的过程中,通过各课程教学在教学理念上达成共识,将教学理念贯彻落实到各课程教学中去。只有各课程与思想政治理论课程"同向同行",才能更好地实现立德树人。另一方面,思想政治理论课教学要加强内部教学理念的协同共识。在将立德树人贯穿于思想政治理论课程育人始终的同时,也要注意结合新时代要求,在教学理念上加以继承和丰富。首先,要把高校思想政治理论课程的"政治性"和"学理性"统一起来。其次,要把高校思想政治理论课的"价值性"和"知识性"统一起来。

第二,要坚持教学队伍的协同共建。一方面,要加强各部门之间思想政治教育队伍的协同共建。高校要以"大德育"体系为目标,发挥机关党委、学生工作部等学生教育管理部门的作用,做到全员育人、全程育人、全方位育人。《关于新时代加强和改进思想政治工作的意见》指出:"要构建共同推进思想政治工作的大格局。完善领导体制和工作机制,完善党委统一领导、党政齐抓共管、宣传部门组织协调、有关部门和人民团体分工负责、全党全社会共同参与的思想政治工作大格局。"①高校思想政治理论课教学改革创新,需要发挥其他各部门教育管理队伍的协同作用。另一方面,要加强思想政治教师队伍的协同共建。要加强思想政治理论课教师队伍数量上、质量上、发展规划上的建设,注重思想政治理论课教师的理论素养和业务能力的协同提升。高校要为思政教师理论素养和业务能力的提升创设条件,建立健

---

① 中共中央、国务院印发:《关于新时代加强和改进思想政治工作的意见》,http://www.gov.cn/xinwen/2021－07/12/content_5624392.htm。

全思想政治理论课教师队伍培训体系,提升思想政治理论课教师队伍的综合素质,要加强思想政治理论课教师队伍发展规划上的建设,注重思想政治理论课教师发展规划和待遇考核制度的协同健全。

第三,要坚持教学内容的协同共融。新时代高校思想政治理论课教学成效的提升,要立足立德树人目标,将各专业课程教学内容与德育目标紧密联系起来。要注重与各课程教学内容的协同共融,也要注重思想政治理论课自身教学内容的协同共融,坚持"建设性和批判性相统一""统一性和多样性相统一"。一方面,要加强各专业课程与思想政治理论课程的协同共融。在高校育人过程中,完善健全的课程建设起到重要的作用。高校其他各专业课程与思想政治理论课程的融合,是高校思想政治教育改革的需求,也是高校教书育人的要求。高校要从立德树人的角度设计好各专业课程,将思政教育的内容融合到各专业课程教学中去,挖掘各专业课程教学过程中的德育资源,注重教学内容上的协同共融,在开展各专业课程教学的过程中体现思想政治理论课教学内容,将具体学科专业的内容传授和思政教育融合起来,进行专业知识内容教学的过程也融入思政教学元素。另一方面,要提升思想政治理论课程相关教学内容的协同共融。要加强各课程教学内容的协同共融,也要加强课本外教学内容的协同共融。高校思想政治理论课教学过程中,除了课本编写的知识,还要注意积极利用课本外的相关教育内容,包括最新的时政热点、方针政策,身边的先进典型、感人案例等,注重结合历史与现实情况,有针对性加以丰富和发展。

第四,要坚持教学方式的协同共创。高校思想政治理论课改革创新,要坚持"理论性和实践性相统一"、坚持"灌输性和启发性相统一"、坚持"显性教育和隐性教育相统一"。教学方式协同共创的过程中,要注重教学方式的联系,也注重教学方式的创新。各专业课程教学方式要加强协同共创,要将"显性教育"和"隐性教育"相结合,发挥协同教育的作用。同时,思想政治理论课程也要改革创新自身课程教学方式。要坚持"理论性"和"实践性"相互协同、坚持"灌输性"和"启发性"相互协同、坚持"线上教育"和"线下教育"相互协同。

新时代高校思想政治理论课教学改革创新符合党和国家要求，顺应思想政治理论课教学改革需要，具有重要性和必要性。新时代高校思想政治理论课教学改革创新要注重利用改革创新良好环境，结合教学现实中存在的不足，发挥多方面因素的协同育人作用，有针对性地提出有效的策略，才能切实提升思想政治理论课教学成效。

附录：高校思想政治理论课教学现状调查问卷

亲爱的同学：

您好！

首先感谢您参加本次调查！我们希望通过调查来了解高校思想政治理论课开展状况,进一步提升高校思想政治理论课教学成效,做好高校思想引领工作。本次调查结果采用匿名方式,仅用于研究分析,请您根据实际情况放心作答！

再次感谢您的支持与配合！

华南农业大学调查组

1. 您的性别：（　　　）

A. 男　　　　B. 女

2. 您所在学校的类型：（　　　）

A. 综合类　　B. 理工类　　C. 文科类　　D. 师范类　　E. 其他

3. 您的政治面貌：（　　　）

A. 中共党员　B. 共青团员　C. 民主党派　D. 群众

4.您所在的年级:(　　　)

A. 大一　　　　B. 大二　　　　C. 大三　　　　D. 大四　　　　E. 研究生

5.您对思想政治理论课程:(　　　)

A. 非常感兴趣　　　　　　　B. 感兴趣

C. 不太感兴趣　　　　　　　D. 不感兴趣

6.您上思想政治理论课的最主要原因是:(　　　)

A. 由于是必修课必须上　　　B. 提高自身思想政治理论素质

C. 受老师讲授内容所吸引　　D. 上课考试拿学分

7.您所在学校思想政治理论课教学内容怎样?(　　　)

A. 教学内容非常丰富

B. 教学内容相对丰富

C. 教学内容丰富性一般

D. 教学内容枯燥

8.您觉得所在学校的思想政治理论课程教学内容需要进行丰富改进吗?(　　　)

A. 非常有必要　　　　　　　B. 比较有必要

C. 一般　　　　　　　　　　D. 没必要

9.您所在学校中,教师在思政课教学中结合时政热点进行授课的情况怎么样?(　　　)

A. 经常结合　　B. 偶尔结合　　C. 从不结合

10.您认为您所在的学校思想政治理论课教师队伍素质都比较高?(　　　)

A. 非常符合　　B. 符合　　　　C. 不太符合　　D. 完全不符合

11.您认为思想政治理论课教师需要具备的素质包括(可多选):(　　　)

A. 理论素养深厚,有扎实的专业功底和丰富的教学经验

B. 关心、了解学生的问题并予以解答

C. 教学方法灵活,能激发学生的课堂参与感

D. 语言风趣幽默

E. 其他

12. 您觉得您所在学校思想政治理论课老师需要改进的地方是(可多选)(　　)

A. 理论水平有待提升

B. 责任感有待加强

C. 教学方法有待改进

D. 个人教学魅力有待增强

13. 您觉得您所在学校思想政治理论课老师有必要多参加思想政治理论课等学习培训活动来提升自身水平吗?(　　)

A. 非常有必要

B. 比较有必要

C. 必要性一般

D. 没有必要

14. 您认为新时代高校思想政治教育理论课改革的关键在于:(　　)

A. 提高思想政治理论课教师素质,满足教学要求

B. 改进教学手段和方法,增强教学效果

C. 发挥各部门思想政治教育的协同作用

D. 其他

15. 您比较喜欢的思想政治理论课教学方法有哪些?(可多选)(　　)

A. 理论教学　　　　　　　B. 课堂互动教学

C. 网络线上教学　　　　　D. 校内外实践教学

E. 其他

16.您所在学校思想政治理论课的教学方法怎样?(　　)

A. 灵活多样,吸引力强

B. 一般,偶尔有些吸引力

C. 过于单一,多数是灌输式

17.您认为思想政治理论课考核方式怎样比较好?(　　)

A. 注重平时考核,提高平时成绩比例

B. 注重期末考试,降低或取消平时成绩

C. 采取考察方式考核

D. 综合考虑期末考试、平时表现等情况进行考核

18.您所在学校思想政治理论课考核成绩是否能客观反映学生的思想
素质实际情况?(　　)

A. 完全可以　　　　　　　　B. 应该可以

C. 有一定局限性,效果打折扣　　D. 完全不能

19.您认为当前思想政治理论课教学过程中存在的主要问题有哪些?
(可多选)(　　)

A. 教材过于偏重理论,与现实结合不足

B. 灌输型的教学模式,学生参与度低

C. 任课教师照本宣科,缺乏创造性

D. 学生对课程不感兴趣,只是为了应付考试

20.您觉得通过学校思想政治理论课的学习,自己的思想政治素质提升
的情况怎么样?(　　)

A. 得到很大程度的提升

B. 得到一定程度的提升

C. 提升程度比较微弱

D. 没什么提升

21. 如何更好地进行高校思想政治理论课改革创新, 提高思想政治理论课教学成效, 请问您有什么好建议?

_____

_____

_____

_____

参考文献

一、著作

1.《马克思恩格斯全集》（第 3 卷），人民出版社，2002 年。

2.《马克思恩格斯全集》（第 4 卷），人民出版社版，1958 年。

3.《马克思恩格斯全集》（第 16 卷），人民出版社，1964 年。

4.《马克思恩格斯全集》（第 20 卷），人民出版社，1971 年。

5.《马克思恩格斯全集》（第 22 卷），人民出版社，1995 年。

6.《马克思恩格斯全集》（第 23 卷），人民出版社，1972 年。

7.《马克思恩格斯全集》（第 30 卷），人民出版社，1995 年。

8.《马克思恩格斯全集》（第 39 卷），人民出版社，1972 年。

9.《马克思恩格斯全集》（第 42 卷），人民出版社，1972 年。

10.《马克思恩格斯全集》（第 46 卷·上），人民出版社，2003 年。

11.《马克思恩格斯文集》（第 1 卷），人民出版社，2009 年。

12.《马克思恩格斯选集》（第一卷），人民出版社，2012 年。

13.《马克思恩格斯选集》(第三卷),人民出版社,2009年。

14.《列宁全集》(第38卷),人民出版社,1959年。

15.《列宁全集》(第39卷),人民出版社,1986年。

16.《列宁选集》(第一卷),人民出版社,1995年。

17.《毛泽东选集》(第三卷),人民出版社,1991年。

18.习近平:《决胜全面建成小康社会夺取新时代中国特色社会主义伟大胜利》,人民出版社,2017年。

19.《习近平谈治国理政》(第一卷),人民出版社,2018年。

20.《习近平谈治国理政》(第二卷),外文出版社,2017年。

21.《习近平谈治国理政》(第三卷),外文出版社,2020年。

22.《习近平系列讲话精神学习读本》,中共中央党校出版社,2013年。

23.中共中央文献研究室编:《十八大以来重要文献选编》(上),中央文献出版社,2014年。

24.中共中央文献研究室编:《十八大以来重要文献选编》(中),中央文献出版社,2016年。

25.《中共中央关于全面深化改革若干重大问题的决定》,人民出版社,2013年。

26.[英]安东尼·D.史密斯:《全球化时代的民族与民族主义》,龚维斌、良警宇译,中央编译出版社,2002年。

27.[英]安东尼·吉登斯:《社会学》(第四版),赵旭东等译,北京大学出版社,2003年。

28.[美]保罗·D.埃金、唐纳德·P.考切克、罗伯特·J.哈德:《课堂教学策略》,王维诚等译,教育科学出版社,1990年。

29.[美]本尼迪克特·安德森吴:《想象的共同体——民族起义的起源与散布》,叡人译,上海人民出版社,2005年。

30.[德]博尔诺夫:《教育人类学》,李其龙等译,华东师范大学出版社,1999年。

31.[加拿大]查尔斯·泰勒:《现代性之隐忧》,程炼译,中央编译出版社,2001年。

32.陈立思:《当代世界的思想政治教育》,中国人民大学出版社,1999年。

33.陈万柏、张耀灿:《思想政治教育学原理》,华中师范大学出版社,2009年。

34.[英]丹尼斯·麦奎尔:《大众传播模式论》,祝建华译,上海译文出版社,2008年。

35.[美]道格拉斯·凯尔纳:《媒体文化——介于现代与后现代之间的文化研究、认同性与政治》,丁宁译,北京:商务印书馆,2004年。

36.[美]道格拉斯·诺斯:《经济史中的结构与变迁》,上海三联书店、上海人民出版社,1991年。

37.丁证霖等编译:《当代西方教学模式》,山西教育出版社,1991年。

38.[英]厄内斯特·盖尔纳:《民族与民族主义》,韩红译,中央编译出版社,2002年。

39.房剑森:《高等教育发展论》,广西师范大学出版社,2001年。

40.[英]培根:《新工具》,许宝骙译,商务印书馆,1984年。

41.顾海良、佘双好:《高校思想政治及教育教学改革研究》,武汉大学出版社,2006年。

42.顾明远主编:《教育大辞典》,上海教育出版社,1997年。

43.联合国教科文组织国际教育发展委员会:《学会生存——教育世界的今天和明天》,教育科学出版社,1996年。

44.扈中平、李方、张俊洪等:《现代教育学》,高等教育出版社,2000年。

45. 靳玉乐主编:《教育概论》,重庆出版社,2006年。

46. 赖志奎:《现代教学论》,浙江教育出版社,1998年。

47. 卢晓中:《高等教育概论》,高等教育出版社,2009年。

48. [美]罗伯特·莱克:《国家的作用——21世纪的资本主义的前景》,徐获洲等译,上海译文出版社,1994年。

49. [英]尼古拉斯·布宁、余妃元主编:《西方英汉对照词典》,人民出版社,2001年。

50. 倪梁康主编:《胡塞尔选集》,上海三联书店,1997年。

51. 乔雪艳:《基于主体间性理论的思想政治教育研究》,山东师范大学,2013年。

52. [美]乔治·赫伯特·米德:《心灵、自我与社会》,霍桂桓译,华夏出版社,1999年。

53. 沈国权:《思想政治教育环境论》,复旦大学出版社,2002年。

54. 思想政治教育学原理编写组:《思想政治教育学原理》,高等教育出版社,2016年。

55. [美]托马斯·库恩:《科学革命的结构》,金吾伦、胡新和译,北京大学出版社,2003年。

56. [德]乌·贝克、尤尔根·哈贝马斯:《全球化与政治》,王学东、柴方国译,中央编译出版社,2000年。

57. 吴立岗:《教学的原理、模式和活动》,广西教育出版社,1998年。

58. 吴文侃:《当代国外教学论流派》,福建教育出版社,1990年。

59. 杨大春:《语言·身体·他者》,生活·读书·新知三联书店,2007年。

60. 叶澜:《教育概论》,人民教育出版社,2006年。

61. [英]以赛亚·伯林:《自由论》,胡传胜译,译林出版社,2011年。

62.［德］尤尔根·哈贝马斯:《交往行为理论》,曹卫东译,上海人民出版社,2004年。

63.［英］约翰·B.汤普森:《意识形态与现代化》,高铦等译,译林出版社,2005年。

64.［英］约翰·洛克:《论宗教的宽容》,吴云贵译,商务印书馆,1982年。

65.［英］约翰·密尔:《论自由》,顾肃译,译林出版社,2012年。

66.［美］约翰·奈斯彼特:《大趋势:改变我们生活的是个新方向》,梅艳译,中国社会科学出版社,1984年。

67.［美］约瑟夫·熊彼特:《经济发展理论》,孔伟艳、朱攀峰、娄季芳编译,北京出版社,2008年。

68.张耀灿、郑永廷等:《现代思想政治教育学》,人民出版社,2006年。

69.中国社会科学院语言研究所词典编辑室:《现代汉语词典》,商务印书局,2010年。

70.钟志贤:《大学模式革新:教学设计视域》,教育科学出版社,2008年。

二、论文

1.陈元、黄秋生:《新时代高校思想政治教育治理风险评估》,《学校党建与思想教育》,2021年第8期。

2.陈慧女:《移动互联网技术应用于高校思想政治理论课教学设计的探索与思考》,《思想理论教育导刊》,2019年第12期。

3.陈仁涛:《高校思想政治理论课理论教学与实践教学互动机制的构建——以"毛泽东思想和中国特色社会主义理论体系概论"课程为例》,《高等农业教育》,2018年第2期。

4. 陈伟宏:《论新时代高校思想政治理论课教师的素养》,《思想理论教育》,2019 年第 12 期。

5. 崔三常、庞立昕:《新时代高校思想政治理论课建设的方法创新》,《黑龙江教育》(高教研究与评估),2021 年第 2 期。

6. 邓卓明:《推进高校思想政治教育守正创新的重要探索——评〈高校思想政治教育工作质量评价研究〉》,《思想教育研究》,2021 年第 2 期。

7. 范玉鹏、曹璐:《基于教育赋权理论建构高校思政课教学范式》,《郑州大学学报》(哲学社会科学版),2021 年第 3 期。

8. 冯刚、高静:《新时代高校思想政治理论课建设发展的四个重要问题》,《学校党建与思想教育》,2018 年第 8 期。

9. 傅江浩、赵浦帆:《高校思政课教学媒体技术融合改革创新》,《湖北社会科学》,2019 年第 12 期。

10. 谷松岭、熊琳:《高校思想政治教育生态环境问题及应对》,《学校党建与思想教育》,2019 年第 12 期。

11. 韩俊:《新时代高校思想政治理论课建设的守正与创新》,《思想政治课研究》,2019 年第 6 期。

12. 韩丽颖:《美国学校道德教育的发展进路》,《教育研究》,2020 年第 2 期。

13. 韩美群、周小芹:《高校思想政治理论课教师教学与科研综合能力提升:逻辑、问题和路径》,《思想教育研究》,2021 年第 2 期。

14. 郝文斌、黄嘉富:《高校思想政治理论课教师考核评价内在矛盾的辩证分析》,《思想理论教育》,2019 年第 9 期。

15. 何为、赵新国:《新时代高校网络思想政治教育队伍建设》,《广西社会科学》,2019 年第 9 期。

16. 何跃、甘荣丽:《"数据噪音"的挑战与高校思想政治教育的应对策略》,《广西社会科学》,2021 年第 3 期。

17. 胡白云:《高校思想政治理论课教师讲好中国故事的基本要求》,《思想理论教育导刊》,2021 年第 4 期。

18. 黄广友、薛明骥:《高校思想政治理论课教师队伍后备人才培养若干问题论析》,《思想理论教育》,2020 年第 9 期。

19. 黄建军、赵倩倩:《校思想政治教育显性教育和隐性教育相统一的内在逻辑与路径优化》,《思想教育研究》,2020 年第 11 期。

20. 黄蓉生、谢忱:《新时代加强高校思想政治理论课教师队伍建设的根本遵循》,《思想教育研究》,2021 年第 2 期。

21. 黄昭彦:《"八个统一"推进新时代高校思政混合式"金课"教学模式研究》,《高教学刊》,2021 年第 31 期。

22. 江颉、李春萌、姚高翔:《略论高校思想政治理论课精品在线开放课程资源共享的架构》,《广西教育》,2019 年第 1 期。

23. 靳义亭:《新加坡青少年思想政治教育的经验及启示》,《思想教育研究》,2015 年第 5 期。

24. 李东坡、郭佳琪:《红色文化基因融入思想政治教育意蕴》,《毛泽东思想研究》,2019 年第 9 期。

25. 李海霞:《高校思想政治理论课程五维育人模式构建研究》,《大学教育》,2021 年第 7 期。

26. 李大健、汤瑶、邓红梅:《以思想政治教育科研成果赋能高校思想政治理论课教学》,《思想教育研究》,2021 年第 2 期。

27. 李娟:《坚持高校思想政治理论课政治性和学理性的统一》,《中国高等教育》,2020 年第 21 期。

28. 李培晓、林丽敏:《俄罗斯新型爱国主义教育模式及其启示——基于普京"俄罗斯新思想"的视角》,《中国青年研究》,2013 年第 4 期。

29. 李瑞奇:《新时代高校思想政治教育审美合力研究》,《思想政治教育研究》,2019 年第 6 期。

30. 李秀秀、王东维:《新时代高校思想政治理论课审美化的实现路径》,《毛泽东思想研究》,2019 年第 11 期。

31. 李一杨:《"双一流"背景下思政理论课程建设路径——评〈高校思想政治理论课程建设研究〉》,《中国高校科技》,2021 年第 6 期。

32. 李永进:《论 5G 时代高校思想政治理论课的创新建设》,《思想理论教育导刊》,2020 年第 7 期。

33. 厉晓妮、林海燕:《高校思政课"问题导向"教学模式研究》,《学校党建与思想教育》,2020 年第 11 期。

34. 梁红秀:《高校思政课线上线下教学衔接研究》,《学校党建与思想教育》,2020 年第 9 期。

35. 刘经纬、林美群:《基于"三个导向"理念的高校思想政治理论课混合式教学设计与质量》,《保障研究黑龙江高教研究》,2021 年第 3 期。

36. 刘丽敏、郝丽媛:《"金课"视阈下高校思想政治理论课的慕课教学改革及其深化》,《学校党建与思想教育》,2019 年第 4 期。

37. 刘兴平:《"知信行统一"视域下高校思想政治理论课的维度与实践方略》,《学术论坛》,2020 年第 6 期。

38. 柳礼泉、杨葵:《高校思想政治理论课教师教学科研一体化论析》,《马克思主义理论学科研究》(双月刊),2019 年第 6 期。

39. 陆巧玲、李传兵:《协同增效:大数据与高校思想政治理论课的耦合发展》,《学校党建与思想教育》,2021 年第 9 期。

40. 宁曼荣:《英国高校隐性德育的特点及启示》,《学校党建与思想教育》,2017 年第 3 期。

41. 桑华月:《微观叙事视域下高校思想政治教育有效性研究》,《黑龙江高教研究》,2019 年第 10 期。

42. 佘双好、张琪如:《高校思想政治理论课课程评价的特点及改革路径》,《思想理论教育》,2021 年第 3 期。

43. 盛佳伟:《坚持"三个推动"助力新时代高校思想政治理论课改革创新——基于北京科技大学思想政治工作实践的思考》,《思想教育研究》,2020 年第 9 期。

44. 舒璐璐、王涅:《法国学校公民教育及其对我国思想政治教育工作的启示》,《国外理论动态》,2017 年第 10 期。

45. 孙铭涛、宋晓东:《高校网络舆情管理研究的计量分析与评价——基于科学知识图谱的方法》,《湖南社会科学》,2019 年第 5 期。

46. 谭霞、戴建忠:《区块链技术在高校思想政治教育领域中的应用研究》,《理论导刊》,2020 年第 12 期。

47. 田霞、王敏:《高校思想政治理论课教师坚定理想信念的三个着力点》,《思想理论教育导刊》,2019 年第 11 期。

48. 王达品:《发挥三个层面"主体"作用 着力提升高校思想政治理论课建设质量》,《思想政治理论课教学》,2020 年第 12 期。

49. 王东:《劳动教育融入高校思想政治理论课全过程的三重向度》,《思想教育研究》,2021 年第 4 期。

50. 王喜满、黎亚茹:《高校思想政治理论课"三三制"实践教学模式探索——以辽宁大学思政课改革为例》,《思想政治教育研究》,2020 年第 10 期。

51. 王岩:《关于加强高校思想政治理论课青年教师培养的思考》,《思想理论教育》,2020 年第 10 期。

52. 王易:《高校思想政治理论课改革创新的多维解读》,《马克思主义理论学科研究》(双月刊),2020 年第 5 期。

53. 魏圆圆:《高校思想政治理论课与青年马克思主义社团协同育人关系研究》,《黑龙江高教研究》,2020 年第 11 期。

54. 魏志祥:《高校思想政治理论课"情投意合"教学法探微——兼论高校思想政治理论课教师职业素养》,《思想理论教育导刊》,2019 年第 12 期。

55. 吴玲:《思政课体验式教学应把握好几对关系》,《学校党建与思想教育》,2019 年第 10 期。

56. 谢辉:《加强新时代高校思想政治理论课教师队伍建设》,《中国高等教育》,2019 年第 13 期。

57. 熊皇、许艳艳:《新媒体时代思想政治教育如何改革创新》,《中国高等教育》,2021 年第 2 期。

58. 徐兴林:《新时代民办应用型高校思想政治理论课教师核心素养提升研究》,《教育与职业》,2020 年第 7 期。

59. 许在华:《时代高校思想政治教育效能优化研究》,《学校党建与思想教育》,2021 年第 9 期。

60. 杨昌华:《试论新时代高校思想政治教育的"四域"转换》,《思想教育研究》,2021 年第 4 期。

61. 于安龙:《高校思想政治理论课教师社会实践研修的价值意蕴与实践理路》,《思想理论教育》,2021 年第 5 期。

62. 于红艳:《重大疫情背景下高校开展思想政治教育的三重辩证维度》,《学校党建与思想教育》,2020 年第 8 期。

63. 于瑜:《以中华优秀传统文化提升高校思想政治教育话语权研究》,《学校党建与思想教育》,2020 年第 12 期。

64. 苏玉波、潘思雨:《高校思想政治理论课教师"情怀要深"的时代内涵及培育路径》,《思想教育研究》,2021 年第 5 期。

65. 袁德栋:《实践教学管理模式的创新对于高校思政教育的影响——

评〈高校思想政治理论课实践教学创新研究〉》,《领导科学》,2019 年第 1 期。

66. 张国臣:《打造可信、可敬、可靠的高校思想政治理论课教师队伍》,《学校党建与思想教育》,2020 年第 10 期。

67. 张华:《美国思想政治教育的主要经验及对中国的启示》,《高教学刊》,2015 年第 9 期。

68. 张梦琦、高萌:《法国公民与道德教育课程一体化:理念、框架与实践路径》,《比较教育研究》,2020 年第 11 期。

69. 张楠:《"四史"学习教育与高校思想政治理论课教学改革深度融合的探索》,《思想教育研究》,2021 年第 3 期。

70. 张嵘:《英国学校道德教育主题的嬗变》,《学术论坛》,2014 年第 3 期。

71. 张秀荣、张诗豪:《新时代高校思想政治理论课教学方法改革创新的动因与路径》,《学校党建与思想教育》,2020 年第 3 期。

72. 张宗峰、刘明:《新中国成立以来高校思想政治理论课建设的历史演进与创新》,《思想政治课研究》,2021 年第 1 期。

73. 赵静:《协同推进高校思想政治理论课建设研究》,《思想理论教育导刊》,2019 年第 9 期。

74. 朱小曼:《以新发展理念推进高校思想政治理论课改革创新》,《思想理论教育导刊》,2020 年第 11 期。

75. 邹慧、黄河:《高校思政课对分课堂教学模式探赜》,《学校党建与思想教育》,2021 年第 4 期。

76. 邹洁、王顺辉:《日本青少年思想政治教育的经验及其启示》,《教育探索》,2013 年第 8 期。